DIE HELLE STRASSE 2008

Dillenburger Kinder-Kalender

Die helle Straße
Abreißkalender Best.-Nr. 272.703.008
Buchkalender   Best.-Nr. 272.704.008

ISBN-10: 3-89436-552-8
ISBN-13: 978-3-89436-552-3

Titelbild: Susanne Malessa
Satz: Werbestudio 71a.de, Wuppertal
© Christliche Verlagsgesellschaft Dillenburg
   Moltkestr. 1, 35683 Dillenburg

Hallo!

Schön, dass du den Kalender „Die helle Straße" lesen möchtest. Er ist für euch Kids im Schulalter gemacht und enthält kurze Berichte aus der Bibel, von Gott und dem Herrn Jesus Christus. Es wurden aber auch Erlebnisse von Kindern und Erwachsenen aufgeschrieben, die erfahren haben: Auf Gott ist Verlass. Außerdem wird von Besonderheiten aus der Natur, von Tieren und anderen interessanten Dingen berichtet. Neben der Überschrift findest du immer ein kleines Symbol. Es beschreibt, um was es in dieser Woche geht, z.B. eine Bibel für „Biblische Geschichte", eine Weltkugel für „Bericht aus der Mission", zwei Kinder für „Was Kinder erleben" usw. Auf der Vorderseite steht immer ein Bibelvers, der den Bericht ergänzt. Der Text ist nach der „Elberfelder Bibel 2006" oder nach „Hoffnung für alle" zitiert.

An den Sonntagen

wird immer ein Lernvers erklärt. Weil Gottes Wort für dein Leben so wichtig ist, möchten wir, dass du es auch verstehst. Damit du dir die Verse gut einprägen kannst, erscheinen sie immer eine Woche lang am Ende der Seite. 10 wichtige Verse sind besonders gekennzeichnet. Es sind die „Bibel-SMS", das bedeutet „**S**pezieller-**M**erk-**S**pruch". Eine Zusammenstellung dieser Sprüche steht auf der nächsten Seite. Einzelheiten zum Lernen erklären wir nach dem 6. Januar 2008.

Ein gesegnetes Jahr 2008 und viel Freude beim Lesen und Entdecken wünschen dir alle Mitarbeiter und die Redaktion.

Die 10 BIBEL SMS für 2008

DER SPEZIELLE MERKSPRUCH FÜR DICH!

06.01.08 Der Sohn des Menschen ist nicht gekommen, um bedient zu werden, sondern um zu dienen und sein Leben zu geben als Lösegeld für viele.   Markus 10,45

24.02.08 Jesus spricht: Lasst die Kinder zu mir kommen! Wehrt ihnen nicht! Denn solchen gehört das Reich Gottes.
Markus 10,14

23.03.08 Jesus spricht: Ich bin die Auferstehung und das Leben; wer an mich glaubt, wird leben, auch wenn er gestorben ist.
Johannes 11,25

20.04.08 Jesus spricht: Ich bin die Tür; wenn jemand durch mich hineingeht, so wird er gerettet werden.   Johannes 10,9

01.06.08 So erkenne denn heute und nimm dir zu Herzen, dass der HERR der alleinige Gott ist, im Himmel oben und auf Erden unten!   5. Mose 4,39

nach der Elberfelder Bibel 2006

06.07.08 Der HERR ist meine Stärke und mein Loblied, und er ist mir zum Heil geworden.
Jesaja 12,2

24.08.08 Halte nun die Gebote des HERRN, deines Gottes, indem du auf seinen Wegen gehst und ihn fürchtest. 5. Mose 8,6

28.09.08 Irrt euch nicht, Gott lässt sich nicht verspotten! Denn was ein Mensch sät, das wird er auch ernten. Galater 6,7

02.11.08 Befiehl dem HERRN deinen Weg und vertraue auf ihn, so wird er handeln.
Psalm 37,5

30.11.08 Rufe mich an am Tage der Not; ich will dich erretten und du wirst mich verherrlichen! Psalm 50,15

Bibellese für jeden Tag

Um mehr über Gott, Jesus Christus und den Glauben an ihn zu erfahren, empfehlen wir dir, regelmäßig in der Bibel zu lesen. Weil viele Kinder fragen: „Was soll ich denn da lesen?", ist für jeden Tag eine Bibellese angegeben.

Es sind dieselben Texte, die auch in der Bibellese der Jungscharzeitschrift „Voll-TREFFER" benutzt werden. Dort sind jedoch zusätzlich Erklärungen zum Bibeltext abgedruckt, so dass man diesen dann noch besser verstehen kann. Diese Zeitschrift erscheint monatlich und somit erhält jeder Bezieher die Bibellese für den entsprechenden Monat.

Hier siehst du ein Beispiel daraus:

25. Dez.	Jesaja 11,1-10

Es gibt Hoffnung
Viele fragen sich: „Warum gibt es so viel Schlechtes in der Welt? Wird es nie anders?" Doch, es wird einmal anders sein. Voll Hoffnung und Freude berichtet Jesaja von einer Person, durch die die Veränderung kommt. Wer ist gemeint? - Er wird wieder sichtbar auf die Erde kommen und herrschen. Da hat das Böse keine Macht mehr. Beschreibe den Zustand, der herrschen wird: _____ .
Eine Voraussetzung für das „Friedensreich" steht im zweiten Teil von Vers 9. Die Menschen werden nach Gottes Prinzipien und Wort leben. Damit kannst du heute schon anfangen.

Ich bestelle hiermit die Jungscharzeitung
„**Voll-Treffer**" im Abonnement bis auf Widerruf
(Preis pro Jahr ca. 9,20 € + Porto)

Name: _____

Straße: _____

Land/PLZ und Ort: _____

Kunden-Nr.: _____

Unterschrift der Eltern: _____

Bestellschein bitte senden an:

Christliche Verlagsgesellschaft
Postfach 1251
35662 Dillenburg

Ich bestelle hiermit die Jungscharzeitung
„Voll-Treffer" im Abonnement bis auf Widerruf
(Preis pro Jahr ca. 9,20 € + Porto)

Name:

Straße:

Land/PLZ und Ort:

Kunden-Nr.:

Unterschrift der Eltern:

Bestellschein bitte senden an:

Christliche Verlagsgesellschaft
Postfach 1251
35662 Dillenburg

Dienstag  Januar
2008
Neujahr

Bibellese:
Matthäus 4,1-11

Werden nicht fünf Sperlinge für zwei Pfennige verkauft? Und nicht einer von ihnen ist von Gott vergessen.

Lukas 12 Vers 7

Haussperling

Der Spatz und die Sorgen

"Andere Länder, andere Sitten", heißt es. Das trifft auch auf das Land Israel zu. Dort wurden Spatzen (Sperlinge) gegessen und sogar Gästen vorgesetzt. Sie waren nicht teuer. Jesus sagte seinen Jüngern, dass man für einen Pfennig zwei Spatzen kaufen konnte. In Lukas 12,6 lesen wir: Fünf Spatzen waren für zwei Pfennige zu haben. Vier Spatzen wurden bezahlt, und einen gab es gratis. So billig waren sie. Und doch zählt Gott diese einfachen Vögel und weiß sogar, wenn einer von ihnen aus dem Nest fällt. Deshalb sagt er uns in der Bibel: "Wenn ich mich schon um so unscheinbare Vögel kümmere, wie viel mehr kümmere ich mich um dich." Das soll dir viel Mut machen. Gott kennt dein Leben ganz genau. Er kennt deine Schulsorgen, deine Ängste und Befürchtungen. Durch die Spatzen will er dir sagen: Sorge dich nicht, ich sorge für dich. Deshalb heißt auch ein Lied: "Ein kleiner Spatz zur Erde fällt und Gott entgeht das nicht. Wenn Gott die Vögelein so liebt, weiß ich, er liebt auch mich." vc

---

Lernvers: *Alle Nationen, die du gemacht hast, werden kommen und vor dir anbeten, Herr, und deinen Namen verherrlichen.* Psalm 86,9

Mittwoch 2 Januar
2008

Bibellese:
Matthäus 4,12-17

Wie ein Hirsch nach frischem Wasser lechzt, so sehne ich mich nach dir, o Gott.

Psalm 42 Vers 2

 Durst nach Wasser - Durst nach Gott

In einem Wildpark können wir Hirsche friedlich äsen sehen. Sie haben dort genug Nahrung und Wasser. Anders ist das in der freien Wildbahn, auch damals in Israel. Es gab Trockenzeiten, in denen Quellen und Wasserlöcher versiegten. Müde schleppte sich dann ein Hirsch von Wasserstelle zu Wasserstelle. Alles in ihm verlangte nach Wasser, er lechzte danach. Der Psalm 42 ist von einem Mann geschrieben worden, der große Sehnsucht nach Gott, seiner Liebe und seinem Trost hatte. Sein Verlangen nach Gott war so stark wie der Durst eines Hirschs nach Wasser.

Hattest du auch schon mal ganz große Sehnsucht nach Gott? Dann mach es wie der Psalmenschreiber: Sage Gott im Gebet deinen Kummer, deine Sehnsucht, deine Fragen oder Zweifel. Vertraue ihm und warte auf seine Hilfe. Am Ende wirst du es auch erfahren: Er ist mein Gott, er wird mir beistehen. (Psalm 42,12)   vc

---

Lernvers: *Alle Nationen, die du gemacht hast, werden kommen und vor dir anbeten, Herr, und deinen Namen verherrlichen.*   Psalm 86,9

Donnerstag 3 Januar 2008

Bibellese:
Matthäus 4,18-25

Denn es ist auch Christus einmal für Sünder gestorben, der Gerechte für die Ungerechten, damit er uns zu Gott führe.
1. Petrus 3 Vers 18

Der Sündenbock

„Immer soll ich der Sündenbock sein", mault Julia, „bloß weil ich die Älteste bin." Die Mutter hatte ihre vier Kinder aufgefordert, in ihren Zimmern und in der Küche Ordnung zu schaffen. Sie musste dringend nach der Oma sehen und für diese einkaufen. Beim Nachhausekommen findet sie leider die erbetene Ordnung nicht vor und ruft Julia zu sich. Die muss nun für ihre Geschwister den Kopf hinhalten. Der Sündenbock zu sein, ist schlimm. Der Ausdruck stammt aus der Bibel. Einmal im Jahr fand in Israel der große Versöhnungstag statt. Da vergab Gott seinem Volk alle Schuld. Dafür legte der Hohepriester einem Ziegenbock die Hände auf den Kopf. Das war eine zeichenhafte Handlung, dass nun alle Sünde des Volkes auf dem Tier lag. Dann wurde der Bock in die Wüste geschickt, wo er verendete. Sünde kann nur durch Sterben gesühnt werden. Der Herr Jesus ist am Kreuz auch so ein „Sündenbock" geworden, auf den Gott alle unsere Schuld legte. vc

---

Lernvers: *Alle Nationen, die du gemacht hast, werden kommen und vor dir anbeten, Herr, und deinen Namen verherrlichen.* Psalm 86,9

Freitag 4 2008 Januar

Bibellese: Matthäus 5,1-12

Christus hat euch losgekauft, aber nicht mit Geld, sondern mit seinem eigenen kostbaren Blut, das er als unschuldiges, reines Lamm Gottes für uns geopfert hat.
1. Petrus 1 Vers 19

Das Opferlamm

„O, wie süß!" „Guck mal, wie niedlich!" So und ähnlich rufen die Kinder im Streichelzoo. Tierbabys sehen wirklich „schnuckelig" aus, und jeder hat das Verlangen, sie zu streicheln. So war das gewiss auch in Israel. Wenn z.B. ein Lamm geboren wurde, zog es die ganze Aufmerksamkeit auf sich. Jedes von den Kindern wollte es streicheln und mit ihm spielen. War es ein männliches Lamm und gesund, konnte es nach einem Jahr passieren, dass der Vater sagte: „Dieses Lamm werden wir Gott opfern." (Gott hatte seinem Volk bestimmte Opfervorschriften gegeben.) An dem Opfertag waren die Kinder bestimmt still und bedrückt. Aber sie wussten: Sünde ist bei Gott so schlimm, dass stellvertretend für uns das Lamm sterben muss. Wir brauchen heute keine Tiere zu opfern, um Vergebung zu erhalten. Der Herr Jesus ist das „Lamm" geworden. Darum sagt Johannes der Täufer über ihn: „Siehe, das Lamm Gottes, das die Sünde der Welt wegnimmt." (Johannes 1,29)   vc

---

Lernvers: *Alle Nationen, die du gemacht hast, werden kommen und vor dir anbeten, Herr, und deinen Namen verherrlichen.*   Psalm 86,9

Samstag 5 2008 Januar

Bibellese: Matthäus 5,13-16

Wie oft habe ich deine Kinder sammeln wollen, so wie eine Henne ihre Küken unter ihre Flügel nimmt!

Matthäus 23 Vers 37

Die Henne

Die wenigsten von euch werden zu Hause Hühner haben. Aber aus Büchern, Erzählungen und Tierfilmen weißt du bestimmt einiges über ihr Verhalten. Eine Eigenschaft des Huhns, der Henne, wird sogar in der Bibel erwähnt. Da geht es um den Gebrauch ihrer Flügel. Die Henne nutzt sie nicht zum Fliegen, sondern um ihre Küken vor Gefahren zu schützen. Sie weiß z.B. wenn Katze oder Hund herumstreichen oder sich ein Habicht nähert. Dann kommt ein warnendes „Kluck-Kluck" und die Küken laufen zu ihr und kuscheln sich unter ihre Flügel. Nun sind sie vor der Gefahr in Sicherheit. Auch bei anderen Tierarten und bei uns Menschen ist das so: Bei Gefahr suchen die Kinder Schutz und Hilfe bei der Mutter, bei den Eltern. - Und wenn du ein Gotteskind bist, wo kannst du Schutz für deinen Glauben, in deinen Ängsten finden? Klar, bei Gott. So, wie ein Küken die Nähe der Henne sucht, kannst du im Gebet Zuflucht bei Gott nehmen. Bitte ihn, deine Gedanken und Gefühle zu bewahren und dir innere Ruhe zu schenken.

vc

Lernvers: *Alle Nationen, die du gemacht hast, werden kommen und vor dir anbeten, Herr, und deinen Namen verherrlichen.* Psalm 86,9

Sonntag  Januar

Bibellese:
Matthäus 5,17-20

Der Sohn des Menschen ist nicht gekommen, um bedient zu werden, sondern um zu dienen und sein Leben zu geben als Lösegeld für viele.
Markus 10 Vers 45

Wir erklären die Bibel-SMS
Ein König hat es gut: Alle müssen ihm gehorchen. Diener sorgen bestens für ihn. Ein Traumberuf! Doch der preußische König Friedrich II. (1740 – 1786) hat anders darüber gedacht: „Ich bin der erste Diener meines Staates", so sagte er von sich. Sicher hatte er noch Diener, die für viele Dinge sorgten. Aber er wollte vor allem, dass es seinem Volk und Land gut ginge und dazu musste er selbst mit beitragen.
Jesus, der Sohn Gottes und König der Welt, hat auch so gedacht und es weit besser ausgeführt als Friedrich II. Der Herr Jesus wurde Mensch, nannte sich Menschensohn statt König, diente anderen anstatt sich selbst bedienen zu lassen. Er half, heilte, liebte die Verachteten, ertrug Hass und Spott ... Schließlich ließ er sich ans Kreuz schlagen, um mit seinem Tod die Schuld aller Menschen zu bezahlen. Er kaufte uns von dem Bösen frei, damit wir Gottes Kinder werden könnten. Gott hat ihn dafür auferweckt, ihn mit Macht und Ehre gekrönt. ba

---

Bibel-SMS: *Der Sohn des Menschen ist nicht gekommen, um bedient zu werden, sondern um zu dienen und sein Leben zu geben als Lösegeld für viele.* Markus 10 Vers 45

Was sind „Bibel-SMS"?

Das sind 10 wichtige Bibelverse, die wir dir empfehlen, auswendig zu lernen. SMS steht für „**S**pezieller-**M**erk-**S**pruch". Solche Verse kannst du dann Freunden oder Verwandten „senden".

Wenn du am Jahresende diese 10 Verse einem Erwachsenen auswendig aufsagen kannst, hast du dir eine Urkunde verdient. Die können deine Eltern oder Mitarbeiter der Gemeinde von der Internetseite „www.freund-der-kinder.de" (Downloads) runterladen. Solltet ihr keinen Internetzugang haben, dann schreibt an uns und wir schicken dir eine Urkunde zu.

Die „Bibel-SMS" sind immer durch eine Zeichnung von „Harri Händi" gekennzeichnet. (Er stammt aus der Kinderzeitschrift „Freund der Kinder"). Diese Verse sind nach der Elberfelder Bibel 2006 zitiert. Eine Aufstellung der Verse nach der Luther-Übersetzung findest du am Schluss des Kalenders.

Wir wünschen dir viel Freude beim Lernen.

Montag 7 Januar 2008

Bibellese: Matthäus 5,21-26

Jeder soll dem anderen mit der Begabung dienen, die ihm Gott gegeben hat.
1. Petrus 4 Vers 10

 **Alles halb so schlimm**

"Meinst du, ich soll wirklich mitfahren? Ich kann doch gar nicht Schlittschuhlaufen! Die lachen mich sowieso alle aus!", jammert Lynn nun bestimmt schon zum zwanzigsten Mal. "Es gibt gewiss noch andere Kinder, die das nicht perfekt können", ermutigt die Mutter ihre Tochter und schiebt sie zur Haustür hinaus. Am Nachmittag freut sich Frau König, ein strahlendes Mädchen empfangen zu können. "Na, so schlimm scheint es ja doch nicht gewesen zu sein!" "Im Gegenteil! Es war einfach klasse. Ich kann jetzt schon ganz flott fahren. Alle, die bereits Schlittschuhlaufen konnten, haben uns Anfänger an die Hand genommen. Und stell dir vor, keiner hat gelacht! Nächstes Mal fahre ich wieder mit!"
So hat Gott sich unser Zusammensein mit anderen vorgestellt. Wir sollen dem helfen, der Schwierigkeiten hat. Überleg doch einmal, was du gut kannst! Vielleicht gibt es ja in deiner Klasse auch jemanden, dem gerade du helfen sollst! dk

---

Bibel-SMS: *Der Sohn des Menschen ist nicht gekommen, um bedient zu werden, sondern um zu dienen und sein Leben zu geben als Lösegeld für viele.* Markus 10 Vers 45

Dienstag 8 Januar 2008

Bibellese: Matthäus 5,27-32

Denkt nicht immer zuerst an euch, sondern kümmert und sorgt euch auch um die anderen.
Philipper 2 Vers 4

 **Erst einer, dann ganz viele**
„Na Lynn, wie war es heute mit der Franzi?", will Frau König wissen. Am Abend vorher hatten sich die beiden über Lynns Klassenkameradin unterhalten. „Mit der will niemand etwas zu tun haben!", hatte Lynn ihrer Mama erzählt. An diesem Mittag hat sie aber bessere Neuigkeiten. „Es war super. Franzi stand wie jeden Morgen ganz allein auf dem Schulhof. Da bin ich einfach zu ihr hingegangen und habe sie gefragt, ob sie mit mir Fangen spielen will." „Und wollte sie?", fragt die Mutter. „Ja, ihre Augen haben richtig geleuchtet. Aber weißt du, was das Beste war? Nach einer Weile kamen Jan und Dustin dazu, und dann hat es nicht mehr lange gedauert und unsere ganze Klasse hat mitgemacht. Das war so cool! Ich glaube, so viel Spaß hat die Franzi schon lange nicht mehr gehabt!" Gott möchte nicht, dass Menschen einsam sind. Halte die Augen offen nach Kindern, die sonst keiner mag, und fange an, besonders freundlich zu ihnen zu sein.   dk

---

Bibel-SMS: *Der Sohn des Menschen ist nicht gekommen, um bedient zu werden, sondern um zu dienen und sein Leben zu geben als Lösegeld für viele.*   Markus 10 Vers 45

Mittwoch 9 Januar 2008

Bibellese:
Matthäus 5,33-37

Wenn jemand deine Unterstützung braucht und du ihm helfen kannst, dann weigere dich nicht.
Sprüche 3 Vers 27

10 Euro für Jonas

„Weißt du was, Mama?", aufgeregt stürmt Lynn in den Garten und schleudert ihren Ranzen fast auf Mutters Lieblingsrosen. „Der Jonas kann gar nicht mit auf Klassenfahrt kommen! Also eigentlich könnte er schon, aber seine Eltern haben nicht genug Geld. Als wir heute darüber gesprochen haben, hätte er fast geweint!" Frau König legt ihre Hacke beiseite und setzt sich zu ihrer Tochter auf den Rasen. „Hm, der arme Junge! Dem müsste man doch irgendwie helfen können!" Lynn springt auf. „Ich habe eine Idee! Du rufst einfach alle Eltern aus unserer Klasse an und fragst sie, ob jeder noch 10 Euro für Jonas übrig hat. Das Geld, das dann zusammenkommt, müsste doch reichen!" „Bevor ich telefoniere, muss ich mir aber erst die Erde von den Händen waschen", meint die Mutter lächelnd.

Gemeinsam kann man oft noch mehr bewegen als allein. Gott möchte uns Freunde schenken, mit denen wir dann anderen helfen können. Probier es doch mal aus!   dk

---

Bibel-SMS: *Der Sohn des Menschen ist nicht gekommen, um bedient zu werden, sondern um zu dienen und sein Leben zu geben als Lösegeld für viele.*   Markus 10 Vers 45

Donnerstag 10 Januar 2008

Bibellese: Matthäus 5,38-48

Kümmert euch um die Schwierigkeiten und Probleme des anderen und tragt die Last gemeinsam. Auf diese Weise verwirklicht ihr, was Christus von euch erwartet.
Galater 6 Vers 2

Es geht auch ohne Langeweile

„Schau mal Lynn, hier am Schluss fehlt auch noch der Punkt. Heute hast du aber viele Fehler in deinen Hausaufgaben. Was ist denn los mit dir?", fragt Frau König ihre Tochter. Lynn seufzt: „Ach, ich muss die ganze Zeit an Chris denken. Der hat den Fuß gebrochen." „So, davon wusste ich ja gar nichts." „Aber wir haben uns heute Morgen was ganz Tolles einfallen lassen, weil dem Chris ja bestimmt total langweilig wird im Krankenhaus." Lynn klingt schon etwas fröhlicher. „Unsere Klasse will nämlich einen Besuchsdienst einrichten. Jeden Nachmittag fahren zwei von uns zu Chris und muntern ihn ein wenig auf. Ich bin am Freitag mit Jasmin dran. Du müsstest uns bloß hinbringen." Die Mutter lacht und erklärt sich selbstverständlich einverstanden. So eine gute Sache möchte sie gern unterstützen. Paulus hat davon den Galatern geschrieben (lies noch einmal den Bibelvers). Gott möchte, dass wir gerade in Schwierigkeiten füreinander da sind. dk

---

Bibel-SMS: *Der Sohn des Menschen ist nicht gekommen, um bedient zu werden, sondern um zu dienen und sein Leben zu geben als Lösegeld für viele.* Markus 10 Vers 45

Freitag 11 2008 Januar

Bibellese: Matthäus 6,1-4

Zwei haben es besser als einer allein, denn zusammen können sie mehr erreichen.

Prediger 4 Vers 9

Wahre Freundschaft

Lynn stochert lustlos in ihrem Mittagessen herum. Die Mutter schaut sich das eine Weile an, dann fragt sie: „Was ist dir denn für eine Laus über die Leber gelaufen?" „Eine Mathelaus. Morgen schreiben wir einen Rechentest und ich bekomme die Geteiltaufgaben einfach nicht hin." Frau König überlegt eine Weile, dann sagt sie: „Jasmin ist doch so gut in Mathe. Ruf sie an, und frag, ob sie es dir noch erklären kann." Lynn sieht nicht ganz überzeugt aus. „Sie ist zwar meine beste Freundin, aber bei dem schönen Wetter möchte sie bestimmt lieber mit den anderen draußen spielen."
Trotzdem versucht Lynn ihr Glück und wählt Jasmins Nummer. Nach dem Telefonat stürmt sie strahlend ins Esszimmer. „Na siehst du", meint die Mutter, „zwei Freundinnen können nicht nur prima zusammen spielen, sondern sie sollen sich auch gegenseitig helfen!"
Über gute Freundschaften steht auch etwas in der Bibel. Kennst du biblische Personen, die füreinander da waren? dk

---

Bibel-SMS: *Der Sohn des Menschen ist nicht gekommen, um bedient zu werden, sondern um zu dienen und sein Leben zu geben als Lösegeld für viele.* Markus 10 Vers 45

Samstag 12 2008 Januar

Bibellese:
Matthäus 6,5-15

Einer trage des anderen Lasten, und so werdet ihr das Gesetz des Christus erfüllen.
Galater 6 Vers 2

 Beobachtungen in der Tierwelt: der Esel
„Du dummer Esel!"
„Na, das ist aber gar nicht nett von dir. Was glaubst du, wen du vor dir hast? Ich bin zwar ein Esel, aber alles andere als dumm. Wir Esel sind intelligente und ausdauernde Tiere, dazu noch sehr genügsam. Wir fressen auch minderwertiges Futter, außerdem Gras, Laub, Zweige, Dorngestrüpp. Einen Weg, den wir einmal gegangen sind, finden wir immer wieder, selbst nach 30-40 km. Da unsere Hufe kleiner sind als die der Pferde, können wir viel besser im Gebirge klettern, ohne das Gleichgewicht zu verlieren. Deshalb sind wir das ideale Tier, um Lasten zu tragen. Ich habe gehört, dass es bei euch Menschen auch welche gibt, die anderen helfen Lasten zu tragen. Aber das ist wohl im übertragenen Sinn gemeint." - Genau - wir sagen schon mal: „Das belastet mich", wenn wir Sorgen oder Kummer haben. Wie gut, wenn wir Eltern oder Freunde haben, die uns dann beistehen und trösten. Aber jeder von uns wird mit dem Bibelvers dazu aufgefordert. kt

---

Bibel-SMS: *Der Sohn des Menschen ist nicht gekommen, um bedient zu werden, sondern um zu dienen und sein Leben zu geben als Lösegeld für viele.* Markus 10 Vers 45

Sonntag 13 Januar 2008

Bibellese: Matthäus 6,16-23

Preise den HERRN, meine Seele! Der da vergibt alle deine Sünde, der da heilt alle deine Krankheiten.
Psalm 103 Verse 1.3

Wir erklären den Lernvers

Ein gelähmter Mann wird zum Herrn Jesus gebracht und der sagt ihm: „Deine Sünden sind vergeben!" Die gelehrten Leute finden die Aussage unerhört. Doch der Herr Jesus erklärt ihnen: „Ich kann beides - Sünden vergeben und Krankheiten wegnehmen." Und er heilt den Gelähmten. Der preist und lobt Gott dafür. - Du meinst, dass du so eine Heilung nie erlebt hast. Aber überleg einmal: Ist es nicht Gott, der deinem Körper Abwehrkräfte gab, die dich gesunden ließen? Ist das nicht Gott, der Ärzte die richtigen Mittel finden lässt oder beim Operieren Gelingen gibt? Gott heilt meist ganz „normal", nicht durch große Wunder. Manche Menschen „heilt" er, indem er sie einverstanden sein lässt mit ihrem Kranksein. Sicher ist, dass es im Himmel nur gesunde Leute geben wird. Und sicher ist, dass der Herr Jesus dich von der „Sündenkrankheit" heilen will, die dir den ewigen Tod bringt. Jeden Tag neu ist er bereit, dir zu vergeben. ba

---

Lernvers: *Preise den HERRN, meine Seele! Der da vergibt alle deine Sünde, der da heilt alle deine Krankheiten.* Psalm 103 Verse 1.3

Montag 14 2008 Januar

Bibellese: Matthäus 6,24-34

Gehorsam ist wichtiger als das Schlachten von Opfertieren. Es ist besser, auf den Herrn zu hören, als ihm das beste Opfer zu bringen.

1. Samuel 15 Vers 22

Ungehorsam hat Folgen

„Vernichte das Volk der Amalekiter. Sie haben schwer gegen mich gesündigt. Das ist meine Strafe für sie", so lautet Gottes Auftrag an Saul, den König über Israel. „Auch von den Tieren sollst du nicht eines verschonen." Im Kampf kann das israelitische Heer die Amalekiter vernichtend schlagen. Gott selbst gibt ihnen den Sieg. Aber von dem Vieh verschonen Saul und die Soldaten die besten Tiere. Da sendet Gott seinen Propheten Samuel zu Saul: „Weil du mir nicht gehorcht hast, kannst du nicht länger König sein." Saul ist schockiert. Er versucht sich herauszureden: „Aber die Tiere sind als Opfer für den Herrn bestimmt." Doch Gott antwortet ihm: „Gehorsam ist wichtiger als das Schlachten von Opfertieren. Es ist besser, auf den Herrn zu hören, also ihm das beste Opfer zu bringen." Es steht fest: Saul kann nicht mehr König sein. (1. Samuel 15,1-23)
Auch heute möchte Gott, dass wir seinem Wort gehorchen. Das ist wichtiger als alles, was wir für Gott tun oder ihm geben können.   ku

---

Lernvers: *Preise den HERRN, meine Seele! Der da vergibt alle deine Sünde, der da heilt alle deine Krankheiten.*   Psalm 103 Verse 1.3

Dienstag 15 Januar 2008

Bibellese: Matthäus 7,1-6

Der Mensch sieht auf das, was vor Augen ist, aber der HERR sieht auf das Herz.

1. Samuel 16 Vers 7

Der neue König

Gott schickt seinen Propheten Samuel zu der Familie Isais, um den neuen König zu salben. Samuel überlegt: Wen hat sich Gott erwählt? Wie wird er aussehen? Wie wird der neue König sein? Isai lässt seinen ältesten Sohn vor Samuel treten. Aber Gott sagt seinem Propheten: „Schau nicht auf sein Äußeres, auf seine Größe und Stärke. Dieser ist es nicht." Dann treten auch die anderen Söhne Isais einzeln vor. Doch keiner von ihnen ist der künftige König. Zum Schluss fragt Samuel: „Waren das deine Söhne alle?" „Nein", antwortet Isai. „Der Jüngste ist draußen bei den Schafen." „Den lass schnell holen", fordert Samuel ihn auf. Es ist David. Niemand hatte gedacht, dass er in Frage kommt. Aber genau ihn hat Gott erwählt. Gott bewertet einen Menschen anders, als wir das tun. Er lässt sich nicht durch Größe und Stärke beeindrucken. Viel wichtiger ist ihm das Herz eines Menschen, dass er Gott fest vertraut, ihm treu nachfolgt und seinem Wort gehorcht. (1. Samuel 16,1-13) ku

---

Lernvers: *Preise den HERRN, meine Seele! Der da vergibt alle deine Sünde, der da heilt alle deine Krankheiten.* Psalm 103 Verse 1.3

Mittwoch 16 2008 Januar

Bibellese: Matthäus 7,7-14

Die Hochmütigen und Stolzen werden niemals Gottes Barmherzigkeit erfahren. Seine Gnade gilt denen, die zum demütigen Gehorsam bereit sind.
1. Petrus 5 Vers 5

David kommt an den Königshof

Die Diener Sauls machen sich Sorgen. Ihr König wird in letzter Zeit häufig von einem bösen Geist gequält. Darum machen sie ihm einen Vorschlag: „Lass uns doch nach einem Mann suchen, der auf der Zither (Harfe) spielen kann. Wenn dann der böse Geist wieder über dich kommt und der Mann die Zither spielt, wird es dir gleich besser gehen." Saul ist einverstanden. Bald hat man den richtigen Mann gefunden: Es ist David, der von Gott zum neuen König erwählt wurde. David wird an den Königshof geholt. Welche Gedanken werden ihn beschäftigt haben? Er, der zukünftige König, soll er nun Saul dienen. Aber David vertraut und gehorcht Gott. Er schaut nicht auf Saul herab, sondern erfüllt treu seine Aufgabe. Saul gewinnt ihn sogar sehr lieb und macht ihn zu seinem Waffenträger. Er hat keine Ahnung, dass David ihn einmal als König ablösen wird. Demut und Treue sind Eigenschaften, die Gott sich bei denen wünscht, die ihm nachfolgen wollen.
(1. Samuel 16,14-23)   ku

Lernvers: *Preise den HERRN, meine Seele! Der da vergibt alle deine Sünde, der da heilt alle deine Krankheiten.*   Psalm 103 Verse 1.3

Donnerstag 17 Januar 2008

Bibellese: Matthäus 7,15-20

Glücklich der Mann, der nicht folgt dem Rat der Gottlosen, den Weg der Sünder nicht betritt und nicht im Kreis der Spötter sitzt.
Psalm 1 Vers 1

Spott

Wieder einmal stehen sich die Israeliten und die Philister im Kampf gegenüber. Da tritt der Philister Goliat vor und brüllt zu den Israeliten rüber: „Wählt einen Mann aus, der gegen mich kämpft. Wenn er mich besiegt, wollen wir eure Knechte sein. Wenn ich aber ihn besiege, sollt ihr unsere Knechte sein!" Keiner der Israeliten wagt, gegen diesen riesigen Goliat zu kämpfen. Vierzig Tage verspottet Goliat sie. Da kommt David in das Lager. Als er die Spottworte Goliats hört, ist er empört. Wie kann er es wagen, das Heer des lebendigen Gottes zu beleidigen? David erklärt daher: „Ich werde gegen Goliat kämpfen." König Saul hat berechtigte Zweifel. Aber David antwortet ihm: „Der Herr hat mich aus den Klauen des Löwen und des Bären gerettet. Er wird mich auch aus der Hand dieses Philisters retten." (1. Samuel 17,1-38)

Und heute? Hörst du tatenlos zu, wenn über Gott und seine Leute gespottet wird, oder hast du den Mut, etwas dagegen zu sagen?

ku

Lernvers: *Preise den HERRN, meine Seele! Der da vergibt alle deine Sünde, der da heilt alle deine Krankheiten.* Psalm 103 Verse 1.3

Freitag 18 2008 Januar

Bibellese: Matthäus 7,21-29

Gott ist treu. Er wird euch Mut und Kraft geben und euch vor allem Bösen bewahren.

2. Thessalonicher 3 Vers 3

Ein ungleicher Kampf

David bereitet sich auf den Kampf gegen Goliat vor. Er probiert Sauls Rüstung an. Aber die ist ihm viel zu groß. David entscheidet sich für die Waffen, mit denen er vertraut ist: eine Steinschleuder und seinen Stab. Damit tritt er Goliat entgegen. Dieser spottet über den Hirtenjungen. Aber David antwortet mutig: „Ich komme im Namen des Herrn. Und alle Soldaten hier sollen sehen, dass der Herr weder Schwert noch Speer nötig hat, um uns zu retten. Er selbst führt diesen Krieg und wird euch in unsere Gewalt geben." Dann ergreift er seine Schleuder. Der erste Stein fliegt durch die Luft und trifft mit voller Wucht die Stirn Goliats. Der fällt auf der Stelle um. Als die übrigen Philister begreifen, dass ihr stärkster Mann tot ist, fliehen sie. Die Israeliten verfolgen sie. Jubelnd über den Sieg kehren sie anschließend zurück. Gott ist treu. Auf seine Hilfe ist Verlass. Und das gilt heute noch allen, die ihm vertrauen. (1. Samuel 17,39-52) ku

---

Lernvers: *Preise den HERRN, meine Seele! Der da vergibt alle deine Sünde, der da heilt alle deine Krankheiten.* Psalm 103 Verse 1.3

Samstag   19   Januar
2008

Bibellese:
Matthäus 8,1-4

Viele sogenannte Freunde schaden dir nur, aber ein wirklicher Freund steht mehr zu dir als ein Bruder.
Sprüche 18 Vers 24

Eine starke Freundschaft

Die Israeliten haben das Heer der Philister besiegt. Saul möchte mehr über den mutigen jungen Mann wissen, der Goliat getötet hat. Er fragt David nach seiner Familie. Jonatan, Sauls Sohn, steht dabei. Diese kurze Begegnung ist der Beginn einer tiefen Freundschaft. Jonatan gewinnt David lieb wie sein eigenes Leben. Als Zeichen für seine Freundschaft schenkt er David seinen Mantel, seine Rüstung und sogar sein Schwert, seinen Bogen und seinen Gürtel. David zieht an den Königshof und dient Saul. Gott segnet David und schenkt ihm viele Siege über die Feinde. Das macht Saul so eifersüchtig auf David, dass er beschließt, ihn zu töten. Doch Jonatan hält treu zu seinem Freund und verhilft ihm zur Flucht.

Auf einen guten Freund ist immer Verlass. Hast du Freunde, die treu zu dir stehen? Bist du für andere so ein Freund? Wenn eine gute Freundschaft halten soll, musst du auch bereit sein, etwas dafür zu tun. Ein schönes Beispiel für eine gute Freundschaft sind David und Jonatan.   ku

---

Lernvers: *Preise den HERRN, meine Seele! Der da vergibt alle deine Sünde, der da heilt alle deine Krankheiten.*   Psalm 103 Verse 1.3

Sonntag  Januar

Bibellese: Matthäus 8,5-13

Ich bin nicht gekommen, Gerechte zu rufen, sondern Sünder.
Markus 2 Vers 17

Wir erklären den Lernvers
Levi war Zöllner. Das heißt, er arbeitete mit den Römern zusammen, der Besatzungsmacht in Israel. Dabei nahm er es mit der Höhe der Gebühren, die er zu kassieren hatte, nicht so genau. Den Überschuss steckte er in die eigene Tasche. Von den frommen Juden, die sich für gerecht hielten, wurden die Zöllner „Sünder" genannt. Ausgerechnet den Zöllner Levi sprach Jesus an: „Folge mir nach!" Und Levi stand auf und wurde ein Jünger Jesu. - Immer war Jesus von Verachteten und Kranken umgeben, von Menschen mit schlechtem Gewissen. Ihnen erzählte er von Gottes Liebe und heilte sie. Diese Menschen begriffen, dass Jesus ihre einzige Hoffnung war, während die „Gerechten" die Nase rümpften über die Gesellschaft um Jesus.
Bist du besser als Levi? Bist du Gott in deinem Denken und Tun angenehm? Oder weißt du, dass auch du zu den Sündern zählst? Dann freu dich: Denn dann gilt auch dir die Einladung Jesu, das Angebot der Vergebung, das Geschenk eines Lebens mit ihm. ba

---

Lernvers: *Ich bin nicht gekommen, Gerechte zu rufen, sondern Sünder.*
Markus 2 Vers 17

Montag 21 Januar
2008

Bibellese:
Matthäus 8,14-22

**Wer seinem Nächsten
Verachtung zeigt, sündigt;
aber wohl dem, der sich
über die Elenden erbarmt!**
Sprüche 14 Vers 21

 **Ausgerechnet Tobi**
(nacherzählt von Daniela Müller mit
freundlicher Genehmigung der Autorin Heidi Schmidt)

Die 12-jährige Hanna genießt die ländliche Ruhe beim Spaziergang mit ihrem Bruder Tobi. Vor kurzem ist die Familie aus der Stadt nach Bärbeck gezogen. Was ist denn da bei dem alten Haus am Ortsrand los? Spielende Kinder werden von einer alten buckligen Frau verjagt, die ruft: „Verschwindet, ihr Biester!" Die Kinder geben aber nur freche Antworten, und als eine Katze auftaucht, wirft ein Kind einen Stein nach ihr. Für Tobi ist das zu viel: „Nich wehtun!", ruft er und stößt den Steinewerfer um. Alle schauen zu dem 6-jährigen, der anders ist als gleichaltrige Kinder. Ständig ruft er: „Nich wehtun, böser Junge!" Mit gehässigen Bemerkungen stellen die Kinder fest, dass Tobi eine Behinderung hat, ein Down-Syndrom. Hanna nimmt ihren Bruder in Schutz und eilt nach Hause. So etwas Fieses hat sie noch nie erlebt. Wie wird es da wohl in der neuen Schule werden? - Zum Nachdenken: Zu welchem Verhalten fordert uns die Bibel im Umgang mit anderen Menschen auf?

Lernvers: *Ich bin nicht gekommen, Gerechte zu rufen, sondern Sünder.* Markus 2 Vers 17

Dienstag 22 2008 Januar

Bibellese:
Matthäus 8,23-27

Wer den Geringen unterdrückt, verhöhnt den, der ihn gemacht hat; aber ihn ehrt, wer sich über den Armen erbarmt.

Sprüche 14 Vers 31

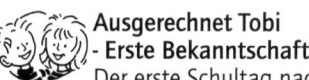

**Ausgerechnet Tobi
- Erste Bekanntschaften**

Der erste Schultag nach einem Umzug ist nicht einfach. Deshalb ist Hanna froh, dass sie an der Bushaltestelle von einem netten Mädchen begrüßt wird. Es heißt Jorya und wird ihre Klassenkameradin sein. Jorya zeigt ihr die Schule und gibt ihr den Stundenplan. Auf dem gemeinsamen Heimweg erschrickt Hanna: Jorya geht in den Vorgarten der buckligen Frau und pflückt die schönsten Blumen ab. „Das kannst du doch nicht machen!", ruft Hanna. Jorya erwidert: „Hier wohnt doch nur 'ne alte Hexe." Da kommt schon die alte Frau Artus schimpfend aus dem Haus. Lachend lässt Jorya die Blumen fallen und rennt davon. Hanna kann nicht begreifen, warum Jorya so etwas tut. Ob sie Jorya vertrauen kann? Nachmittags studiert Hanna den Schaukasten der Kirche. Da kommt der Pastor angeradelt und stellt sich vor. Er heißt Matthias Wellenbrink und lädt sie herzlich zum nächsten Teenkreis ein. Das Thema heißt: „Ein genialer Gedanke Gottes". Hanna hofft, hier junge Leute zu treffen, die mit Gott leben und sich nicht über andere Menschen und ihren Bruder lustig machen.

Lernvers: *Ich bin nicht gekommen, Gerechte zu rufen, sondern Sünder.* Markus 2 Vers 17

Mittwoch 23 2008 Januar

Bibellese:
Matthäus 9,1-8

Ich preise dich darüber, dass ich auf eine erstaunliche, ausgezeichnete Weise gemacht bin.
Psalm 139 Vers 14

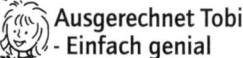
**Ausgerechnet Tobi
- Einfach genial**

Das Teenkreis-Thema lautet: „Du bist ein genialer Gedanke Gottes". Die Kinder überlegen, ob das auch für behinderte Menschen gilt. Matthias, der Pastor, verdeutlicht: „Jeder Mensch hat einmalige Gaben!" Hanna fragt sich, ob das auch für Frau Artus gilt. Die alte Frau schimpft immer mit allen Leuten. Niemand mag sie und niemand grüßt sie. Als Frau Artus an einem Tag mit ihrer Einkaufstasche auf dem Heimweg ist, streift sie ein Junge, der mit Inlinern unterwegs ist. Die Tasche fällt zu Boden. Alles liegt herum. „Böse Junge!", ruft Tobi, läuft zu Frau Artus und sagt: „Nich taurig sein, ich hilf dich!" Dann räumt er die Tasche ein. Auch Hanna gibt sich einen Ruck und hilft. Zwei Frauen auf der anderen Straßenseite beobachten das interessiert. Noch nie kümmerte sich jemand um Frau Artus. Die reißt ihre Tasche an sich und wendet sich wortlos ab. „Du muss immer danke sagen!", belehrt Tobi sie. „Danke", presst die alte Frau hervor und humpelt weiter. „Bin lieb", stellt Tobi fest. Hanna streicht ihm über den Kopf: „Ja, Tobi, du bist lieber als wir alle."

Lernvers: *Ich bin nicht gekommen, Gerechte zu rufen, sondern Sünder.* Markus 2 Vers 17

Donnerstag 24 2008 Januar

Bibellese:
Matthäus 9,9-13

Eure Güte soll allen Menschen bekannt werden.
Philipper 4 Vers 5

Ausgerechnet Tobi - Pfingstsingen

Dass der kleine Tobi mit dem Down-Syndrom und Hanna Frau Artus helfen, hat sich herumgesprochen. Jetzt ist Tobi mit einem Bild in der Hand unterwegs.
„Tiger!", ruft Frau Artus ihre Katze ins Haus, als Tobi sie streicheln will. Stolz geht er zu ihr: „Tuck mal, hat ich danz alleine malt! Das is Tatze!" Hanna hört Frau Artus sagen: „Ja, das hast du schön gemalt." Wie Tobi das Herz dieser Frau erreicht! - Beim Pfingstsingen singen die Kinder aus Bärbeck an jedem Haus. Hanna freut sich darauf und will zum Üben gehen. Da bittet Mama sie, auf Tobi aufzupassen. Trotzig schleppt sie ihn mit. Die Mädchen haben solche Freude an seinem fröhlichen lieben Wesen, dass er sogar beim Pfingstsingen dabei sein darf! Gerade will die Gruppe an Frau Artus' Haus vorbeigehen, da läuft Tobi zur Tür und klingelt. Frau Artus öffnet und Tobi beginnt lautstark zu singen: „Der Mai ist detomm, die Bäume lage aus ..." Zögernd stimmen alle mit ein. Nach dem Lied schleicht sich ein Lächeln in Frau Artus' Gesicht und das erste Mal jagt sie die Kinder nicht weg, sondern sagt leise: „Danke."

Lernvers: *Ich bin nicht gekommen, Gerechte zu rufen, sondern Sünder.*
Markus 2 Vers 17

Freitag 25 Januar 2008

Bibellese: Matthäus 9,18-26

Lasst uns aber im Gutestun nicht müde werden! Denn zur bestimmten Zeit werden wir ernten, wenn wir nicht ermatten.
Galater 6 Vers 9

Ausgerechnet Tobi
- Herzen erobern

Als die „Pfingstsänger" ihr Lied beenden, streicht Frau Artus Tobi über den Kopf und schenkt ihm einen Apfel. Im Ort spricht man darüber und Tobi erobert allmählich alle Herzen! - Wegen einer Blinddarmentzündung liegt Jorya im Krankenhaus. Natürlich besucht Hanna sie und Tobi will unbedingt mit! „Hallo Sorya! Hast du Aua?", grüßt er sie. Er setzt sich hin, um ihr ein Bild zu malen. Da kommt die Zimmernachbarin herein und legt sich traurig ins Bett, weil ihre Eltern sie nicht besuchen können. Tobi geht zu ihr und tröstet sie: „Nich traurig. Ich hilf dich." Hanna erinnert sich, wie Matthias sagte: „Jeder hat besondere Gaben!" Tobi kann andere so gut erfreuen! Ihr Bruder ist wirklich ein genialer Gedanke Gottes. - Auf dem Heimweg kommt Frau Artus aus dem Haus, als Tobi ihre Katze streichelt. „Tatze is lieb, ne?" Frau Artus redet kurz mit ihm, doch als Leute am Haus vorbeikommen, geht sie knurrend rein. „Warum Frau Artus nur zu Tobi nett ist?", grübelt Hanna. Sie beschließt, mit Tobis Hilfe das Vertrauen dieser Frau zu gewinnen.

Lernvers: *Ich bin nicht gekommen, Gerechte zu rufen, sondern Sünder.* Markus 2 Vers 17

Samstag 26 2008 Januar

Bibellese:
Matthäus 9,27-34

Alles nun, was ihr wollt, dass euch die Menschen tun sollen, das tut ihr ihnen auch!
Matthäus 7 Vers 12

Ausgerechnet Tobi
- Ein Geschenk

Tobi hat geschafft, was noch keiner geschafft hat: Er redet mit Frau Artus und sie mit ihm! Nun liegt er mit einer Lungenentzündung im Krankenhaus. Eines Tages ruft Frau Artus: „Mädchen! Wo ist der Junge?" Hanna berichtet von der Lungenentzündung. „Warte mal!" Humpelnd geht Frau Artus ins Haus. Zurück kommt sie mit einem wunderschönen kleinen Teddy und einem Apfel für Tobi. Dass Frau Artus Tobi ein Geschenk macht, muss Hanna unbedingt dem Pastor Matthias erzählen. Er ist ebenso fassungslos. Wie oft hat er schon vergeblich versucht, mit Frau Artus zu sprechen. Alle Freundlichkeiten und Einladungen hat sie abblitzen lassen.

Tobi freut sich riesig über das Geschenk. Er nennt den Teddy „Tiger", wie Frau Artus' Katze, und malt ein Bild für sie. Als Hanna ihr das Bild bringt, betrachtet sie es und sagt: „Das ist Tiger!" Hanna ist verdutzt. Kein Mensch hätte erkennen können, was das Bild darstellt, aber Frau Artus hat es erkannt. In Hanna wächst der Wunsch, ihr zu helfen, aber sie weiß nicht wie.

Lernvers: *Ich bin nicht gekommen, Gerechte zu rufen, sondern Sünder.*
Markus 2 Vers 17

Sonntag 27 Januar 2008

Bibellese: Matthäus 10,1-10

Glückselig, die das Wort Gottes hören und befolgen!
Lukas 11 Vers 28

Wir erklären den Lernvers
Was ist Glück? Anna ist glücklich mit ihren kleinen Katzen. Jens braucht zu seinem Glück ein gutes Computerspiel. Onkel Andreas versteht unter Glück vier Wochen Urlaub am Strand und für Oma ist ihre Gesundheit das höchste Glück. In der Bibel erfahren wir, dass echtes Glück immer mit Gott zu tun hat. Er hat uns gemacht und weiß, was uns gut tut. In unserem Vers sagt der Herr Jesus, dass es ein großes Glück ist, Gottes Wort zu hören. Hast du gewusst, dass du zu den Glücklichen dieser Erde zählst, weil du die Bibel in deiner Sprache hören und lesen kannst? Zum Glücklichsein gehört aber nicht nur das Hören, sondern auch das Gehorchen. Gott bietet dir in seinem Wort ein Leben in Gemeinschaft mit ihm an. Das nur zu hören, reicht nicht, wichtig ist, es auch zu befolgen und ein Kind Gottes zu werden. Das ist dann wahres Glück - ob am Strand oder in der Schule, ob gesund oder krank - immer hast du Gott an deiner Seite. ba

---

Lernvers: *Glückselig, die das Wort Gottes hören und befolgen!*
Lukas 11 Vers 28

Montag **28** **Januar**
2008

Bibellese:
Matthäus 10,11-16

Dient einander durch die Liebe!
Galater 5 Vers 13

Ausgerechnet Tobi

Tobi ist aus dem Krankenhaus zurück. Er möchte zu „Tiger" gehen, der Katze von Frau Artus. Dabei rennt er Hanna voraus, stolpert und fällt. Das Knie blutet heftig. Sie wollen umkehren, als eine Stimme ruft: „Warte, Mädchen! Ich helfe euch!" Es ist Frau Artus, die sie ins Haus bittet und Tobis Wunde verbindet. Die Kinder staunen: Auf dem Sofa sitzen viele schöne, handgearbeitete Teddys. Beim Abschied sagt Tobi: „Ich tomm wieda und wir pielen mit Teddys, ja?" Lächelnd nickt Frau Artus.
Bald hat Tobi Geburtstag. Dazu lädt er fast jeden ein, den er trifft, sogar den Postboten und den Schornsteinfeger! Plötzlich ist Tobi verschwunden. Hanna schwingt sich aufs Rad und sucht nach ihm. Vergeblich. Sollen sie die Polizei informieren? Da klingelt es. Vor der Tür stehen Tobi und Frau Artus. Noch vor Wochen wäre es undenkbar gewesen, dass Frau Artus zu anderen Leuten gegangen wäre. Aber Tobi, der in seiner Andersartigkeit ein guter Gedanke Gottes ist, schafft es, die verbitterte Frau zu erreichen.

Lernvers: *Glückselig, die das Wort Gottes hören und befolgen!*

Lukas 11 Vers 28

Dienstag 29 2008 Januar

Bibellese:
Matthäus 10,17-23

Denn Gott ist es, der in euch wirkt sowohl das Wollen als auch das Wirken zu seinem Wohlgefallen.
Philipper 2 Vers 13

Ausgerechnet Tobi - Freundschaft

Tobi hat Frau Artus zu seinem Geburtstag eingeladen. Tatsächlich steht sie mit einem Geschenk vor der Tür. Nur ungern lässt sie sich hereinbitten. Tobi packt einen kleinen Anorak aus, der beinah aussieht wie seiner: Er ist für den Teddy!

An einem Nachmittag hat Tobis Mutter einen Termin, aber niemanden, der auf Tobi aufpassen könnte. Hanna schlägt vor: „Frag doch Frau Artus!" Tatsächlich! Sie stimmt zu. Als Hanna später vom Zahnarzt kommt, traut sie ihren Augen nicht: Frau Artus ist mit auf dem Spielplatz und schubst Tobi und ein anderes Kind auf der Schaukel an. Skeptisch beobachten zwei Mütter, wie sie dann mit Kindern im Sandkasten spielt. Nach einer Weile bemerkt Frau Artus die Blicke. Sie überzeugt Tobi, dass sie zu Tiger müssten. Schnell verspricht sie ihm, morgen wieder herzukommen. Den verwirrten Müttern bestätigt Hanna, dass Tobi mit Frau Artus befreundet ist: Ein Junge mit Down-Syndrom und eine einsame Frau - so etwas bewirkt Gott.

Lernvers: *Glückselig, die das Wort Gottes hören und befolgen!*
Lukas 11 Vers 28

Mittwoch 30 Januar 2008

Bibellese: Matthäus 10,24-31

Euch aber lasse der Herr zunehmen und überreich werden in der Liebe zueinander und zu allen.
1. Thessalonicher 3 Vers 12

Ausgerechnet Tobi
- Veränderung

„Ich geh zu Fau Atus!", verkündet Tobi. Als die beiden zum Spielplatz wollen, zögert Frau Artus. Hanna und Jorya fahren dort Inliner und auch die Mütter vom Vortag sind wieder da. „Hallo Oma, komm wir bauen weiter!", ruft ein Junge aus dem Sandkasten. Frau Artus rafft sich zum Spielen auf. „Warum hast du einen Stock?" „Warum bist du so krumm?", fragen die Kinder. „Ich musste früher immer ein krankes, schweres Kind tragen. Daher sind meine Beine krank", antwortet sie bedrückt. Auf die Frage, wo das Kind jetzt sei, antwortet sie: „Es ist gestorben." Sie lenkt die Aufmerksamkeit der Kinder wieder aufs Spiel. Zwei Mütter sehen sich betroffen an. Zum ersten Mal denken sie über Frau Artus' Leben nach. Sie hatte es wohl nie leicht. Immer öfter geht Tobi mit Frau Artus zum Spielplatz. Immer mehr Mütter mit ihren Kindern gesellen sich dazu. Sie entdecken eine Veränderung an der Frau, die im Ort nur als „Hexe" bekannt war. - Frage: Wie kam es zu der Veränderung und wer bewirkt so etwas?

Lernvers: *Glückselig, die das Wort Gottes hören und befolgen!*
Lukas 11 Vers 28

Donnerstag 31 Januar
2008

Bibellese: Matthäus 10,32-38

Seid aber zueinander gütig, mitleidig, und vergebt einander, so wie auch Gott in Christus euch vergeben hat!
Epheser 4 Vers 32

Ausgerechnet Tobi
- Gemeindefest-Einladung

Man sieht Tobi und Frau Artus inzwischen gern auf dem Spielplatz. Da kommt ein älterer Junge vorbei und ruft: „Hexe, vergreifst du dich an kleinen Kindern?" Erbost knüpft sich eine Mutter den Kerl vor und befiehlt ihm, sich zu entschuldigen. „Armer Junge! Wie soll er wissen, dass er mich plötzlich nicht mehr quälen darf?", murmelt Frau Artus und verlässt mit Tobi den Spielplatz. Betroffene Frauen sehen den beiden nach. Waren sie bis vor kurzem nicht auch gemein zu ihr?

Tobi besucht den Kindergottesdienst und freut sich riesig auf den nächsten Sonntag. Da ist Gemeindefest und er ist beim Anspiel dabei! Er ist so aufgeregt und will jeden dazu einladen: die Verkäuferin, den Postboten und natürlich Frau Artus! „Ich sing an Sonntag in Gottesdins! Und ich piel was vor! Du muss kommen und gucken!" Dann singt Tobi ihr ein Lied vor: „Gott sag Ja su dir, er lieb dich wie du bis ..." Frau Artus wird nachdenklich.

Lernvers: *Glückselig, die das Wort Gottes hören und befolgen!*
Lukas 11 Vers 28

Freitag 1 Februar 2008

Bibellese:
2. Chronik 1, 1-6

Der Sohn des Menschen ist gekommen, zu suchen und zu retten, was verloren ist.
Lukas 19 Vers 10

Ausgerechnet Tobi - Gemeindefest

„Wo is Fau Atus?", ist Tobis erste Frage, als er am Sonntag die Kirche betritt. Hanna weiß, wie wichtig es Tobi ist, dass sie kommt. Sie verspricht, sie zu holen. „Bitte, kommen Sie zum Gottesdienst, Tobi heult fast", platzt sie heraus, als die Tür geöffnet wird. Nur zögernd kommt Frau Artus mit. „Gott sagt Ja zu dir, er liebt dich, wie du bist. Er machte dich in diesem Stil, weil er dich so gebrauchen will", singen die Kinder. In dem Anspiel, wo der verachtete Zöllner Zachäus von Jesus gerufen wird, entdeckt Frau Artus sich wieder. Zu gut weiß sie, was es heißt, verachtet zu werden. In der Predigt verdeutlicht der Pastor, dass wirklich jeder zu Jesus kommen darf. „Seit er am Kreuz für unsere Schuld gestorben ist, gibt es für jeden Menschen Hoffnung, der sich auf ihn einlässt!", lautet die Botschaft. Frau Artus hält es nicht bis zum Schluss aus. Sie braucht Ruhe – sie muss über vieles nachdenken! - Wie gut, dass es Tobi gibt. Ohne ihn hätte Frau Artus nicht diese wichtige Botschaft gehört.

Lernvers: *Glückselig, die das Wort Gottes hören und befolgen!*
Lukas 11 Vers 28

Samstag 2 Februar
2008

Bibellese:
2. Chronik 1,7-12

So viele ihn aber aufnahmen, denen gab er das Recht, Kinder Gottes zu werden, denen, die an seinen Namen glauben.
Johannes 1 Vers 12

Ausgerechnet Tobi - Abschied

Einige Tage nach dem Gemeindefest holt Frau Artus Tobi zum Spielplatz ab. Sie wirkt verändert. Mit der Zeit öffnet sich Frau Artus immer mehr gegenüber den Leuten. Drei Jahre vergehen. Eines Tages sehen Jorya und Hanna, wie der Krankenwagen mit Frau Artus davonfährt. Als sie sie nachmittags im Krankenhaus erreichen, kommen sie zu spät! Frau Artus ist tot. Bei ihrer Beerdigung nimmt das ganze Dorf Abschied. Der Pastor berichtet, Frau Artus habe einen schwer behinderten Jungen gehabt, der mit 14 Jahren starb. Er war der einzige Mensch, der sie je liebte. An ihn habe sie der kleine Tobi erinnert, der ihr half, einen Weg zu den Mitmenschen zu finden. Als sie seinetwegen im Gottesdienst war, war es ihr, als ob Gott rufen würde: „Ich habe dich lieb!" Drei Tage später hat sie ihr Leben Jesus Christus anvertraut, ist ein Kind Gottes geworden. Gott hat Frau Artus und ihr Leben verändert - und er will das auch bei uns tun.

(Infos zu der Autorin: www.heidi-schmidt-buch.de)

Lernvers: *Glückselig, die das Wort Gottes hören und befolgen!*
Lukas 11 Vers 28

Sonntag

Bibellese:
2. Chronik 1,13-17

3
2008

Februar

**Vertraue auf den HERRN
mit deinem ganzen Herzen
und stütze dich nicht
auf deinen Verstand!**

Sprüche 3 Verse 5.6

Wir erklären den Lernvers

Wie ist die Welt entstanden? Woher stammt der Mensch? - Nicht nur Kinder, auch Erwachsene stellen diese Fragen. Viele Wissenschaftler strengen ihren Verstand an, um eine vertretbare Lösung anzubieten. Wer die Bibel kennt, weiß die Antwort. Gott schreibt in seinem Wort, dass er selbst die Erde erschaffen hat und alles, was darauf lebt (1. Mose 1). Die meisten Menschen glauben nicht an Gott und können ihm deswegen nicht vertrauen. Sie versuchen lieber eine andere, eine für sie logischere Antwort auf den Ursprung der Weltgeschichte zu finden. Wer sich aber auf Gott verlässt, ihm glaubt und vertraut, der braucht sich auch über die großen und kleinen Fragen des Alltags nicht mehr den Kopf zu zerbrechen.

Lerne, ihn in alle deine Lebensbereiche einzubeziehen, und du wirst staunen, wie Gott deine Fragen und Probleme löst.

Lernvers: *Vertraue auf den HERRN mit deinem ganzen Herzen und stütze dich nicht auf deinen Verstand!*   Sprüche 3 Verse 5.6

Montag

4
2008

Februar

Bibellese:
2. Chronik 1,18 – 2,4

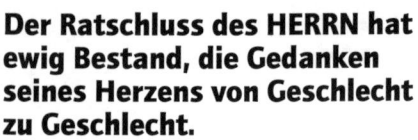

Der Ratschluss des HERRN hat ewig Bestand, die Gedanken seines Herzens von Geschlecht zu Geschlecht.
Psalm 33 Vers 11

König Saul will David töten

Noch ist Saul der König von Israel und muss gegen die Feinde Krieg führen. Oft schickt er David in den Kampf und jedes Mal siegt David. Das macht Saul neidisch und eifersüchtig. Außerdem weiß Saul, dass Gott David zum nächsten König von Israel bestimmt hat. Das ärgert Saul und deshalb erzählt er allen Dienern und seinem Sohn Jonatan, der Davids bester Freund ist, dass er ihn töten will. Jonatan ist entsetzt und warnt David. Außerdem gelingt es Jonatan, den Zorn seines Vaters eine Weile zu besänftigen. Eine Zeit lang hat David Ruhe. Doch als er den nächsten Sieg erringt, kommt Sauls Hass wieder hoch. Während David ihm eines Tages auf der Harfe etwas vorspielt, wirft er seinen Speer nach ihm, um ihn umzubringen. Doch Gott bewahrt David, sodass er fliehen kann. Gott lässt alle Versuche Sauls misslingen, David zu töten, denn Gott hat David dazu auserwählt, König von Israel zu werden. Seine Pläne und Gedanken können von nichts und niemandem verhindert werden.
(1. Samuel 19,1-18)

kn

Lernvers: *Vertraue auf den HERRN mit deinem ganzen Herzen und stütze dich nicht auf deinen Verstand!* Sprüche 3 Verse 5.6

Dienstag   5   Februar
2008

Bibellese:
2. Chronik 2,5-10

Auf einen Freund kannst du dich immer verlassen; wenn es dir schlecht geht, ist er für dich wie ein Bruder.
Sprüche 17 Vers 17

Das Zeichen
David ist auf der Flucht vor Saul und trifft sich heimlich mit Jonatan. Der will auf einem großen Fest herausfinden, ob sein Vater Saul David immer noch umbringen möchte. David geht nicht zu diesem Fest, sondern versteckt sich. Weil David nicht erscheint, gerät Saul in Zorn und versucht sogar, seinen Sohn zu töten, weil er mit David befreundet ist und ihm hilft.
Jonatan lässt sich jedoch nicht einschüchtern und warnt David mit einem Zeichen: Er schießt vor Davids Versteck mit seinem Bogen Pfeile ab. Als sein Knecht die Pfeile sucht, ruft Jonatan ihm zu: „Der Pfeil liegt weiter weg von dir, lauf schnell, beeile dich!" Das ist das verabredete Zeichen für David, dass er schnell fliehen muss, da Saul ihn immer noch töten will. Jonatan weiß, dass David an seiner Stelle König werden wird. Trotzdem achtet er Gottes Willen und bleibt ein treuer Freund für David. David verspricht Jonatan, ihn und seine Familie immer gut zu behandeln, wenn er der König ist.
(1. Samuel 20)   kn

Lernvers: *Vertraue auf den HERRN mit deinem ganzen Herzen und stütze dich nicht auf deinen Verstand!*   Sprüche 3 Verse 5.6

Mittwoch 6 Februar
2008

Bibellese:
2. Chronik 2,11-17

**Hilf uns, Gott, unser Retter!
Steh uns bei und vergib
uns unsere Schuld!**
Psalm 79 Vers 9

David hat Angst

David ist durch die Mordversuche Sauls ängstlich geworden und belügt auf seiner Flucht den Priester Ahimelech bei der Stiftshütte. Er erzählt ihm, er wäre im Auftrag Sauls unterwegs. Ahimelech gibt ihm daraufhin Brote und das Schwert Goliats. Auch ein Knecht Sauls ist gerade dort, bekommt alles mit - und berichtet es Saul.
Währenddessen flieht David zu den Philistern. Als er dort erkannt wird, stellt er sich wahnsinnig und die Philister lassen ihn laufen. In der Zwischenzeit hat Saul in seiner Wut den Priester Ahimelech und alle Priester, die bei der Stiftshütte wohnen, umbringen lassen, weil sie angeblich David bei der Flucht geholfen haben. Ein Sohn Ahimelechs entkommt und flieht zu David. Als David alles erfährt, gesteht er: „Ich bin schuldig." – David versucht sich nicht herauszureden, sondern übernimmt die Verantwortung für sein Verhalten. Wir machen nicht immer alles richtig. Aber es ist wichtig, dass wir unsere Fehler zugeben und dann auch um Vergebung bitten. kn

---

Lernvers: *Vertraue auf den HERRN mit deinem ganzen Herzen und stütze dich nicht auf deinen Verstand!* Sprüche 3 Verse 5.6

Donnerstag 7 Februar 2008

Bibellese:
2. Chronik 3,1-7

Siehe, Gott ist mir ein Helfer; der Herr ist der, der meine Seele stützt.
Psalm 54 Vers 6

David vertraut Gott

David ist weiter auf der Flucht vor Saul und lebt in der Höhle Adullam. 400 Männer haben sich ihm angeschlossen. Saul gibt keine Ruhe und lässt im ganzen Land nach David suchen. Als er von Boten erfährt, wo David sich aufhält, jagt er ihm nach. David zieht mit seinen Leuten weiter und bekommt von Gott den Auftrag, die Stadt Keïla vor den feindlichen Philistern zu retten. Nach seinem Sieg bleiben sie in dieser Stadt. Als Saul Davids neuen Aufenthaltsort herausbekommt, macht er sich sofort auf den Weg. David überlegt, ob die Bewohner ihn schützen oder ausliefern werden. Er wendet sich an Gott mit der Bitte um eine klare Antwort. Sie lautet: „Sie werden dich ausliefern." Sofort sammelt David seine Männer und bringt sich in der Wüste Sif in Sicherheit.

David muss ein unsicheres Leben führen. Aber er lernt dabei, sich auf Gott zu verlassen. Über die Zeit in der Wüste Sif hat er den Psalm 54 geschrieben. Darin steht die Erfahrung: „Gott ist mein Helfer." kn

---

Lernvers: *Vertraue auf den HERRN mit deinem ganzen Herzen und stütze dich nicht auf deinen Verstand!* Sprüche 3 Verse 5.6

Freitag 8 Februar 2008

Bibellese:
2. Chronik 5,1-6

Es ist besser, bei dem Herrn Schutz zu suchen, als sich auf Menschen zu verlassen.
Psalm 118 Vers 8

Gott greift ein

David ist in den Bergen auf der Flucht vor Saul. Aber Sauls Boten, die im ganzen Land auf der Suche nach David sind, finden heraus, wo er sich versteckt hält. Saul kommt mit einer ganzen Armee Soldaten und umzingelt David. Der sitzt nun in der Falle und kann nicht mehr entkommen. Doch Saul hat die Rechnung ohne Gott gemacht, der David zum nächsten König von Israel bestimmt hat. Gott greift auf wundersame Weise ein: Als Saul und seine Soldaten David gerade angreifen wollen, kommt ein Bote. Der berichtet Saul, dass die Feinde - die Philister - ins Land eingefallen sind. Da muss Saul den Angriff abbrechen und zurückkehren, um das Land gegen die Philister zu verteidigen. Gott ist groß und hat alles in seiner Hand!
David hat bestimmt gejubelt und Gott gelobt, als er im letzten Moment durch sein Eingreifen gerettet wurde. Wieder einmal hat er die Erfahrung gemacht: „Auf Gott vertraue ich, ich werde mich nicht fürchten; was kann ein Mensch mir tun?" (Psalm 56,12) kn

---

Lernvers: *Vertraue auf den HERRN mit deinem ganzen Herzen und stütze dich nicht auf deinen Verstand!* Sprüche 3 Verse 5.6

Samstag 9 Februar 2008

Bibellese:
2. Chronik 5,7-14

Denkt daran, dass es nicht eure Sache ist, euch selbst Recht zu verschaffen. Überlasst dieses Urteil vielmehr Gott.
Römer 12 Vers 19

Hören auf Gott ist besser als Rache

Saul ist wieder auf der Jagd nach David. Als er einmal dringend muss, geht er dazu in eine Höhle. Er bemerkt nicht, dass David und seine Männer am Ende dieser Höhle sitzen. Das ist die Gelegenheit für David, Saul zu töten, um endlich Ruhe zu haben und selbst König zu werden! Seine Männer stacheln ihn an, doch David will Saul nichts tun, da er der von Gott auserwählte König ist. Er schleicht sich jedoch an Saul heran und schneidet heimlich ein Stück Stoff von seinem Mantel ab. Als Saul ahnungslos die Höhle verlässt, ruft David: „Mein Herr und König!" Damit drückt er aus, dass er Saul als den von Gott erwählten König anerkennt und dass er keine Gefahr für Saul ist. Endlich begreift Saul, wie falsch er gehandelt hat, und lässt David in Ruhe.

David hat Gottes Willen geachtet und sich nicht an Saul gerächt, obwohl dieser so oft versucht hatte, ihn umzubringen. In schwierigen Situationen ist es wichtig, auf Gott zu vertrauen und auf sein Eingreifen zu warten. kn

---

Lernvers: *Vertraue auf den HERRN mit deinem ganzen Herzen und stütze dich nicht auf deinen Verstand!* Sprüche 3 Verse 5.6

Sonntag 10 Februar 2008

Bibellese:
2. Chronik 6,1-6

Gesegnet ist der Mann, der auf den HERRN vertraut und dessen Vertrauen der HERR ist!

Jeremia 17 Vers 7

Wir erklären den Lernvers

Bist du schon mal bei einer Nachtwanderung im Dunkeln unterwegs gewesen, ohne zu wissen wo du deinen Fuß hinsetzen sollst? Du weißt nicht, was dich als Nächstes erwartet und gehst vorsichtig Schritt für Schritt weiter. Mir ging es früher mal so. Wie froh war ich, als mich mein Vater dann an die Hand nahm und mit mir gegangen ist. An seiner Hand konnte ich sicher durch die Dunkelheit gehen. Alleine hätte ich es bestimmt nicht geschafft.

So wie es das Beste für mich war, meinem Vater zu vertrauen, so ist es auch das Beste für dich, wenn du Gott von ganzem Herzen vertraust. Egal, wie es dir geht, ob du vielleicht Schwierigkeiten in der Schule oder zu Hause hast. Sage ihm deine Sorgen im Gebet. Verlass dich ganz fest auf Gott, denn er geht mit dir und nimmt dich an der Hand. - Die Hand ist eine bildliche Beschreibung für die Sicherheit und Geborgenheit, die Gott dir schenken möchte. bl

---

Lernvers: *Gesegnet ist der Mann, der auf den HERRN vertraut und dessen Vertrauen der HERR ist!* Jeremia 17 Vers 7

Montag 11 Februar
2008

Bibellese:
2. Chronik 6,7-11

Trachtet aber zuerst nach dem Reich Gottes und nach seiner Gerechtigkeit! Und dies alles wird euch hinzugefügt werden.
Matthäus 6 Vers 33

Gott zuerst

Ich gehe gerne früh morgens einkaufen, weil da der Supermarkt noch leer ist. An einem Tag nahm ich mir vorher keine Zeit, in Ruhe mit Gott über sein Wort und den neuen Tag zu reden. Mitten im Geschäft fiel mir dann siedend heiß ein, dass ich kein Geld eingesteckt hatte. Zu Hause habe ich mich bei Gott entschuldigt und mir Zeit zum Bibellesen und Beten genommen. Später konnte ich den Einkauf ruhig und schnell erledigen und fand sogar eine freie Kasse!

Gott möchte, dass wir zuerst das tun, was wirklich wichtig ist. Danach können wir gelassen den restlichen Tag in Angriff nehmen. Dazu möchte ich dir heute Mut machen. Und auch unsere Mitmenschen hier in Frankreich sollen erfahren, dass die Gemeinschaft mit Gott Vorrang hat vor allem anderen. Davon wirst du in den nächsten Tagen noch mehr lesen. Ganz liebe Grüße aus Langres von Birgit und Ruedi Bänziger mit Corinne (13), Chris (11), Carmi (9) und Cornélis (7).   bb

---

Lernvers: *Gesegnet ist der Mann, der auf den HERRN vertraut und dessen Vertrauen der HERR ist!*   Jeremia 17 Vers 7

Dienstag 12 Februar 2008

Bibellese:
2. Chronik 6,12-17

Du bist ein Gott, der mich sieht!
1. Mose 16 Vers 13

Verstecken nicht erwünscht

Carmi ist ärgerlich: Er hat sich für sein Aquarium einen Scheibenputzer (Fischart) gekauft, aber dieser Fisch hat sich sofort im Wasserschloss versteckt und lässt sich kaum blicken. Carmi schimpft: „Warum versteckt sich dieser Scheibenputzer denn immer? ICH habe den gekauft, dann will ICH ihn auch sehen!" Wütend steckt er seine Hand ins Aquarium, um den Fisch aus dem Schloss zu scheuchen.

Viele Leute verhalten sich Gott gegenüber wie Carmis Fisch: Sie kümmern sich kein bisschen um ihren Schöpfer oder verstecken sich gar vor ihm. Anders als Carmi wird Gott deshalb nicht wütend. Wir möchten den Menschen hier in Frankreich sagen, dass Gott sie liebt und sie sieht und sie sucht. Sie dürfen zu Gott kommen wie ein Kind zu seinem Vater und bei ihm Liebe und Geborgenheit und Vergebung empfangen. Bete doch mit uns, dass viele Franzosen Gott suchen und finden. Und wie ist es bei dir selber, bist du schon Gottes Kind?   bb

---

Lernvers: *Gesegnet ist der Mann, der auf den HERRN vertraut und dessen Vertrauen der HERR ist!*   Jeremia 17 Vers 7

Mittwoch 13 Februar
2008

Bibellese:
2. Chronik 6,18-21

Denn nicht aufgrund unserer Gerechtigkeiten legen wir unser Flehen vor dich hin, sondern aufgrund deiner vielen Erbarmungen.
Daniel 9 Vers 18

Unverdientes Glück

Blass und mit „Bauchschmerzen" sitzt Chris am Frühstückstisch. Er hat vergessen, für den Geschichtstest zu lernen! Zum Honigbrot gibt es ein paar Geschichtszahlen, aber da ist nicht mehr viel zu machen. Wir beten und vertrauen, dass Jesus helfen kann. - Mittags kommt Chris erleichtert nach Hause. Durch ein Missverständnis war sein Klassenraum schon belegt, und bis die Lehrer das Problem gelöst hatten, war es zu spät für den Test. Natürlich passiert nicht jedes Mal ein Wunder, wenn wir in der Schule oder zu Hause vor Schwierigkeiten stehen! Aber es freut uns riesig, wenn wir Gottes Hilfe so hautnah erfahren dürfen. Dafür sind wir sehr dankbar und wollen bewusst damit rechnen, dass Gott unsere Gebete erhört. Und wir wollen es unseren französischen Mitmenschen sagen, dass sie sich in jeder Lage an Gott wenden dürfen. Das gilt auch für dich! Aber denke trotzdem an deine Schulaufgaben! bb

---

Lernvers: *Gesegnet ist der Mann, der auf den HERRN vertraut und dessen Vertrauen der HERR ist!* Jeremia 17 Vers 7

Donnerstag 14 Februar 2008

Bibellese:
2. Chronik 6,22-25

Heute, wenn ihr seine Stimme hört, verhärtet eure Herzen nicht!
Hebräer 4 Vers 7

Der Gewissensstimme gehorchen

Corinne schreibt gerne Briefe - kleine Zettel, die sie dann ihren Freundinnen vor der Schule zusteckt. Dann haben die etwas Nettes zu lesen in der Pause! Neulich hatte Corinne den Eindruck, sie sollte auf den Zettel auch ein paar Komplimente über eine sehr strenge Lehrerin schreiben. Das fand sie seltsam, hat es aber getan. Nun stell dir vor, die Freundin hat den Brief in der Schulstunde gelesen, ausgerechnet bei dieser strengen Lehrerin! Und die hat den Zettel erwischt! (Deshalb: Briefchen lieber nach der Schule weitergeben!) Corinne war total dankbar, dass sie ihrer „inneren Stimme" gehorcht hatte. Gott redet zu uns durch sein Wort, aber auch durch andere Menschen oder durch unser Gewissen, sei es hier bei uns in Frankreich oder da, wo du zu Hause bist. Ich möchte dir Mut machen, diesem Reden zu gehorchen. Auch dann, wenn du die Hinweise und Aufforderungen zunächst manchmal komisch findest. Vergiss nicht: Gott erwartet nichts Unvernünftiges oder Sinnloses von dir. bb

---

Lernvers: *Gesegnet ist der Mann, der auf den HERRN vertraut und dessen Vertrauen der HERR ist!* Jeremia 17 Vers 7

Freitag 15 Februar 2008

Bibellese:
2. Chronik 6,26-31

Ach, Herr, HERR! Siehe, du hast die Himmel und die Erde gemacht durch deine große Kraft und durch deinen ausgestreckten Arm: Kein Ding ist dir unmöglich.
Jeremia 32 Vers 17

Gott kann Wunder tun!

Vor einem Jahr konntest du von einer Asylantenfamilie aus Afrika lesen. Wir freuen uns riesig, dass sie inzwischen regelmäßig zum Gottesdienst kommen. Wir alle beteten für ihre Aufenthaltsbewilligung, obwohl der Antrag bereits dreimal abgelehnt worden war. Und stell dir vor, Gott hat ein Wunder getan! Unsere Afrikaner haben ihre Papiere bekommen und suchen jetzt in Langres Wohnung und Arbeit. Dass sie auch in der Gemeinde bleiben, freut uns besonders! Gott erhört Gebete und tut heute noch Wunder - große und kleine. Manchmal scheinen sie uns einfach vor die Füße zu fallen, auf andere haben wir schon lange gewartet. Ich möchte dir Mut machen, alle deine Anliegen, Freuden, Sorgen zu Gott zu bringen. Er hört es ganz bestimmt, wenn du zu ihm redest, und er antwortet auch - manchmal sofort, manchmal später. Und vergiss nicht, ihm für jedes noch so kleine Wunder zu danken! bb

---

Lernvers: *Gesegnet ist der Mann, der auf den HERRN vertraut und dessen Vertrauen der HERR ist!* Jeremia 17 Vers 7

Samstag 16 Februar 2008

Bibellese:
2. Chronik 6,32-35

**Naht euch Gott!
Und er wird sich
euch nahen.**
Jakobus 4 Vers 8

Ein Gott zum Anfassen

Carmi wird von seinen Zwillingsfreunden eingeladen, ihren neuen Bruder zu bestaunen. Da gerade die Grippe umgeht, ermahne ich Carmi mehrmals, das Baby ja nicht anzuhusten! Meine Sorgen stellen sich als unbegründet heraus: Carmi wird ins Wohnzimmer gebeten und vor den Fernseher gesetzt. Im Babyzimmer ist eine Kamera installiert - so können Familie und Freunde jederzeit den Kleinen ungestört auf dem Bildschirm beobachten. Als ich Carmi nachher frage, wie denn der Besuch gewesen sei, zögert er mit der Antwort - zu gerne hätte er das Baby einmal gestreichelt. Wie gut, dass wir zu Gott keinen Abstand halten müssen! Seine Tür steht immer offen, und er lädt uns ein, jederzeit zu ihm zu kommen: jung oder alt, gesund oder krank, fröhlich oder traurig. Das wollen wir auch unseren Mitmenschen hier in Frankreich immer wieder sagen. Dankbar sind wir, wenn du für uns als Familie und unsere Aufgaben in Frankreich betest. bb

---

Lernvers: *Gesegnet ist der Mann, der auf den HERRN vertraut und dessen Vertrauen der HERR ist!* Jeremia 17 Vers 7

Sonntag — 17 Februar 2008

Bibellese:
2. Chronik 6,36-40

**Er hat alles wohlgemacht;
er macht sowohl die Tauben
hören als auch die Stummen
reden.**

Markus 7 Vers 37

Wir erklären den Lernvers

Da wird ein Mann zum Herrn Jesus gebracht, der nichts hören und daher kaum reden kann. „Lege ihm bitte deine Hände auf!" Doch Jesus tut nicht, was die Leute erwarten. Er nimmt den Mann beiseite, so wird der nicht abgelenkt. Er legt ihm die Finger in die Ohren, berührt mit Speichel seine Zunge. Seltsame Behandlung! Und so umständlich! Aber der Mann merkt, dass ihm geholfen werden soll. Jetzt seufzt Jesus. Ist dies ein schwieriger Fall? Er blickt zum Himmel: Allein von Gott, seinem himmlischen Vater, erwartet er Weisung. Und dann endlich das erlösende Wort: „Öffne dich!" Da kann der Mann richtig hören und sprechen. Und die Leute sagen: „Jesus hat alles wohlgemacht!"

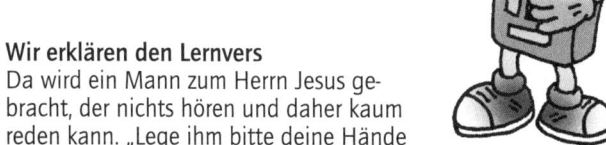

Wir dürfen alle unsere Probleme dem Herrn Jesus sagen. Doch auch wir müssen lernen, dass er nicht immer so antwortet, wie wir uns das ausgedacht haben. Selbst wenn wir nichts begreifen, die Hilfe auf sich warten lässt, werden wir am Ende erkennen: Er hat alles wohlgemacht.   ba

---

Lernvers: *Er hat alles wohlgemacht; er macht sowohl die Tauben hören als auch die Stummen reden.*   Markus 7 Vers 37

Montag — 18 / 2008 — Februar

Bibellese:
2. Chronik 7,1-3

Über die Werke deiner Hände juble ich. Wie groß sind deine Werke, HERR! Sehr tief sind deine Gedanken.
Psalm 92 Verse 5.6

Wunderwerk Hand: der Daumen

Großartig, was Gott schafft! Darüber wirst du in dieser Woche ein paar erstaunliche Dinge lesen. - Eines seiner Wunderwerke ist deine Hand. Mit ihren 27 Knochen ist sie für alles Mögliche einsetzbar. Allein Gottes Erfindung des Daumens ist genial. Der kann nämlich aus der Reihe der nebeneinander stehenden Finger „ausscheren" und sich ihnen gegenüberstellen. Zwar verfügt er nur über 2 Glieder (die anderen Finger haben 3), dafür ist er aber wegen seines Sattelgelenks besonders beweglich. Wie ein Reiter sich im Sattel nach vorn, hinten, rechts oder links beugen kann, beherrscht das auch der Daumen. Dadurch kannst du dicke, sperrige Dinge greifen wie eine Wasserflasche und genauso gut eine feine Nähnadel halten. Der Daumen ist der wichtigste Finger an der Hand. Versuche Mal etwas zuzuknöpfen ohne den Daumen zu benutzen. Da merkst du, was für ein Geschenk Gott uns damit gemacht hat. Mit ihm hat er uns bestens ausgerüstet für alle Aufgaben, die er uns stellt. sa

---

Lernvers: *Er hat alles wohlgemacht; er macht sowohl die Tauben hören als auch die Stummen reden.* Markus 7 Vers 37

Dienstag 19 Februar 2008

Bibellese:
2. Chronik 7,12-18

Wie zahlreich sind deine Werke, o HERR! Du hast sie alle mit Weisheit gemacht.
Psalm 104 Vers 24

Wunderwerk Hand: die Muskeln

Deine Hand mit vier Fingern und dem Daumen ist ein wunderbares Geschenk Gottes an dich. Sie besteht aus dem Handrücken (das ist der obere Teil) und dem Handteller (das ist die hohle Innenwölbung). Damit du deine Hand gebrauchen kannst, benötigst du Muskelstränge. Die Muskeln, die deine Hand insgesamt bewegen, liegen am Unterarm. Die speziellen Beugemuskeln für die Finger verlaufen von da aus durch den Handteller, die Streckmuskeln durch den Handrücken. (Öffne und schließe mal deine Hand – was kannst du an Bewegung beobachten?) Damit nicht genug: Gott tat noch mehr. Er legte für den Daumen und den kleinen Finger zusätzliche Muskeln in den Handteller. So erhöhte er ihre Beweglichkeit noch weiter. Alle diese Muskeln lässt er durch Bänder und Sehnen in ihrer Position halten. Sie können deshalb nicht verrutschen. Die Sehnen wiederum schützt er durch eine faserige „Wand", die Sehnenscheide. Du siehst: Gott hat einfach die besten Ideen. Danke ihm dafür. sa

---

Lernvers: *Er hat alles wohlgemacht; er macht sowohl die Tauben hören als auch die Stummen reden.* Markus 7 Vers 37

Mittwoch 20 Februar
2008

Bibellese:
2. Chronik 7,19-22

Jesus spricht: „Ich gebe ihnen ewiges Leben, und sie gehen nicht verloren in Ewigkeit, und niemand wird sie aus meiner Hand rauben."

Johannes 10 Vers 28

Wunderwerk Hand: die Handfläche

Betrachte einmal deinen Handteller. Erkennst du die Linien darin, die ein wenig kreuz und quer durch ihn verlaufen? Man könnte daraus ein geschwungenes „M" lesen. Diese Handlinien haben nichts damit zu tun, dass sie dir die Länge deines Lebens anzeigen. Sie entstehen dadurch, dass in der Innenseite der Hand die Haut an einigen Stellen fest mit der Unterlage verwachsen ist. Überall an deinem Körper kannst du die Haut leicht hin- und herschieben. Nur in der Handfläche nicht. Was hat sich Gott dabei gedacht? Ganz einfach: Durch die befestigte Haut kannst du Dinge viel leichter im Handteller tragen und festhalten. Sie rutschen nicht so schnell hin und her. Du hältst sie sicher in deiner Hand, es sei denn, sie sind zu schwer. Fest und sicher bist du auch in Gottes Hand, wenn du dem Herrn Jesus dein Leben anvertraut hast. Niemand vermag dich aus seiner Hand zu rauben. Nichts ist zu stark oder zu schwer, um Gottes Macht zu überwinden.   sa

---

Lernvers: *Er hat alles wohlgemacht; er macht sowohl die Tauben hören als auch die Stummen reden.*   Markus 7 Vers 37

Donnerstag 21 Februar
2008

Bibellese:
2. Chronik 9,1-6

Alles, was gut und vollkommen ist, das kommt von Gott.
Jakobus 1 Vers 17

Wunderwerk Hand: der Tastsinn

Es ist schon zum Staunen, wie überaus gut Gott deine Hand geplant und gebaut hat. Du kannst mit ihr nicht nur zugreifen, sondern auch fühlen: Weiches und Hartes, Wärme und Kälte und auch Schmerzen. Damit deine Hand das alles leistet, hat Gott die Haut mit sehr empfindlichen Nervenenden ausgestattet. Am empfindsamsten sind die Nerven in den Enden deiner Finger, den Kuppen. Diese Nervenenden hat Gott direkt mit deinem Gehirn zusammengeschaltet. Und so funktioniert alles: Du fasst z.B. in einen spitzen Dorn. Der Tastsinn in den Fingerkuppen reagiert, indem die Nerven im Bruchteil einer Sekunde ans Gehirn melden: „Gefahr!" Sofort lässt es dich den Schmerz verspüren und gibt einen Befehl an die Muskeln. Du ziehst die Hand zurück. Ohne den Schmerz hättest du fester zugegriffen und dich wahrscheinlich ziemlich doll verletzt. Erkennst du, mit wie viel Liebe, Voraussicht und Fürsorge Gott dich geschaffen hat?

sa

Lernvers: *Er hat alles wohlgemacht; er macht sowohl die Tauben hören als auch die Stummen reden.* Markus 7 Vers 37

Freitag 22 Februar 2008

Bibellese:
2. Chronik 9,7-12

Ich preise dich darüber, dass ich auf eine erstaunliche, ausgezeichnete Weise gemacht bin. Wunderbar sind deine Werke, und meine Seele erkennt es sehr wohl. Psalm 139 Vers 14

Wunderwerk Hand: der Fingerabdruck

Wer sich schon mit Detektivgeschichten befasst hat, kennt den Begriff „Fingerabdruck" in Zusammenhang mit Verbrechern. Was hat er mit unserem Thema zu tun? Einiges. Deine Fingerkuppen hat Gott nicht nur mit besonders empfindsamen Nerven ausgerüstet, sondern er hatte noch eine andere einzigartige Idee. Nimm mal eine Lupe und schau dir deine Fingerkuppen genau an. Siehst du die winzigen Linien? Sie verlaufen in Bögen, Schleifen, Wirbeln oder in einer Kombination dieser drei. An jedem Finger ein wenig anders. Du kannst sie mit Stempelfarbe sichtbar machen. Und nun kommt das, was am meisten beeindruckt: Diese Linien unterscheiden sich von Mensch zu Mensch. Unter den vielen Millionen Menschen gibt es niemand, dessen Fingerabdruck mit dem eines anderen völlig übereinstimmt. Deshalb müssen Verbrecher ihre Fingerabdrücke bei der Polizei hinterlassen. So wird ein Täter schneller identifiziert. – Keiner von uns ist mit einem anderen zu vergleichen. Wir sind alles Originale Gottes. Danke, großer Gott! sa

---

Lernvers: *Er hat alles wohlgemacht; er macht sowohl die Tauben hören als auch die Stummen reden.* Markus 7 Vers 37

Samstag 23 Februar 2008

Bibellese:
2. Chronik 9,13-19

Herr, mein Gott, du bist einzigartig! Du hast so viele Wunder getan, alles hast du sorgfältig geplant!
Psalm 40 Vers 6

Wunderwerk Hand: die Nägel

Wozu hast du eigentlich Fingernägel? Nur zum Lackieren oder (bitte, unterlass das!) zum Nägelkauen? Natürlich nicht. Dass Gott hervorragende Gedanken hat und verwirklicht, konntest du in dieser Woche lesen. Daher ahnst du schon, dass er auch mit den Fingernägeln etwas Besonderes geschaffen hat. Hättest du das vermutet: Sie sind für deinen Tastsinn notwendig. Du fasst etwas an. Dadurch übst du ein wenig Druck aus. Diese Kraft würde verpuffen, wenn nicht der Fingernagel einen Gegendruck ausüben würde. Ist das nicht großartig?

Übrigens besteht ein Fingernagel genau wie die Haare und die Haut aus Horn. Sechs Monate benötigt er, bis er aus dem Nagelbett bis zur Spitze nachgewachsen ist. (Zehennägel brauchen mehr Zeit.) Je nach Jahreszeit wächst er schneller oder langsamer. – Ich kann nur staunen über Gott und ihm im Gebet meine Bewunderung ausdrücken. Überlege, mit welchen Worten du Gott für das Wunder deiner Hand danken kannst. sa

---

Lernvers: *Er hat alles wohlgemacht; er macht sowohl die Tauben hören als auch die Stummen reden.* Markus 7 Vers 37

Sonntag 24 Februar 2008

Bibellese:
2. Chronik 9,20-28

Jesus spricht: Lasst die Kinder zu mir kommen! Wehrt ihnen nicht! Denn solchen gehört das Reich Gottes.
Markus 10 Vers 14

Wir erklären die Bibel-SMS
„Dafür bist du zu klein!" „Das verstehst du noch nicht!" „Das ist nichts für Kinder!" Kennst du die Sätze? Es stimmt, für vieles bist du zu jung, bei vielem musst du abwarten lernen. Das Reich Gottes aber gehört auch Kindern. Das hat der Herr Jesus selbst gesagt, als die Jünger meinten, Kinder hätten bei ihm nichts zu suchen. „Lasst die Kinder zu mir kommen! Ihnen gehört das Reich Gottes." Gottes Reich ist da, wo der Herr Jesus im Mittelpunkt steht, wo man ihn ehrt. Hinein kommt man nicht durch große Taten, kluge Worte, gute Noten. In Gottes Reich darf, wer den Herrn Jesus liebt, ihm vertraut und gehorcht. Dazu ist niemand zu klein oder zu dumm. Liebst du den Herrn? Glaubst du, dass er es gut mit dir meint? Willst du ihm gehorchen? Dann lass dir von niemandem einreden, du seiest zu jung für Gottes Reich! Lass dich von keinem Menschen abhalten, zum Herrn Jesus zu kommen! Du bist ihm wertvoll. Er möchte dich nahe bei sich haben. ba

---

Lernvers: *Jesus spricht: Lasst die Kinder zu mir kommen! Wehrt ihnen nicht! Denn solchen gehört das Reich Gottes.* Markus 10 Vers 14

Montag 25 Februar 2008

Bibellese:
2. Chronik 9,29–10,4

Gib dem, der dich bittet, und weise den nicht ab, der von dir borgen will!
Matthäus 5 Vers 42

Teilen fällt schwer

Erinnerst du dich an den Propheten Samuel? Er hat David zum König gesalbt. Samuel ist mittlerweile als alter Mann gestorben. Aber David und seine Freunde ziehen immer noch durch die Gegend. Eines Tages hört David von einem sehr reichen Mann, der gerade ein Fest feiert. Er heißt Nabal. Davids und Nabals Hirten haben vor einiger Zeit zusammengearbeitet. Es war immer ein friedliches Miteinander. Nun schickt David Boten zu Nabal und lässt ihn herzlich grüßen. Außerdem bittet er Nabal, seinen Knechten Lebensmittel mitzugeben, auf die er verzichten kann. Eigentlich müsste Nabal freundlich sein. Aber statt netter Worte hören die Boten, wie Nabal sie anschreit: „David? Wer ist das? Da kann ja jeder daherkommen und was haben wollen. Nein, ich gebe nichts ab, weder von meinem Festtagsbraten, noch von irgendetwas anderem!" (1. Samuel 25,1-11)
Denkst du manchmal ähnlich? Fällt es dir schwer, etwas abzugeben? Bitte den Herrn Jesus, dass er dir hilft, deine Sachen freudig mit anderen zu teilen. aw

---

Lernvers: *Jesus spricht: Lasst die Kinder zu mir kommen! Wehrt ihnen nicht! Denn solchen gehört das Reich Gottes.* Markus 10 Vers 14

Dienstag 26 Februar 2008

Bibellese:
2. Chronik 10,5-11

Vergeltet niemals Unrecht mit neuem Unrecht. Seid darauf bedacht, allen Menschen Gutes zu tun. Römer 12 Vers 17

David will sich rächen

Entsetzt hört David zu, als ihm seine Boten Nabals Antwort überbringen. Das ist ja kaum zu fassen, wie undankbar dieser Nabal ist! David und seine Freunde haben in der Vergangenheit auf Nabals Schafherde aufgepasst. In dieser Zeit ist nichts von Nabals Besitz verloren gegangen. Und nun bekommt David so eine unverschämte Antwort. Ist das der Dank? „Nein", denkt sich David, „das lasse ich mir nicht gefallen! Dem werde ich es heimzahlen." David ist sehr zornig. Er ruft seinen Freunden zu: „Nehmt eure Schwerter!" Bereits nach kurzer Zeit ist er mit 400 bewaffneten Männern unterwegs, um Nabal zu bestrafen. (1. Samuel 25,12.13)

Leider vergisst David, dass er keine Rache nehmen darf. In der Bibel steht, dass wir nicht Böses mit Bösem vergelten sollen. - Sicher kennst du auch Situationen, in denen du sehr böse auf jemanden bist. Sag es dem Herrn Jesus. Er kann dir helfen, dem zu vergeben, der dich ärgert, und ihm Gutes anstatt Böses zu wünschen. aw

---

Lernvers: *Jesus spricht: Lasst die Kinder zu mir kommen! Wehrt ihnen nicht! Denn solchen gehört das Reich Gottes.* Markus 10 Vers 14

Mittwoch 27 Februar 2008

Bibellese:
2. Chronik 10,12-19

Wenn möglich, soviel an euch ist, lebt mit allen Menschen in Frieden!
Römer 12 Vers 18

Frieden stiften

Einer von Nabals Knechten hat die harte Rede seines Herrn mit angehört. Er hat Angst, dass David sich möglicherweise rächen wird. Deswegen rennt er zu Nabals Frau Abigajil und erzählt ihr alles. Abigajil ist eine schöne und kluge Frau. Schnell packt sie 200 Brote, 100 Rosinenkuchen und noch viele andere Leckereien zusammen. Sie lässt alles auf Esel laden und macht sich damit auf den Weg. Tatsächlich, schon bald kommt ihr der wutentbrannte David entgegen. Abigajil fällt ihm vor die Füße und bittet: „Herr, gib mir die Schuld an dem, was passiert ist. Dieser Mann ist ein Dummkopf. Leider habe ich deine Boten nicht gesehen. Tu doch jetzt nichts Böses, dann kannst du dich später über ein reines Gewissen freuen." Da legt sich Davids Zorn. Dankbar nimmt er das Geschenk an und geht zurück. (1. Samuel 25,14-35)
Sei so mutig wie Abigajil! Wie kannst du Frieden stiften, wenn sich deine Freunde oder Geschwister streiten? Friede bringt Freude mit sich.
aw

Lernvers: *Jesus spricht: Lasst die Kinder zu mir kommen! Wehrt ihnen nicht! Denn solchen gehört das Reich Gottes.* Markus 10 Vers 14

Donnerstag 28 Februar 2008

Bibellese:
2. Chronik 11,1-121

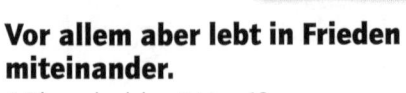

Vor allem aber lebt in Frieden miteinander.

1. Thessalonicher 5 Vers 13

In Gefahr

David ist niedergeschlagen. Wieder wird er von Saul verfolgt, weil jemand das Versteck verraten hat. König Saul hasst David und möchte ihn umbringen. Mittlerweile ist es Nacht. Saul und seine 3000 Krieger haben sich schlafen gelegt. Alles ist still. Sogar Abner, der Bewacher des Königs, schläft. Leise schleicht sich David mit Abischai ins Lager. Da liegt Saul. Sein Speer steckt neben ihm in der Erde. „Das ist die Gelegenheit!", flüstert Abischai, „Ich töte ihn mit seinem eigenen Speer." Aber David wehrt ab. Gott hat Saul zum König gesalbt. Ihm allein steht es auch zu, Saul zu bestrafen. Vorsichtig nehmen die zwei Sauls Speer und Wasserkrug und dann schleichen sie zurück. (1. Samuel 26,1-12)

David hat durch die richtige Entscheidung Frieden in seinem Herzen. Bitte den Herrn Jesus, dass er dir hilft, böse Taten deiner Schulkameraden nicht mit bösen Taten zu beantworten. Ein schlechtes Gewissen bedrückt - Frieden im Herzen macht froh. aw

---

Lernvers: *Jesus spricht: Lasst die Kinder zu mir kommen! Wehrt ihnen nicht! Denn solchen gehört das Reich Gottes.* Markus 10 Vers 14

Freitag 29 Februar 2008

Bibellese:
2. Chronik 11,13-17

Gesegnet ist der Mann, der auf den HERRN vertraut und dessen Vertrauen der HERR ist!
Jeremia 17 Vers 7

In Sicherheit

David und Abischai entfernen sich leise von Sauls Lager. Sie besteigen einen Berg. Endlich sind sie in sicherer Entfernung. David legt die Hände an den Mund und ruft ganz laut: „Abner! Warum hast du den König nicht bewacht? Jemand war im Lager und hätte ihn leicht töten können. Sieh einmal nach! Der Speer und der Wasserkrug des Königs sind weg." Saul wacht auf und fragt: „Ist das nicht deine Stimme, David?" „Ja", ertönt die Antwort, „der bin ich. Warum verfolgst du mich? Was habe ich dir getan? Ständig bin ich auf der Flucht und muss mich in den Bergen verstecken. Schon wieder hatte ich die Gelegenheit, dich zu töten und habe es doch nicht getan." Plötzlich erkennt Saul, dass er selber im Unrecht ist. Er hat schlecht gehandelt und verspricht, David nichts Böses mehr anzutun. Erleichtert lässt David den Speer und den Wasserkrug zurückbringen. (1. Samuel 26,13-25) David hat erlebt: Wer Gottes Geboten gehorcht, hat ihn auf seiner Seite! aw

Lernvers: *Jesus spricht: Lasst die Kinder zu mir kommen! Wehrt ihnen nicht! Denn solchen gehört das Reich Gottes.* Markus 10 Vers 14

Samstag 1 März
2008

Bibellese:
2. Chronik 11,18-23

Wer zu Gott kommt, muss darauf vertrauen, dass es ihn gibt. aus Hebräer 11 Vers 6

Rätsel Nr. 1
Sieben Wörter werden gesucht. Sie beginnen jeweils in dem nummerierten Feld, laufen in Richtung der Öffnung und enden in dem Feld mit dem Punkt.

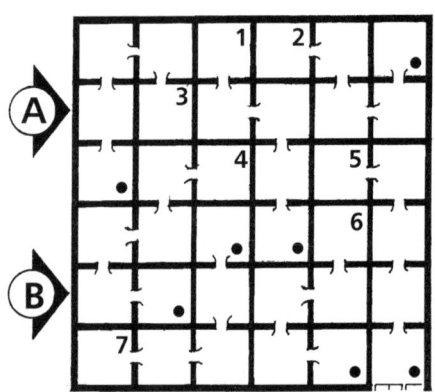

1. Noah ließ eine ... fliegen, um zu sehen, ob das Wasser versickert war. (1. Mose 8,8)
2. Jesus spricht: Ich bin die ... und das Leben. (Johannes 11,25)
3. Gegenteil von Wahrheit (Epheser 4,25) Ü = UE
4. Israels Hauptfluss
5. Jesus spricht: Ich bin der gute ... (Johannes 10,11)
6. Hochmut, eingebildet sein (Sprüche 21,4)
7. Alle eure ... werft auf ihn, denn er sorgt für euch. (1. Petrus 5,7)

Der Lösungssatz steht in den waagerechten Reihen A und B.

Lösung: Siehe letzte Kalenderseite

Lernvers: *Jesus spricht: Lasst die Kinder zu mir kommen! Wehrt ihnen nicht! Denn solchen gehört das Reich Gottes.* Markus 10 Vers 14

Sonntag

2 2008

März

Bibellese:
2. Chronik 12,1-4

Wir lieben, weil er uns zuerst geliebt hat.
1. Johannes 4 Vers 19

Wir erklären den Lernvers

"Timo mag ich kein bisschen", erklärt Lars mit Nachdruck. "Der ist gemein zu mir und nimmt meine Spielsachen weg. Aber Maria hab ich gern. Wir spielen zusammen, sie leiht mir ihr Rad. Zum Geburtstag hat sie mich auch eingeladen!" Klar, wer lieb zu dir ist, den magst du auch. Weißt du, wie lieb der Herr Jesus dich hat? Er dachte schon an dich, ehe du geboren warst. Er starb wegen deiner Sünden, damit du ewig leben könntest. Er ist immer bereit, dir zu helfen, dir Gutes zu tun. Er möchte dich für immer bei sich im Himmel haben. So wie er, liebt dich keiner. Klar, dass du ihn wiederliebst! Oder? Wenn du einmal so richtig über seine Liebe nachdenkst, kannst du eigentlich gar nicht anders, als ihn wiederlieben. Deine Liebe ist wie ein Echo auf seine Liebe. Das heißt, du gehorchst und vertraust dem Herrn. Und du versuchst, seine Liebe an andere weiterzugeben - zum Beispiel an Leute wie Timo. ba

---

Lernvers: *Wir lieben, weil er uns zuerst geliebt hat.*

1. Johannes 4 Vers 19

Montag 3 März
2008

Bibellese:
2. Chronik 12,5-10

Siehe, ich bin bei euch alle Tage bis zur Vollendung des Zeitalters.

Matthäus 28 Vers 20

Hallo, da sind wir wieder!

Wer den Kalender im letzten Jahr gelesen hat, konnte uns schon kennenlernen. Ich, Sophie, bin mittlerweile 10 Jahre alt. Sarah, meine große Schwester, ist natürlich auch ein Jahr älter geworden. Unser kleiner Bruder ist jetzt 5 Jahre alt. Wir möchten euch in dieser Woche erzählen, was wir mit Jesus erlebt haben, denn er ist ja immer bei uns. Es ist richtig spannend, wenn man versucht, überall mit Jesus zu leben, also zu Hause, in der Schule und bei Freunden. Nicht nur am Sonntag im Gottesdienst oder in der Sonntagsschule ist Gott bei dir, sondern immer und überall. Da fällt mir ein Lied ein, das ich schon oft gesungen habe: „Vom Anfang bis zum Ende hält Gott seine Hände über dir und über mir ..." Immer und überall ist Gott bei mir. Oft fällt uns nur in schwierigen Situationen ein, dass wir uns an Gott, unseren Vater im Himmel, wenden dürfen. Versuch doch mal, dich im Laufe eines Tages immer wieder daran zu erinnern, dass Gott da ist und du überall mit ihm reden kannst. rb

---

Lernvers: *Wir lieben, weil er uns zuerst geliebt hat.*

1. Johannes 4 Vers 19

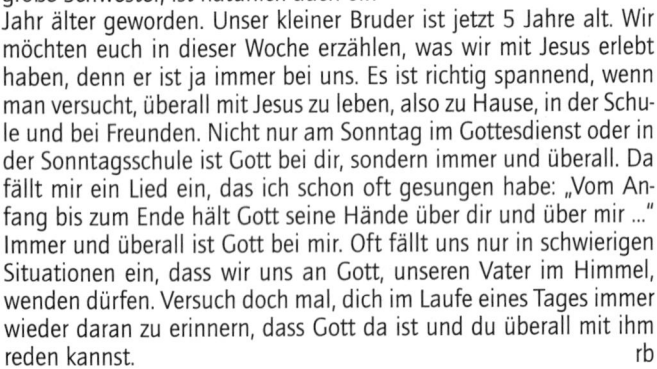

Dienstag

4 2008

März

Bibellese:
2. Chronik 12,13-16

Jeder soll eure Güte und Freundlichkeit erfahren. Philipper 4 Vers 5

Gute Idee

„Sophie, weißt du, was wir mal machen könnten?" Sarah sieht mich erwartungsvoll an. „Ja, wir könnten rausgehen." „Nein, es regnet doch!" „Wie wäre es mit einer Runde ‚Mensch ärgere dich nicht'?" „Nee."
„Wir können ja basteln?" „Ja, gute Idee!" „Ein Mobile!" „Nein, davon haben wir schon genug." „Ich hab's! Wir basteln 4 Körbchen, legen ein paar Kleinigkeiten hinein und bringen sie den älteren Frauen in der Nachbarschaft." „Oh ja, gute Idee!" „Mutti, dürfen wir Pappe haben? Wir wollen basteln." „Ja, natürlich, was habt ihr denn vor?" Schnell erzählen wir von unserer Idee. Schon bald sind wir am Schneiden, Falten, Kleben. In die Körbchen legen wir jeweils ein Kärtchen mit einem Bibelvers, eine gebastelte Blume und eine Süßigkeit. Dann stellen wir ein Körbchen vor die Haustür, klingeln und laufen weg. Wir freuen uns, wenn wir uns das überraschte Gesicht der Nachbarin vorstellen. Überleg doch mal, wem du Güte und Freundlichkeit zeigen könntest (siehe Bibelvers)! rb

Lernvers: *Wir lieben, weil er uns zuerst geliebt hat.*

1. Johannes 4 Vers 19

Mittwoch   5   März
2008

Bibellese:
2. Chronik 13,1-7

Nur auf Gott vertraut still meine Seele, von ihm kommt meine Hilfe.
Psalm 62 Vers 2

Mathearbeit!

„Oh nein!", denkt Sarah am Montagmorgen beim Blick auf den Kalender: „Am Donnerstag schreibe ich eine Mathearbeit. Geometrie ist nicht mein Ding. Da muss ich mit Papa noch üben. Papa? Ach du Schreck, der ist diese Woche beruflich unterwegs!" Während Sarah nach dem Frühstück in ihrer Bibel liest und betet, bittet sie Gott um Kraft und Hilfe für das Matheproblem. Am Montagnachmittag setzt sich Sarah nach den Hausaufgaben hin und beginnt für die Arbeit zu üben. Als sie am nächsten Tag aus der Schule nach Hause kommt, überschlägt sich ihre Stimme fast vor lauter Eifer: „Mama, die Arbeit wird auf nächste Woche verschoben." Sarah hat also noch genügend Zeit, um mit ihrem Papa zu üben. „Danke, Herr Jesus, für deine Hilfe", betet Sarah beim Mittagessen. Auch du kannst alle deine Sorgen im Gebet dem Herrn Jesus sagen. Er hört dich immer, auch wenn seine Hilfe nicht immer so direkt sichtbar wird, wie du es heute gelesen hast.   rb

---

Lernvers: *Wir lieben, weil er uns zuerst geliebt hat.*

1. Johannes 4 Vers 19

Donnerstag 6 März

2008

Bibellese:
2. Chronik 13,8-12

Preise den HERRN, meine Seele, und vergiss nicht alle seine Wohltaten!

Psalm 103 Vers 2

Fotoalben

Unsere Familie hat es sich auf dem Sofa gemütlich gemacht. Kekse und für jeden etwas zu trinken stehen auf dem Tisch. „Vorsicht Nils, wirf das Glas nicht um, wenn du das dicke Album auf Papas Schoß hebst!" Papa schlägt die erste Seite auf: Nils am Tag seiner Geburt. „Bin ich das?", fragt Nils ganz erstaunt. Er kann sich kaum vorstellen, einmal so klein gewesen zu sein. Sophie erinnert sich, wie schön es war, als sie ihren kleinen Bruder zum ersten Mal auf dem Arm halten konnte. Auch Sarah erinnert sich an die Zeit: „In dem Jahr, als du geboren wurdest, kam ich zur Schule", sagt sie. „Du warst erst ein paar Tage alt, da hat Papa dich auf dem Arm gehalten und zur Einschulung mitgenommen." Nachdem wir Nils' Album durchgeblättert haben, dürfen auch Sophie und Sarah je eins zum gemeinsamen Anschauen aussuchen. Der Nachmittag vergeht wie im Flug. Wir erinnern uns an viele schöne Dinge, die wir als Familie erlebt haben, und sind Gott sehr dankbar, dass wir uns gegenseitig haben. rb

---

Lernvers: *Wir lieben, weil er uns zuerst geliebt hat.*

1. Johannes 4 Vers 19

Freitag 7 März
2008

Bibellese:
2. Chronik 13,13-20

Überlasst alle eure Sorgen Gott, denn er sorgt für euch.
1. Petrus 5 Vers 7

Das goldene Schwert

"Mama, Mama", kommt Nils schluchzend angelaufen. "Der grüne Ritter hat sein Schwert verloren!" Wir suchen auf der großen Wiese nach dem goldenen Schwert, aber es bleibt verschwunden. Nachdem Nils sich beruhigt hat, sage ich zu ihm: "Weißt du noch, was ich zu dir gesagt habe? Lass den Ritter lieber im Haus, draußen gehen die kleinen Teile verloren. So ist es jetzt auch passiert, nicht wahr?" Nils nickt nur und geht in sein Zimmer, während ich mich weiter um die Hausarbeit kümmere. Nach einer Weile kommt er mir freudestrahlend entgegen und sagt zu mir: "Ich habe jetzt dem Herrn Jesus gesagt, dass ich das goldene Schwert verloren habe. Bestimmt finde ich es wieder." Fröhlich stapft er davon, raus auf die große Wiese. Am Abend, als es Zeit ist, ins Bett zu gehen, ist das Schwert immer noch nicht wieder aufgetaucht, aber Nils ist ganz ruhig darüber geworden. Ihm genügt es zu wissen: der Herr Jesus weiß Bescheid. - Das ist das Vertrauen, das Gott von uns allen haben möchte. rb

Lernvers: *Wir lieben, weil er uns zuerst geliebt hat.*
1. Johannes 4 Vers 19

Samstag 8 März
2008

Bibellese:
Matthäus 26,
14-16; 21-25

Alles nun, was ihr wollt, dass euch die Menschen tun sollen, das tut ihr ihnen auch!
Matthäus 7 Vers 12

„Immer Du!"
Türen knallen! Die Stimmen werden immer lauter, bis sie durchs ganze Haus zu hören sind: „Immer willst du zuerst an den Computer!", beschwert sich Sophie bei ihrer Schwester Sarah. „Stimmt ja gar nicht, du bist doch immer die Erste und spielst viel länger", entrüstet sich Sarah. Es fliegen noch einige weniger schöne Worte hin und her. (Die zwei verstehen sich nicht immer gut.) Während Sarah sich beleidigt in ihr Zimmer zurückzieht, schaltet Sophie den Computer an und beginnt zu spielen. Richtig Spaß hat sie dabei aber nicht und hört bald wieder auf. Kurz darauf höre ich die beiden zusammen reden und kichern. Sie haben sich an der Verkleidungskiste bedient. Nach einer Weile kommen sie zu mir in die Küche. Wir essen ein paar Kekse und ich frage vorsichtig: „Was habt ihr jetzt vor?" „Ach, Sarah kann jetzt an den Computer, ich will mal einen Brief schreiben." Ich bin froh, dass Sophie ihre Einstellung geändert hat, und muss an den Bibelvers von heute denken. rb

---

Lernvers: *Wir lieben, weil er uns zuerst geliebt hat.*

1. Johannes 4 Vers 19

Sonntag 9 März 2008

Bibellese: Matthäus 26,17-20

Er erniedrigte sich selbst und wurde gehorsam bis zum Tod, ja, zum Tod am Kreuz.
Philipper 2 Vers 8

Wir erklären den Lernvers

„He, Schielauge, hau ab! Hier kannst du nicht mitspielen!" Immer dasselbe: Kevin wird von seinen Klassenkameraden abgelehnt, weil er schielt und auch sonst nicht der Schlaueste ist. In seiner Verzweiflung wird er oft aggressiv, schlägt um sich. Dadurch gewinnt er natürlich erst recht keine Freunde. Niemand gibt sich mit ihm ab. Niemand? Doch, Laura begreift, dass Kevin Hilfe braucht. Als sie sich auf dem Schulhof neben ihn stellt und deutlich sagt: „Heute bestimmt Kevin, was wir spielen", ist die Verwunderung groß. „Was ist denn in die gefahren?", murmeln die anderen. Die Klassenkameraden meinen, dass es unter ihrer Würde sei, sich mit Kevin abzugeben.

Der Herr Jesus hat uns vorgelebt, was es bedeutet, sich für „Niedrige" einzusetzen. Als Gottes Sohn lebte er in vollkommener Harmonie bei seinem Vater im Himmel. Diesen verließ er und kam auf die Erde. Ja, er starb wie ein Verbrecher am Kreuz. Das hätte er nicht nötig gehabt, doch er tat es aus Liebe zu dir und mir. vc

---

Lernvers: *Er erniedrigte sich selbst und wurde gehorsam bis zum Tod, ja, zum Tod am Kreuz.* Philipper 2 Vers 8

Montag · 10 · 2008 · März

Bibellese:
Matthäus 26,26-30

Lasst Christus den Mittelpunkt eures Lebens sein.
1. Petrus 3 Vers 15

Entdeckungen der Menschheit: das Rad

Eine der wichtigsten Erfindungen, die je gemacht wurden, ist das Rad. Viele Erfindungen haben Vorbilder in der Natur. Aber ein Rad, das sich frei um eine Achse dreht, gibt es in der Natur nicht. Die Erfindung des Rades ist wohl mit die wichtigste überhaupt. Jeden Tag benutzen wir eine Fülle von technischen Geräten. Ohne Räder wären diese alle nicht funktionsfähig. Wann und wo das Rad erfunden wurde und wer es erfunden hat, ist nicht bekannt. Die ersten Räder sind vermutlich nicht älter als fünf- oder sechstausend Jahre. Sie wurden bei Ausgrabungen in Ägypten und Babylon entdeckt.

Das Besondere am Rad ist das Folgende: Es ist nur dann nützlich, wenn es mit einer Achse verbunden ist. Es braucht in seiner Mitte einen festen Punkt, um den es sich drehen kann. Das ist ein gutes Beispiel für unser Leben. Dieses braucht ebenfalls einen Mittelpunkt, um den es sich drehen kann. Der beste Mittelpunkt ist der Herr Jesus. Wer ihn in sein Leben aufgenommen hat, hat einen festen inneren Halt.

sg

Lernvers: *Er erniedrigte sich selbst und wurde gehorsam bis zum Tod, ja, zum Tod am Kreuz.* Philipper 2 Vers 8

Dienstag 11 März 2008

Bibellese: Matthäus 26,31-35

Weil ihr Gottes Barmherzigkeit erfahren habt, fordere ich euch auf, liebe Brüder, mit Leib und Leben für Gott dazusein.
Römer 12 Vers 1

Entdeckungen der Menschheit: das Zahnrad

Eine besondere Art von Rädern sind die Zahnräder. Zahnräder werden vor allem in Getrieben eingesetzt. Dort werden sie so ausgerichtet, dass ihre Zähne ineinander greifen und so die Drehbewegung des einen Zahnrades auf das andere übertragen wird. Dabei dreht sich das zweite Zahnrad in die entgegengesetzte Richtung. Durch unterschiedliche Größen der Zahnräder kann die Drehzahl erhöht oder verringert werden. Auf diese Weise können Zahnräder auch der Übersetzung von Kräften und Geschwindigkeiten dienen. Vielleicht konntest du schon mal das Innere einer Uhr sehen. Dort gibt es etliche Zahnräder. Sie zeigen uns eine wichtige Tatsache: Jedes einzelne Rädchen - und sei es noch so klein - hat eine wichtige Aufgabe. Wenn auch nur ein Rädchen entfernt würde, funktioniert die ganze Uhr nicht mehr. So wie jedes einzelne Rädchen einer Uhr wichtig ist, bist du an dem Platz wichtig, an dem du lebst. Diesen Platz hast du dir nicht selbst ausgesucht, sondern Gott hat es getan. Und er möchte, dass du genau dort für ihn da bist. sg

---

Lernvers: *Er erniedrigte sich selbst und wurde gehorsam bis zum Tod, ja, zum Tod am Kreuz.* Philipper 2 Vers 8

Mittwoch 12 2008 März

Bibellese:
Matthäus 26,36-39

Ich will dich unterweisen und dich lehren den Weg, den du gehen sollst.
Psalm 32 Vers 8

Ersatzrad oder Lenkrad

Entdeckungen der Menschheit: das Automobil

Von der Erfindung des Rades bis zum heutigen Auto war es ein langer Weg. Die ersten Autos sahen den damals gebräuchlichen Kutschen noch sehr ähnlich. In jedem Auto gibt es eine Vielzahl unterschiedlicher Räder, zum Beispiel Zahnräder im Getriebe oder am Motor Räder mit Antriebsriemen.

Personenwagen (PKW) fahren meist auf vier Rädern mit Reifen aus Gummi, Lastwagen (LKW) haben manchmal sogar mehr als 10 bereifte Räder, mit denen sie über die Straße rollen. In jedem Auto, ob PKW oder LKW, gibt es auch ein Ersatzrad oder ein Notrad, für den Fall, dass man mal einen platten Reifen hat.

Für viele Menschen ist der Glaube an Gott so etwas wie ein Notrad, das man nur dann benutzt, wenn man in Schwierigkeiten gerät. Aber Gott will in unserem Leben nicht nur ein Helfer in der Not sein. Er will unser Leben in die richtige Richtung lenken, damit wir das richtige Ziel erreichen. Dafür beansprucht er (um beim Bild vom Auto zu bleiben) das wichtigste Rad: das Lenkrad unseres Lebens. sg

---

Lernvers: *Er erniedrigte sich selbst und wurde gehorsam bis zum Tod, ja, zum Tod am Kreuz.* Philipper 2 Vers 8

Donnerstag 13 März
2008

Bibellese: Matthäus 26,40-46

Die ganze Heilige Schrift ist von Gottes Geist eingegeben. Sie lehrt uns, die Wahrheit zu erkennen.

2. Timotheus 3 Vers 16

Ägyptische Hieroglyphen

Entdeckungen der Menschheit: die Schrift

Ein Leben ohne Schrift kann man sich heute nicht mehr vorstellen. Die Entstehung der Schrift hat eine sehr lange Geschichte. Zuerst verwendeten die Menschen Zeichnungen, wenn sie anderen etwas mitteilen wollten. Diese wurden dann zu Symbolen vereinfacht, ähnlich wie auf den Verkehrszeichen. Aber es gibt Dinge, die sich nicht oder nur schwer durch ein Symbol darstellen lassen, wie z.B. Luft oder Gefühle wie Heimweh. Deshalb wurden die Schriftzeichen (die Hieroglyphen der Ägypter oder die Keilschrift der Sumerer) immer komplizierter – bis schließlich für jeden Laut ein bestimmtes Schriftzeichen erfunden wurde. Diese konnte man dann zu Wörtern und Sätzen zusammenfügen. Die Erfindung der Schrift hat Gott den Menschen gegeben. Damit hat er auch eine Möglichkeit geschaffen, uns etwas von sich mitzuteilen, und zwar durch die Bibel. Er beauftragte verschiedene Menschen, das aufzuschreiben, was er ihnen offenbarte. Aus diesen Niederschriften wurde in einem Zeitraum von mehr als 1.600 Jahren die Bibel, in der du nun selbst lesen kannst. sg

Lernvers: *Er erniedrigte sich selbst und wurde gehorsam bis zum Tod, ja, zum Tod am Kreuz.* Philipper 2 Vers 8

Freitag 14 2008 März

Bibellese: Matthäus 26,47-56

Ich freue mich über dein Wort wie jemand, der einen wertvollen Schatz findet.
Psalm 119 Vers 162

Entdeckungen der Menschheit: der Buchdruck

Johannes Gutenberg
ca. 1400-1468
Der Erfinder des Buchdrucks mit beweglichen Lettern

Bis zur Erfindung des Buchdrucks war das Vervielfältigen von Schriftstücken eine sehr mühsame Arbeit. Alles musste von Hand abgeschrieben werden. Das geschah bei der Bibel zunächst durch jüdische Schreiber, später im Mittelalter dann durch Mönche. Beide Gruppen arbeiteten so sorgfältig, dass beim Vergleich verschiedener Abschriften kaum Fehler gefunden wurden. So eine handgeschriebene Bibel kostete damals ein Vermögen - für die meisten unbezahlbar. Als um 1450 Johannes Gutenberg den Buchdruck mit beweglichen Einzelbuchstaben erfand, war das erste gedruckte Buch eine Bibel. Seit dieser Zeit sind die Bibeln immer preiswerter geworden. Das macht die Bibel aber nicht weniger wertvoll. Sie ist das wichtigste Buch, das es gibt. Durch sie erfahren wir, wer Gott ist, was er getan hat und noch tut. Wir können darin lesen, wie sehr Gott uns liebt und dass er seinen Sohn Jesus für uns in die Welt gesandt hat. In der Bibel wird erklärt, wie man ein Kind Gottes wird und wie man als Christ lebt. Dort gibt es viel zu entdecken - hast du damit schon angefangen? sg

---

Lernvers: *Er erniedrigte sich selbst und wurde gehorsam bis zum Tod, ja, zum Tod am Kreuz.* Philipper 2 Vers 8

Samstag 15 März
2008

Bibellese:
Matthäus 26,57-68

In herzlicher Liebe sollt ihr miteinander verbunden sein, und gegenseitige Achtung soll euer Zusammenleben bestimmen.

Römer 12 Vers 10

Beobachtungen in der Tierwelt: der Delfin

„Juhu, ich bin Erster! Ach, hallo, ich bin Ronny Delfin. Entschuldige, dass du etwas nass geworden bist. Im Wettschwimmen bringe ich es auf 40 - 100 km/Std. Meine glatte, dicke, leicht verformbare Haut unterstützt das schnelle Vorwärtskommen. Übrigens: Eisschnellläufer und Bobfahrer tragen Anzüge, die meiner Haut ähnlich sind. - Wir Delfine leben im Meer in Gruppen von 20 bis 100 Tieren zusammen. Die Jungen lernen von den Älteren, z. B. auch wie man Fische und Krebse fängt. Mit unserem starken Kiefer, der je 40 - 50 Zähne hat, ist das kein Problem. Wir sind sehr intelligente, verspielte und freundliche Tiere. Es ist kein Märchen, dass wir schon Schiffsbrüchigen das Leben gerettet haben. Auch untereinander helfen wir uns. Kranke Tiere werden von uns zum Luftholen (wir sind Säugetiere) an die Wasseroberfläche gebracht. Zusammengehörigkeit und Hilfsbereitschaft sind für uns sehr wichtig." - Da können wir von den Delfinen viel lernen. Denn auch die Bibel zeigt uns, dass solches Verhalten zu einem guten Miteinander gehört. (Siehe Bibelvers) kt

---

Lernvers: *Er erniedrigte sich selbst und wurde gehorsam bis zum Tod, ja, zum Tod am Kreuz.* Philipper 2 Vers 8

Sonntag   16   März
2008

Bibellese:
Matthäus 26,69-75

Er war verachtet und von den Menschen verlassen, ein Mann der Schmerzen und mit Leiden vertraut.

Jesaja 53 Vers 3

Wir erklären den Lernvers

„Heute nicht", hatte sich Niclas vorgenommen.
„Heute lasse ich mich auf dem Heimweg nicht verprügeln." Er war so in seine Überlegung versunken, dass er nicht bemerkte, wie der Lehrer ihn aufrief. Wieder einmal lachte die Klasse über ihn und er konnte nichts dagegen tun. In solchen Momenten fühlte sich Niclas einsam und verlassen.
Der Herr Jesus kennt das Gefühl der Einsamkeit und Verlassenheit sehr genau. Auch er hat erlebt, was es bedeutet, verspottet, verlacht und geschlagen zu werden. Viele Menschen damals wollten nichts mehr mit ihm zu tun haben. Seine guten Worte und Taten lehnten sie ab. Ihr Hass ging sogar so weit, dass sie ihn kreuzigten. Die Liebe des Herrn Jesus war aber größer als aller Hass. Noch am Kreuz betete er für die Menschen, die ihm so Schreckliches antaten.
- Die Leiden des Herrn Jesus waren viel größer als deine. Deshalb kann er dich verstehen und mitempfinden, wenn du ungerecht oder schlecht behandelt wirst.   kr

---

Lernvers: *Er war verachtet und von den Menschen verlassen, ein Mann der Schmerzen und mit Leiden vertraut.*   Jesaja 53 Vers 3

Montag   17   März
2008

Bibellese:
Matthäus 27,1-10

Wie die Sünde durch einen einzigen Menschen in die Welt kam, so auch die Rettung aus der Gewalt der Sünde. Römer 5 Vers 12

Warum feiern Christen Ostern ein Fest?
Natürlich heißt die Antwort: „Weil Jesus Christus gestorben und auferstanden ist." Warum ist diese Tatsache so wichtig? Dadurch wurde das größte Problem der Menschen gelöst, das Problem der Sünde. Wie kam es zu diesem Problem? Die ersten Menschen lebten im wunderschönen Garten Eden, kannten Gott persönlich und konnten sich ungezwungen mit ihm unterhalten. Aber dann passierte etwas Schreckliches, das diese Gemeinschaft zerstörte: Adam und Eva aßen von der einzigen verbotenen Frucht. Ihr Ungehorsam stand nun wie eine trennende Mauer zwischen ihnen und Gott. Er musste sie aus dem Garten vertreiben, die Gemeinschaft war zerstört. Schuld, Sünde und Tod waren in die Welt gekommen und bestimmen das Leben der Menschen bis heute.
Gott musste so handeln, denn er hasst die Sünde. Aber aus Liebe zu uns Menschen suchte er nach einer Möglichkeit, einen Weg zurück zu ihm zu bahnen. Sein Sohn Jesus Christus ist der Weg zu Gott geworden. ph

---

Lernvers: *Er war verachtet und von den Menschen verlassen, ein Mann der Schmerzen und mit Leiden vertraut.*   Jesaja 53 Vers 3

Dienstag 18 März 2008

Bibellese:
Matthäus 27,11-19

Das Blut Jesu Christi, seines Sohnes, reinigt uns von jeder Sünde.
1. Johannes 1 Vers 7

Ein besonderes Reinigungsmittel

Flecken auf der Hose, Tischdecke oder Teppichboden sind zwar ärgerlich, aber kaum ein Problem. Die Flecken werden mit der richtigen Reinigungsflüssigkeit sachgemäß behandelt und verschwinden in der Regel. Aber wie ist das mit unserer Schuld? Kann sie aus unserem Leben verschwinden, ausgelöscht werden? Du kannst es im Bibelvers lesen: Das Blut Christi ist für uns die Möglichkeit, von der Sünde gereinigt zu werden.
Um Vergebung zu erlangen, brachten die Israeliten früher Tieropfer. Sie legten ihm ihre Hand auf, bekannten ihre Schuld und übertrugen sie sinnbildlich auf das Tier. Es wurde getötet, und damit war die Schuld beseitigt. Weil ein Tieropfer aber nicht ein für allemal gültig war, bestimmte Gott ein Opfer, das bis heute gilt: Es ist sein Sohn Jesus Christus. Wir sollten Gott Danke sagen, weil wir keine Tiere mehr opfern müssen. Wir dürfen Vergebung erhalten, weil das Blut Jesu, also sein Opfer, unsere Sünden wegnimmt.   ph

---

Lernvers: *Er war verachtet und von den Menschen verlassen, ein Mann der Schmerzen und mit Leiden vertraut.*   Jesaja 53 Vers 3

Mittwoch 19 März 2008

Bibellese: Matthäus 27,20-26

Denn es ist auch Christus einmal für Sünden gestorben, der Gerechte für die Ungerechten, damit er uns zu Gott führe.
1. Petrus 3 Vers 18

Warum konnte der Herr Jesus für die Sünden sterben?
Um diese Frage zu beantworten, müssen wir uns mit dem Leben Jesu beschäftigen. Bereits bei seiner Geburt wird deutlich, dass der Herr Jesus anders war als die übrigen Menschen. Gott ist sein Vater, Josef war sein Pflegevater. Obwohl Gottes Sohn, war Jesus genauso Mensch wie du und ich. Er hatte Hunger, Durst, wurde müde, konnte sich freuen und traurig sein. Nur eines war grundlegend anders. Er tat nie etwas Falsches, war nie ungehorsam gegen seine Eltern oder Gott. Die Bibel sagt, er war ohne Sünde. Damit erfüllte er die Voraussetzung, um seinen Auftrag auszuführen: Er sollte für die Schuld der Menschen sterben. Der Tod ist die Folge der Sünde. Weil der Herr Jesus keine Sünde hatte (er war der Gerechte), hätte er nicht sterben müssen. Freiwillig ließ er sich aber für die Sünde bestrafen. Damit beseitigte er das Hindernis, das uns von Gott trennt und bereitete den Weg zu Gott. Er hat alles getan, damit du gerettet werden kannst. ph

---

Lernvers: *Er war verachtet und von den Menschen verlassen, ein Mann der Schmerzen und mit Leiden vertraut.* Jesaja 53 Vers 3

Donnerstag 20 März 2008

Bibellese: Matthäus 27,27-31

Er wurde misshandelt, aber er beugte sich und tat seinen Mund nicht auf wie das Lamm, das zur Schlachtung geführt wird. aus Jesaja 53 Vers 7

Warum starb der Herr Jesus?

Jesus Christus wusste, er würde für die Schuld der Menschen sterben. Als dieser Zeitpunkt nahte, wurde es ihm sehr schwer. Aber es gab keinen anderen Weg, um uns zu retten. So ließ er sich gefangennehmen. Er wurde verhört, geschlagen, verspottet und misshandelt. Er ertrug die unsagbaren Schmerzen und Qualen der Kreuzigung. Viele Menschen sahen zu. Sie begriffen nicht, warum er das mit sich geschehen ließ. Gegen Mittag wurde es plötzlich stockdunkel. Jede einzelne Sünde, die Menschen je getan haben, lag auf dem Herrn Jesus. Der heilige Gott, der keine Sünde sehen kann, musste sich deshalb von ihm abwenden. Jesus durchlitt die Trennung von Gott und rief: „Mein Gott, mein Gott, warum hast du mich verlassen?" Warum? Hast du es inzwischen verstanden? Weil alle Sünde auf ihm lag, auch deine und meine. Dann rief der Herr Jesus noch: „Es ist vollbracht!" Er hatte alles getan, damit wir mit Gott versöhnt werden können. ph

---

Lernvers: *Er war verachtet und von den Menschen verlassen, ein Mann der Schmerzen und mit Leiden vertraut.* Jesaja 53 Vers 3

Freitag 21 März 2008

Karfreitag

Bibellese: Matthäus 27,32-44

Jesus Christus hat sich selbst für unsere Sünden hingegeben, damit er uns herausreiße aus der gegenwärtigen bösen Welt nach dem Willen unseres Gottes und Vaters.
Galater 1 Vers 4

Einer für alle?

Wie kann man verstehen, dass es wirklich ausreicht, wenn einer für alle stirbt? Dazu las ich ein interessantes Beispiel. In den Urwäldern Südamerikas musste ein Hirte von Zeit zu Zeit seine Büffelherde durch einen gefährlichen Fluss treiben. Im Wasser schwammen gefräßige Piranhas (räuberische Fische), die viele Büffel töten würden. Brücken gab es nicht. Dem Hirten blieb nur der Weg durch den Fluss. Was sollte er tun? Er nahm ein Tier und trieb es in die Fluten. Dieses Tier wurde das Opfer der gefährlichen Piranhas und gleichzeitig die Rettung der übrigen Herde. Denn die Piranhas waren so beschäftigt mit dem einen Büffel, dass die anderen ohne Schaden das Ufer erreichen konnten. Ähnlich ist es mit dem Herrn Jesus, der sich für uns geopfert hat. Wie kannst du dem Herrn Jesus für dieses Opfer danken? Am besten mit deinem Leben, indem du es ihm anvertraust. Bitte den Herrn Jesus, dich zu führen und dir zu zeigen, wie du als Christ leben kannst. ph

---

Lernvers: *Er war verachtet und von den Menschen verlassen, ein Mann der Schmerzen und mit Leiden vertraut.* Jesaja 53 Vers 3

Samstag 22 2008 März

Bibellese: Matthäus 27,45-54

Gott aber sei Dank, der uns den Sieg gibt durch unseren Herrn Jesus Christus!
1. Korinther 15,57

Der Sieg

Für die Freunde des Herrn Jesus ist sein Tod schrecklich. Sie sind fassungslos und verstehen das alles nicht. Drei Tage später geschieht etwas sehr Wichtiges. Für alle soll deutlich werden: Der Herr Jesus stirbt nicht nur für die Sünden der Menschen, sondern er überwindet auch den Tod. Gott selbst bewirkt in seiner Macht, dass Jesus Christus wieder lebendig wird. Dem Tod, der Sünde und dem Teufel ist die Macht genommen. Jesus Christus ist stärker. Dieser Sieg Jesu hat bis heute nichts von seiner Gültigkeit verloren. Weil das Wahrheit ist, kannst du von deiner Sünde befreit werden. Du kannst etwa so beten: „Herr Jesus, durch die Sünde bin ich von Gott getrennt. Vergib mir meine Sünden. (Nenne ihm, was du als Sünde in deinem Leben erkennst.) Danke, Herr Jesus, dass du die Strafe für meine Sünde auf dich genommen hast. Bitte reinige mein Herz und Leben. Ich bitte dich, komm jetzt in mein Herz. Mein Leben soll dir gehören. Danke, dass du mich liebst und errettet hast. Amen." ph

---

Lernvers: *Er war verachtet und von den Menschen verlassen, ein Mann der Schmerzen und mit Leiden vertraut.*   Jesaja 53 Vers 3

Sonntag 23 März

2008

Bibellese: Matthäus 27,55-61

Ostersonntag

Ich bin die Auferstehung und das Leben; wer an mich glaubt, wird leben, auch wenn er gestorben ist.
Johannes 11 Vers 25

Wir erklären die Bibel-SMS

Marta und Maria sind in großer Trauer:
Ihr Bruder Lazarus ist gestorben. Sie hatten so sehr gehofft, dass der Herr Jesus, ihr Freund, ihn heilen würde. Extra benachrichtigt hatten sie ihn und seine Antwort gehört: „Die Krankheit wird nicht zum Tod führen, sondern die Macht und Herrlichkeit des Sohnes Gottes soll sichtbar werden." Aber Lazarus ist tot, schon im Grab. Und jetzt kommt Jesus. Zu spät! Der traurigen Marta erklärt er: „Ich bin das Leben. Wer mir vertraut, wird leben, selbst wenn er gestorben ist." Und er erweckt Lazarus vom Tod zu neuem Leben. Lazarus ist später wieder gestorben; alle Menschen müssen sterben. Doch jeder, der dem Herrn Jesus glaubt, erhält ein Leben, das stärker ist als der Tod: ewiges Leben, das nicht im Grab endet, sondern sich fortsetzt in Gottes Herrlichkeit. Hast du dir dieses herrliche Leben vom Herrn Jesus schon schenken lassen? ba

---

Bibel-SMS: *Ich bin die Auferstehung und das Leben; wer an mich glaubt, wird leben, auch wenn er gestorben ist.* Johannes 11 Vers 25

Montag 24 März 2008

Bibellese: Matthäus 27,62-66

Ostermontag

Seid stark, und euer Herz fasse Mut, alle, die ihr auf den HERRN harrt!
Psalm 31 Vers 25

Ganz schön mutig

In die Biologiestunde hat die Lehrerin einige bunte Tierbilder mitgebracht. Sie zeigt einen Affen und erklärt: „So sahen einmal unsere Vorfahren aus. Aus den Affen haben sich dann über eine ganz lange Zeit hinweg die Menschen entwickelt." Marie möchte am liebsten protestieren. Sie glaubt an die Bibel und ist überzeugt, dass Gott die Menschen geschaffen hat. Aber sie traut sich nicht so richtig, ihre Meinung zu sagen. Vielleicht lachen dann die anderen über sie. In ihr arbeitet es. Still bittet sie den Herrn Jesus um Mut und die richtigen Worte. Dann meldet sie sich und sagt: „Ich glaube, dass Gott die Menschen und alle Tiere geschaffen hat, weil es so in der Bibel steht!" Erst ist es still, dann hört sie Gekicher und Getuschel. „Die glaubt noch an so was!" Marie aber ist froh, dass sie noch den Mut bekam, zu ihrem Glauben zu stehen. Probiere es aus. Sage den anderen z.B., dass du zu Jesus gehörst. Er wird dir Mut und die richtigen Worte geben. bm

---

Bibel-SMS: *Ich bin die Auferstehung und das Leben; wer an mich glaubt, wird leben, auch wenn er gestorben ist.* Johannes 11 Vers 25

Dienstag 25 März 2008

Bibellese: Matthäus 28,1-10

Erst wollte ich dir, Herr, meine Schuld verheimlichen. Doch davon wurde ich so schwach und elend, dass ich nur noch stöhnen konnte.
Psalm 32 Vers 3

Der Fehlpass

"Rums!" Mit einem lauten Knall verschwindet der Ball im Haus von Herrn Freund. Wie versteinert starren Andy und Daniel zum Fenster. Wo früher die Fensterscheibe war, klafft jetzt ein großes Loch. Die Glasscherben liegen auf dem Boden. "Nichts wie weg hier!", findet Andy als Erster die Sprache wieder. Und schon rennen die beiden davon. Daniel ist es nicht wohl bei der ganzen Sache. Eigentlich hätte er zu seinem "Fehlpass" stehen müssen. Obwohl er als Christ immer ehrlich seine Fehler zugeben will, traut er sich nicht, etwas zu sagen. In der Nacht kann er überhaupt nicht gut schlafen. Er merkt: Schuld zu verschweigen, ist noch schlimmer, als eine Strafe zu bekommen. Nach der Schule geht er mit zitternden Knien zu Herrn Freund. Er gibt sein Missgeschick zu und entschuldigt sich. Dann erlebt er Erstaunliches. Herr Freund regt sich nicht auf, sondern freut sich über das mutige Eingeständnis. - Es ist gut, wenn wir unsere Schuld zugeben, anstatt sie zu verstecken. bm

---

Bibel-SMS: *Ich bin die Auferstehung und das Leben; wer an mich glaubt, wird leben, auch wenn er gestorben ist.* Johannes 11 Vers 25

Mittwoch 26 2008 März

Bibellese:
Matthäus 28,11-20

**Du sollst
nicht stehlen.**
2. Mose 20 Vers 15

Die Mutprobe

"Wenn du bei uns mitmachen willst, musst du eine Mutprobe bestehen!" Auf dieses Angebot hat Sven schon lange gewartet. Zur Clique von Jan zu gehören, ist sein großes Ziel. "Was ist das denn für eine Mutprobe?", will er wissen. "Es ist ganz einfach", meint Jan und grinst dabei seine Freunde verschwörerisch an. "Du musst nur zu Aldi gehen und uns Schokolade besorgen!" Sven weiß, was das bedeutet: Er soll stehlen, um zu zeigen, wie mutig er ist. In seinem Innern arbeitet es. Zu gern würde er zur Clique gehören. Aber für diesen Preis? Sven will dem Herrn Jesus gehorchen und weiß zu gut, dass Stehlen Sünde ist. Schweren Herzens sagt er: "Ich kann das nicht!" "Was heißt hier, du kannst nicht? Traust dich wohl nicht?", fragt Jan zurück. Sven nimmt allen Mut zusammen "Wenn ich stehlen soll, will ich lieber nicht zu euch gehören", sagt er und geht weg. Hinter sich hört er die anderen lachen. Aber in seinem Herzen ist er froh. Weißt du warum?   bm

---

Bibel-SMS: *Ich bin die Auferstehung und das Leben; wer an mich glaubt, wird leben, auch wenn er gestorben ist.*   Johannes 11 Vers 25

Donnerstag 27 März 2008

Bibellese:
Psalm 140,1-7

Denn mit dir kann ich auf Raubzug gehen, mit meinem Gott kann ich eine Mauer überspringen.
Psalm 18 Vers 30

Geschafft mit Gott

„Mir ist übel, ich gehe heute nicht zur Schule", klagt Mirjam. Die Mutter schaut Mirjam an – da stimmt doch was nicht. „Was ist denn los?" Zögernd erklärt Mirjam: „Wir haben Sportleistungskontrolle – Bockspringen. Ich trau' mich einfach nicht." Mirjam ist klein und zierlich und obendrein schüchtern. Da stellt so ein Bocksprung eine enorme Herausforderung dar. „Hör mal, was ich heute Morgen in meiner Bibel gelesen habe", versucht die Mutter sie zu ermutigen: ‚Mit dir, mein Gott, kann ich über Mauern springen.' Komm, wir bitten Gott um Mut und Gelingen für dich." Nach dem Gebet ist es Mirjam schon etwas leichter ums Herz und sie geht doch noch zur Schule. Als die Sportstunde beginnt, wird sie wieder ganz mutlos. Still betet sie und erfährt, dass ihre Aufregung sich legt. Und dann schafft sie tatsächlich das für sie Unmögliche: Sie kann mutig springen. Eine wertvolle Erfahrung. Mit dem Herrn Jesus kannst du Dinge schaffen, die du allein nie gewagt hättest.

bm

Bibel-SMS: *Ich bin die Auferstehung und das Leben; wer an mich glaubt, wird leben, auch wenn er gestorben ist.* Johannes 11 Vers 25

Freitag 28 2008 März

Bibellese:
Psalm 140,8-14

Redet auch nicht schlecht voneinander. Was ihr sagt, soll für jeden gut und hilfreich sein, eine Wohltat für alle.
Epheser 4 Vers 29

Höre auf zu meckern

„Der Meier ist wirklich von vorgestern. Merkt der gar nicht, dass heute schönes Wetter ist? Unmöglich, uns so viel Hausaufgaben aufzugeben!" Lautstark macht Erik seinem Ärger Luft. Die anderen in der Klasse stimmen wütend zu. Schon ist ein Schimpfen und Meckern im Gange. Kein gutes Haar lassen die Schüler an ihrem Lehrer. Johanna „stinkt" es auch gewaltig. Sie wollte eigentlich Baden gehen. Der Lehrer ist wirklich unmöglich! Sie will gerade so richtig mitschimpfen, als ihr der Lernvers der letzten Kinderstunde einfällt (Epheser 4,29). Der Herr Jesus möchte, dass wir nicht schlecht von anderen reden. Mitzuschimpfen wäre ganz einfach. Aber etwas Gutes zu sagen, erfordert eine Menge Mut. Sie überlegt: Hausaufgaben müssen sein. Und so viel ist es eigentlich gar nicht. Sie bittet den Herrn Jesus um Unterstützung und es gelingt ihr, bei den Klassenkameraden für den Lehrer einzutreten. Probiere es aus: Höre auf zu schimpfen und sage etwas Gutes.   bm

---

Bibel-SMS: *Ich bin die Auferstehung und das Leben; wer an mich glaubt, wird leben, auch wenn er gestorben ist.*   Johannes 11 Vers 25

Samstag 29 2008 März

Bibellese:
Psalm 141,1-5

Sei stark und mutig! Erschrick nicht und fürchte dich nicht! Denn mit dir ist der HERR, dein Gott, wo immer du gehst.
Josua 1 Vers 9

Gedankenklau

„Ich weiß, was in der Mathearbeit drankommt", ruft Pia triumphierend in die Klasse. „Wie hast du denn das geschafft?", will Anne wissen. „Ich habe Herrn Hahns Unterlagen in einem unbeobachteten Augenblick angeschaut", prahlt Pia. „Wer will die Lösungen wissen?" Sofort scharen sich zahlreiche Interessenten um sie. Nur Katrin steht abseits. Sie findet die ganze Sache nicht in Ordnung. Doch soll sie das laut sagen? Alle anderen würden sie auslachen. Aber ist es richtig, nur weil alle es tun? Was würde Jesus tun? Schon hört sie: „Willst du auch, Katrin?" Sie nimmt allen Mut zusammen und sagt: „Nein, ich mache nicht mit. Das ist Betrug!" Verdutzt sehen sie alle an. „Selber schuld, wenn du eine 5 schreibst", lachen die anderen. Es tut weh, wenn die Mitschüler lachen. Aber Katrin weiß, dass sie das Richtige getan hat. Der Herr Jesus steht zu dem Ehrlichen. Sie wird fleißig lernen und den Herrn Jesus bitten, ihr bei der Arbeit zu helfen. bm

---

Bibel-SMS: *Ich bin die Auferstehung und das Leben; wer an mich glaubt, wird leben, auch wenn er gestorben ist.* Johannes 11 Vers 25

Sonntag 30 März 2008

Bibellese:
Psalm 141,6-10

Durch Glauben verstehen wir, dass die Welten durch Gottes Wort bereitet worden sind, so dass das Sichtbare nicht aus Erscheinendem geworden ist.
Hebräer 11 Vers 3

Wir erklären den Lernvers

Kein Mensch war bei der Erschaffung der Welt dabei. Der Anfang unserer Erde ist Gottes Geheimnis, das Menschen wohl nie lüften werden. Die Bibel sagt uns, dass alles aus einem Gedanken Gottes durch seinen Befehl entstand. Weil aber kein Mensch aus Nichts etwas machen kann, trauen viele Leute Gott das auch nicht zu, sie glauben der Bibel eben nicht.
Da die Menschen sehr wissbegierig sind, haben sie viel überlegt, geforscht und sich Erklärungsversuche erdacht, wie die Welt entstanden sein könnte: Urknall, Urschlamm, langsame Entwicklung vom Einzeller zum Menschen. Und diesen scheinbar klugen Ideen glauben viele Leute. Wer aber Gott kennengelernt hat als vergebenden Gott, als liebenden Vater, wer erfahren hat, dass er sein Wort hält, der kommt auch zu der Einsicht: Gott kann durch sein machtvolles Wort Welten entstehen lassen. Aufgrund meiner Erfahrungen mit Gott weiß ich, dass er der Schöpfer und Erhalter der Welt und mein Herr ist.

ba

Lernvers: *Durch Glauben verstehen wir, dass die Welten durch Gottes Wort bereitet worden sind, so dass das Sichtbare nicht aus Erscheinendem geworden ist.* Hebräer 11 Vers 3

Montag 31 März
2008

Bibellese:
Psalm 142

Sei geduldig und warte darauf, dass der Herr eingreift.
Psalm 37 Vers 7

Auf Gottes Handeln warten!

Saul ist tot. Der König und seine Söhne sind im Krieg gegen die Philister gefallen. Wie wird es jetzt mit David weitergehen, den Gott doch zum König bestimmt hat? David fragt Gott, wohin er ziehen soll, und bekommt die Weisung, nach Hebron zu ziehen. Diese Stadt liegt in einer fruchtbaren Gegend mit vielen Weinbergen. Hier kann David mit seiner Familie und seinen Männern gut leben.

Eines Tages erscheinen Männer aus Juda bei David. „David, du sollst unser König sein", sagen sie zu ihm. Die Ältesten der Stämme aus Israel sind jedoch nicht gekommen. Sie machen einen Nachkommen von Saul, Isch-Boschet, zu ihrem König. Nun ist das Land geteilt zwischen Juda und Israel. Es dauert noch gut sieben Jahre, bis David König über das gesamte Land werden kann.

David hat geduldig auf Gottes Führung warten müssen. Bei uns ist es oft nicht anders. Wir hätten gern, dass sich unsere Fragen und Probleme schnell lösen, aber auch wir sollten „trainieren", was in dem Bibelvers steht.

re

Lernvers: *Durch Glauben verstehen wir, dass die Welten durch Gottes Wort bereitet worden sind, so dass das Sichtbare nicht aus Erscheinendem geworden ist.* Hebräer 11 Vers 3

Dienstag 1 April 2008

Bibellese: Römer 1,1-7

Werft nun euer Vertrauen nicht weg! Es wird sich erfüllen, worauf ihr hofft.
Hebräer 10 Vers 35

Vertrauen lohnt sich

David ist König über die Stämme Judas, Isch-Boschet über die anderen Stämme Israels. David fragt sich immer wieder: „Kann das richtig sein, dass das Volk Gottes getrennt ist?" Doch Isch-Boschet ist ein direkter Nachkomme König Sauls. Dadurch hat er nach damaliger Sitte eher das Recht, König zu sein, als David, der aus einer anderen Familie stammt.
Aber Gott hat doch David zum König bestimmt! Gewiss fragt David im Gebet, was er machen soll. Eines Tages stehen die Ältesten, die Führer der Stämme von Israel, vor ihm und erklären: „Isch-Boschet ist tot, du sollst nun König über ganz Israel sein." Endlich erfüllt sich Gottes Zusage. Siebeneinhalb Jahre hat David auf Gottes Antwort gewartet. Er hat in dieser Zeit immer darauf vertraut, dass Gott sein Versprechen wahr machen wird. Davids Vertrauen ist nicht enttäuscht worden. Das soll uns anspornen, mit dem Vertrauen auch dann nicht aufzuhören, wenn sich unsere Bitten nicht gleich erfüllen.
re

Lernvers: *Durch Glauben verstehen wir, dass die Welten durch Gottes Wort bereitet worden sind, so dass das Sichtbare nicht aus Erscheinendem geworden ist.* Hebräer 11 Vers 3

Mittwoch, 2. April 2008

Bibellese: Römer 1,8-13

Sondern ihr sollt die Stätte aufsuchen, die der HERR, euer Gott, aus all euren Stämmen erwählen wird, um seinen Namen dort niederzulegen, dass er dort wohne, und dahin sollst du kommen. 5. Mose 12 Vers 5

Die Stadt Gottes

Sobald David über das gesamte Land König geworden ist, wählt er die Stadt Jerusalem aus, um sie zu seinem „Regierungssitz" zu machen. Zu dieser Entscheidung wird Gott ihn geleitet haben, denn er hatte viele Jahre zuvor gesagt: „In Jerusalem will ich für immer wohnen." Aber Jerusalem gilt als uneinnehmbar. Von ihren mächtigen Mauern spotten die Bewohner: „Selbst Blinde und Lahme könnten euch von dieser Stadt abwehren." Doch David hat eine Idee und befiehlt seinen Soldaten: „Kriecht durch den Wassertunnel, über den die Stadt mit Wasser versorgt wird. So gelangt ihr in die Stadt und könnt sie einnehmen."

Jerusalem wird zur wichtigsten Stadt Israels. Hier wird später der Tempel gebaut, hierher werden zu den großen Festen Männer, Frauen und Kinder kommen, um Gott zu danken und anzubeten. Als David die Stadt eroberte, wird er das noch nicht gewusst haben. Aber Gott hat den Überblick. - Er bewirkt auch in unserem Leben Dinge, die wir noch nicht verstehen, aber am Ende das Beste für uns sind. re

---

Lernvers: *Durch Glauben verstehen wir, dass die Welten durch Gottes Wort bereitet worden sind, so dass das Sichtbare nicht aus Erscheinendem geworden ist.* Hebräer 11 Vers 3

Donnerstag 3 April 2008

Bibellese: Römer 1,14-17

Da ging David hin und holte die Lade Gottes mit Freuden aus dem Haus Obed-Edoms in die Stadt Davids herauf.

2. Samuel 6 Vers 12

David und die Bundeslade

David hat sich als König von Israel bewährt. Er hat sogar die Stadt Jerusalem erobert und zu seiner Hauptstadt gemacht. Nun soll die Bundeslade, das sichtbare Zeichen der Gegenwart Gottes, einen festen Platz in der neuen Hauptstadt bekommen. 30.000 Soldaten sind dabei, als die Bundeslade mit einem Gespann von Rindern von Kirjath-Jearim nach Jerusalem gebracht wird. Plötzlich scheint die Lade herabzustürzen, ein Mann greift zu - und fällt tot um. Alle sind schockiert. Aber: Sie haben Gottes Anweisungen zum Umgang mit der Bundeslade nicht beachtet.

Drei Monate später wird sie dann, von Leviten getragen, nach Jerusalem gebracht. Als die Männer dort eintreffen, tanzt David voller Freude vor der Bundeslade her. Er ist glücklich über das sichtbare Zeichen der Gegenwart Gottes.

Heutzutage ist das anders. Wir brauchen keinen Gegenstand, um gewiss zu sein, dass Gott da ist. Er ist für uns unsichtbar, aber dennoch ganz nah.

re

Lernvers: *Durch Glauben verstehen wir, dass die Welten durch Gottes Wort bereitet worden sind, so dass das Sichtbare nicht aus Erscheinendem geworden ist.* Hebräer 11 Vers 3

Freitag 4 April
2008

Bibellese: Römer 1,18-23

Ich will den Herrn loben, solange ich lebe! Zur Ehre Gottes will ich singen mein Leben lang!
Psalm 146 Vers 2

Davids Frau

Michal, Davids Frau, ist in ihren Räumen, als sie freudiges Singen hört. Neugierig schaut sie aus dem Fenster. Sie sieht den Zug mit der Bundeslade nach Jerusalem hereinkommen. Am Straßenrand klatschen die Bewohner Jerusalems fröhlich in die Hände. Erwartungsvoll bleibt Michal am Fenster stehen. Sicher wird David sich vom Volk ehren und bewundern lassen. Doch als sie ihn sieht, erstarrt sie. David tanzt und hüpft und freut sich wie alle anderen. „Wie kann er sich nur so zum Narren machen, sich so erniedrigen?", denkt Michal verächtlich.

Als David nach diesem Festtag nach Hause kommt, macht sie ihm Vorwürfe. Doch David antwortet: „Ich habe dem Herrn zu Ehren getanzt, denn er hat mich zum König über Israel eingesetzt."

Michal konnte Davids Art, sich zu freuen und Gott zu ehren, nicht verstehen. Vielleicht hast du auch schon erlebt, dass Freunde kein Verständnis für deine Freude am Leben mit Jesus haben. Lass dich nicht beirren, sondern lebe weiter zu seiner Ehre. re

---

Lernvers: *Durch Glauben verstehen wir, dass die Welten durch Gottes Wort bereitet worden sind, so dass das Sichtbare nicht aus Erscheinendem geworden ist.* Hebräer 11 Vers 3

Samstag — 5 — April
2008

Bibellese: Römer 1,28-32

Ich preise dich darüber, dass ich auf eine erstaunliche, ausgezeichnete Weise gemacht bin. Wunderbar sind deine Werke.
Psalm 139 Vers 14

Der Eisbär

„Hallo, siehst du uns? Ich, Elvira Eisbär, und meine zwei Kinder sind hier zwischen den Eisschollen. Unser weißgelbes Fell tarnt uns. Vier Monate haben wir in der Höhle zugebracht, die ich im Oktober gegraben habe. Während der ganzen Zeit konnten wir keine Nahrung zu uns nehmen, weil draußen Schneestürme tobten. Jetzt haben wir großen Hunger. Mal sehen, ob ich eine Robbe erwische. Mit meiner Nase kann ich sogar eine Robbenhöhle aufspüren, die in zwei Metern Tiefe in den Schnee gegraben wurde. Du brauchst dir keine Sorgen zu machen, wenn ich ins Wasser falle. Ich bin eine gute Schwimmerin. Außerdem ist mein Pelz wasserfest. Jedes einzelne Haar besitzt Luftsäckchen, damit die Körperwärme erhalten bleibt." Gott hat die Eisbären so geschaffen, dass sie im nördlichen Eismeer unbeschadet leben können. Es ist zum Staunen, wie weise Gott alles eingerichtet hat. Auch an dir selbst kannst du Gottes Schöpfungswerk entdecken und ihm dafür danken. kt

---

Lernvers: *Durch Glauben verstehen wir, dass die Welten durch Gottes Wort bereitet worden sind, so dass das Sichtbare nicht aus Erscheinendem geworden ist.* Hebräer 11 Vers 3

Sonntag

6
2008

April

Bibellese:
Römer 2,1-11

Der Lohn der Sünde ist der Tod, die Gnadengabe Gottes aber ewiges Leben in Christus Jesus, unserem Herrn.
Römer 6 Vers 23

Wir erklären den Lernvers
In manchen Märchen bietet der Teufel einem Menschen Reichtum und ein gutes Leben an, verlangt dafür aber die Seele als Lohn. Natürlich gelingt es dem Menschen, den Teufel zu überlisten und seine Seele zu retten. So ist es im Märchen. Aber auch in Wirklichkeit verspricht der Teufel ein gutes Leben. Schon bei Adam und Eva war es so. Und weil er sich nicht als Betrüger zu erkennen gibt, dienen ihm die Menschen willig mit Händen, Füßen, Zungen und Gehirnen. Sie meinen wie Adam und Eva, dabei Gutes zu gewinnen, doch für Gott ist es Sünde. Und die Sünde zahlt immer denselben Lohn: Tod, Trennung von Gott. Es gibt keine List, um dem zu entkommen. Adam und Eva mussten das erleben: sie verloren das Paradies und mussten sterben. Doch wir brauchen nicht zu den vielen betrogenen Menschen zu gehören: Weil der Herr Jesus am Kreuz Sünde, Teufel und Tod besiegte, schenkt Gott allen, die Jesus als Herrn annehmen, ewiges Leben. ba

---

Lernvers: *Der Lohn der Sünde ist der Tod, die Gnadengabe Gottes aber ewiges Leben in Christus Jesus, unserem Herrn.* Römer 6 Vers 23

Montag

7
2008

April

Bibellese:
Römer 2,12-16

Seht hin auf die Vögel des Himmels, dass sie weder säen noch ernten, noch in Scheunen sammeln, und euer himmlischer Vater ernährt sie doch.
Matthäus 6 Vers 26

Deine Sorgen sind Gottes Sorgen

Habt ihr zu Hause einen Garten? Wenn nicht, gehe doch mal in den Wald oder in einen Park! Dort kannst du viele Vögel hören und beobachten. Oft nehmen wir den wunderschönen Gesang leider gar nicht mehr wahr. Wenn du dir aber die Mühe machst, im Frühling einmal ganz früh aufzustehen, kannst du Gottes Schöpfung singen hören. Ich freue mich in jedem Frühjahr neu, wenn ich die vielen Vogellieder höre. Dann denke ich: „Die Vögel kennen keine Sorgen." Und so ist es auch. Wie Jesus es im Bibelvers sagt. Den ganzen Tag sind die Vögel auf Futtersuche, und sie haben vorher nichts gesät oder irgendetwas dafür getan. Sie nehmen das, was Gott, der Schöpfer, für sie wachsen lässt. Lerne von den Vögeln: Singe morgens ein fröhliches Lied, danke Gott und mach dir keine Sorgen um den neuen Tag. Denn du bist für Gott noch viel mehr wert als alle sorglosen Vögel. Gott weiß, was du brauchst und was nicht. rm

---

Lernvers: *Der Lohn der Sünde ist der Tod, die Gnadengabe Gottes aber ewiges Leben in Christus Jesus, unserem Herrn.* Römer 6 Vers 23

Dienstag 8 April 2008

Bibellese:
Römer 3,1-8

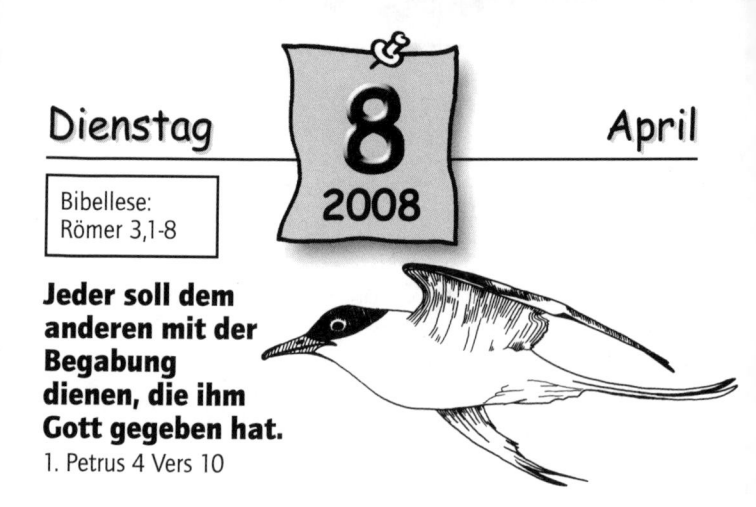

Jeder soll dem anderen mit der Begabung dienen, die ihm Gott gegeben hat.
1. Petrus 4 Vers 10

Gott will dich gebrauchen

Gestern konntest du etwas über den fröhlichen Gesang der Vögel lesen. Heute möchte ich dir erzählen, wie vielseitig die Vögel geschaffen sind. Da gibt es zum Beispiel den Mauersegler: Man weiß, dass er monatelang ununterbrochen fliegen kann und den Luftraum nur zum Brüten und zur Aufzucht der Jungen verlässt. Mauersegler trinken und schlafen sogar im Flug. Sie gelten als Flugkünstler und gehören mit Spitzengeschwindigkeiten bis zu 200 km/h zu den schnellsten Vögeln überhaupt. Dann gibt es da zum Beispiel noch die Küstenseeschwalbe: Sie ist ein wahrer Langstreckenflieger. Sie fliegt in einem Jahr eine Strecke von 40.000 km. Das ist einmal um die ganze Erde. Es gibt noch zahlreiche andere Arten, die Gott unterschiedlich geschaffen hat. Auch uns Menschen hat Gott ganz verschieden gemacht. Jeden, auch dich, kann Gott in seiner Schöpfung besonders gebrauchen. Frage Jesus, wofür er dich mit deinen Gaben einsetzen will! rm

---

Lernvers: *Der Lohn der Sünde ist der Tod, die Gnadengabe Gottes aber ewiges Leben in Christus Jesus, unserem Herrn.* Römer 6 Vers 23

Mittwoch 9 April
2008

Bibellese:
Römer 3,9-20

Betet den an, der den Himmel und die Erde und das Meer und die Wasserquellen gemacht hat!
Offenbarung 14 Vers 7

So groß ist unser Gott

Warst du schon einmal auf Helgoland? Das ist eine deutsche Insel mit schroffen und hohen Felsen mitten in der Nordsee. Dort gibt es auf der einen Seite den sogenannten Lummenfelsen. Wenn du dort stehst, wirst du einen ohrenbetäubenden Lärm von den vielen schreienden Seevögeln wahrnehmen. Hier brüten in den steilen Felswänden Basstölpel, Dreizehenmöwen und Trottellummen zu Tausenden. Am faszinierendsten finde ich dabei die Trottellummen: Die Jungvögel sitzen in den steilen und hohen Felsen. Um Futter für ihre Jungvögel zu fangen, jagen sie im Sturzflug in die tobende Nordsee hinunter. Unser Schöpfer hat diese Vögel so einmalig geschaffen, dass sie beim ersten Tauchversuch genau den Fisch fangen, den sie vorher aus großer Höhe gesehen haben. Du kannst zwar nicht so scharf sehen, aber dafür kannst du mit deinen Augen Gottes wunderbare Vogelwelt bestaunen. Danke ihm heute mal ganz besonders dafür! rm

---

Lernvers: *Der Lohn der Sünde ist der Tod, die Gnadengabe Gottes aber ewiges Leben in Christus Jesus, unserem Herrn.* Römer 6 Vers 23

Donnerstag 10 April
2008

Bibellese:
Römer 3,21-26

Gott ist mein Heil, ich bin voller Vertrauen und fürchte mich nicht. Denn Jah, der HERR, ist meine Stärke.
Jesaja 12 Vers 2

Mach dir keine Sorgen!

Gestern hast du etwas über die Vogelwelt auf der Insel Helgoland gelesen. Dort gibt es noch viel mehr Erstaunliches über die Trottellummen zu berichten. Einmal im Jahr gibt es den so genannten „Lummensprung": Nach 30 Tagen Brutzeit schlüpfen die Jungen, die nun 20 bis 25 Tage lang von ihren Eltern gefüttert werden. Wenn sie noch nicht fliegen können, verlassen sie mit einem Sprung in die Tiefe den Felsen und landen im Wasser. Dieser „Lummensprung", der in der Abenddämmerung von Juni bis Juli beobachtet werden kann, ist ein atemberaubendes Naturschauspiel.

Du kannst von diesen Jungvögeln etwas lernen: Natürlich will Jesus nicht, dass du von einem hohen Felsen herunterspringst. Aber vielleicht musst du mal einen „Glaubenssprung" wagen und dich ganz auf Jesus verlassen. Zum Beispiel kann es sein, dass du Angst vor jemandem hast. Bete zu Jesus und sage ihm das. Wenn du der Person dann begegnest, wirst du merken, dass der Herr Jesus bei dir ist und es sich lohnt, ihm zu vertrauen. rm

---

Lernvers: *Der Lohn der Sünde ist der Tod, die Gnadengabe Gottes aber ewiges Leben in Christus Jesus, unserem Herrn.* Römer 6 Vers 23

Freitag 11 April 2008

Bibellese: Römer 3,27-31

Wie zahlreich sind deine Werke, o HERR! Du hast sie alle mit Weisheit gemacht.
Psalm 104 Vers 24

Staune über Gottes Größe in der Schöpfung!

In den letzten zwei Tagen ging es um Seevögel auf Helgoland. Nun berichte ich aus Ostfriesland, das auch an der Nordsee liegt. Bei uns gibt es in manchen Monaten viele Wildgänse. Wenn es Herbst oder Frühling wird, nehme ich meinen Sohn Jan und mein Fernglas mit und dann fahren wir auf „Gänsetour" ins ostfriesische Rheiderland. Dort spazieren wir über die Deiche und können tausende Wildgänse auf den Wiesen oder in der Luft beobachten. Die Wildgänse und viele andere Vögel wohnen aber zum großen Teil gar nicht hier. Sie sind „Essensgäste" aus Schweden oder Sibirien/Russland. Dort ist es nämlich viel zu kalt, und so müssen sie warten, bis es wieder wärmer wird. Dann fliegen sie zurück und brüten dort. Der große Schöpfergott hat sich etwas ganz Besonderes ausgedacht, auf welche Weise und zu welcher Zeit die Vögel den Weg finden können. Hinter diesen erstaunlichen Dingen steckt seine große Fürsorge. Die erfahren aber nicht nur Vögel, sondern auch du und ich. (Morgen mehr dazu.) rm

---

Lernvers: *Der Lohn der Sünde ist der Tod, die Gnadengabe Gottes aber ewiges Leben in Christus Jesus, unserem Herrn.* Römer 6 Vers 23

Samstag — 12 April 2008

Bibellese:
Römer 4,1-8

Befiehl dem HERRN deinen Weg und vertraue auf ihn, so wird er handeln.
Psalm 37 Vers 5

Gott kennt deinen Weg durchs Leben

Gestern konntest du lesen, dass viele Wildgänse im Herbst und Frühling bei uns in Ostfriesland eine Rast einlegen. Nachdem sie sich so richtig mit Gras satt gegessen haben, ziehen sie weiter in den Süden (im Herbst) oder in den Norden (im Frühling). Deshalb nennen wir diese Vögel „Zugvögel". Innerhalb einiger Wochen legen sie Tausende von Kilometern zurück. Es ist bis heute von den Wissenschaftlern nicht ganz geklärt, wie die Vögel jedes Jahr ihren Weg finden. Unser großer Schöpfer hat sich so einiges ausgedacht, was dich ganz schön zum Staunen bringen kann: Die Zugvögel können sich an der Landschaft, an der Sonne, dem Mond und den Sternen orientieren. Einige benutzen sogar das Magnetfeld der Erde zur Orientierung. Sie haben so eine Art Kompass. Genial, nicht? Wie groß ist doch unser Gott! So wie Gott die Vögel jedes Jahr sicher leitet und ans Ziel bringt, will er auch dich auf deinem Lebensweg leiten. Deshalb soll der Bibelvers dir Mut machen, dich Gott anzuvertrauen. rm

---

Lernvers: *Der Lohn der Sünde ist der Tod, die Gnadengabe Gottes aber ewiges Leben in Christus Jesus, unserem Herrn.* Römer 6 Vers 23

Sonntag 13 April 2008

Bibellese:
Römer 4,13-18

Ohne Blutvergießen gibt es keine Vergebung.
Hebräer 9 Vers 22

Wir erklären den Lernvers

Wer nicht sät, kann nicht ernten. Ohne Sonne kein Leben, ohne Nahrung kein Wachstum. Das sind Naturgesetze, von Gott erdacht. Wir können sie nicht ändern, sondern müssen uns danach richten. Weitere Gesetze hat er aufgestellt: Wer Gott sucht, wird ihn finden. Ohne Gehorsam kein Segen. Und eine Verordnung scheint uns sehr seltsam: Ohne Blutvergießen keine Vergebung! Schuld wird nur vergeben, wenn dafür Blut geflossen ist. Im Blut ist das Leben. Gott fordert also das Leben als Bezahlung für die Sünde. Für so schrecklich, so schwerwiegend hält Gott die Sünde! Aber er hat die Menschen lieb. Deshalb durften die Juden früher als Ersatz ein Tier opfern, Gott ließ das gelten. Dann kam der Herr Jesus und starb anstelle aller Menschen. Sein Blut ist jetzt die einzig mögliche Bezahlung für die Sünden. Das ist Gottes Verordnung zu unserem Heil. Mögen viele sich auch an dieser Verordnung stören – Ich danke meinem Herrn dafür! ba

---

Lernvers: *Ohne Blutvergießen gibt es keine Vergebung.*
Hebräer 9 Vers 22

Montag 14 April
2008

Bibellese:
Römer 4,19-25

Jesus spricht: Hört genau auf das, was ich sage!
Markus 4 Vers 9

Gottes Stimme hören

Bevor du weiterliest, mach einmal die Augen zu und horche! - Welche Geräusche hast du bemerkt? Es gibt unendlich viele verschiedene auf der Welt. Mit deiner Stimme z.B. kannst du dich verständigen, Informationen weitergeben, aber auch Freude und Ärger ausdrücken. Bei den Tieren ist das ähnlich. Hast du schon einmal darauf geachtet, wie sich Vögel warnen, wenn eine Katze in der Nähe herumschleicht? Oder wusstest du, dass der Täuberich seine Taube im Vierviertaltakt ruft und ein Eisvogelpärchen so lange aufeinander einsingt, bis ihre Melodie voll übereinstimmt?

Auch Gottes Stimme kannst du hören. Nicht mit deinen Ohren, denn Gottes Stimme ist eine ganz besondere. Du erkennst sie zum Beispiel beim Lesen in der Bibel, du fühlst dich im Kindergottesdienst angesprochen, manchmal können auch Lebensumstände ein Reden Gottes sein. Gott möchte auf jeden Fall zu dir sprechen und dabei „redet" er auf unterschiedliche Weise.

Lernvers: *Ohne Blutvergießen gibt es keine Vergebung.*
Hebräer 9 Vers 22

Dienstag 15 April
2008

Bibellese:
Römer 5,1-5

Wenn du keinen Ausweg mehr siehst, dann rufe mich zu Hilfe! Ich will dich retten und du sollst mich preisen.
Psalm 50 Vers 15

Gott hört dich immer

Denk mal mit! Beim Telefonieren kannst du deinen Gesprächspartner nicht sehen, aber doch hören. Du weißt, am anderen Ende ist z.B. deine Oma, die da redet. Die Sprache von ihr wird in elektrische Signale umgewandelt, die durch das Telefonnetz zu deinem Telefonapparat gelangen. Dort werden sie wieder zu verstehbaren Wörtern gemacht. So ähnlich ist es beim Beten. Gott können wir nicht sehen, und doch mit ihm sprechen. Er antwortet auch - jedoch anders als ein Mensch. Seine Antworten erfahren wir vielleicht durch einen Satz in der Bibel, eine Predigt, bestimmte Gedanken oder indem sich unsere Bitten buchstäblich erfüllen. Bleiben wir noch bei dem Vergleich mit dem Telefonieren. Bestimmt hast du schon erlebt, dass die Leitung besetzt ist und du z.B. deine Oma nicht erreichen konntest. Anders ist es da beim Notruf. Unter der Notruf-Nummer ist jederzeit jemand zu erreichen. So ist es auch bei Gott. Bei ihm gibt es kein „Besetzt". Ständig ist er da und hört dich.

Lernvers: *Ohne Blutvergießen gibt es keine Vergebung.*
Hebräer 9 Vers 22

Mittwoch 16 April
2008

Bibellese: Römer 5,6-11

Was wir gesehen und gehört haben, das verkündigen wir euch.

1. Johannes 1 Vers 3

Gottes Wort weitergeben

Fülle einen Eimer mit Wasser und lass einen Kieselstein hineinfallen. Dann kannst du Wellen sehen, die sich kreisförmig ausbreiten. Lass nun ein Steinchen auf die Tischplatte fallen. Beim Aufprall wird die Luft bewegt. In der Luft breiten sich Schallwellen aus. Diese Schallwellen werden durch deine Ohrmuscheln aufgefangen und in das Innere des Ohres geleitet. Dann nimmst du ein Geräusch wahr.

Ähnlich wie die Wellen etwas weiterleiten, soll auch Gottes Wort weitergeleitet werden. Das ist nicht nur die Aufgabe eines einzigen Menschen, sondern aller Christen. Für das „Weiterleiten" gibt es ganz viele Möglichkeiten. Überlege einmal, welche du kennst! Wichtig ist, dass sich jeder gebrauchen lässt, damit viele die gute Nachricht vom Herrn Jesus erfahren. Dabei ist es egal, wie alt oder jung jemand ist, ob er flink mit dem Mundwerk ist oder besser in Hilfeleistungen. Gott kann jeden gebrauchen, ihn bekannt zu machen.

Lernvers: *Ohne Blutvergießen gibt es keine Vergebung.*

Hebräer 9 Vers 22

Donnerstag 17 April
2008

Bibellese:
Römer 5,12-16

Ich rief zu dem HERRN in meiner Angst und er antwortete mir.
Jona 2 Vers 3

Auf Gottes Antwort warten

Ein merkwürdiges Tier ist die Fledermaus: Sie fliegt im Dunkeln und stößt sich nirgends! In völliger Dunkelheit findet sie Motten und Mücken im Flug. Wie macht sie das? Sie orientiert sich mit Hilfe des Echos. Das heißt: Sie stößt Schreie aus, die von jedem Hindernis zurückgeworfen werden. Dann lauscht sie, woher das Echo kommt. (Das geht natürlich blitzschnell.) Nun weiß sie z.B. wo Essbares fliegt oder wo ein Baum steht. Rufen und Hören ist überlebenswichtig für die Fledermaus.

Wenn du für bestimmte Situationen von Gott Hilfe erbittest, ist es für dich nicht nur wichtig, sie ihm zu sagen, sondern auf seine Antwort zu warten. Manchmal hast du vielleicht das Empfinden, er hätte dich gar nicht gehört, weil sich nicht sofort etwas an deiner Not ändert. Auch das darfst du Gott sagen und ihn bitten: „Schenk mit bitte die Gewissheit, dass du mich hörst und die Geduld, warten zu können."

Lernvers: *Ohne Blutvergießen gibt es keine Vergebung.*
Hebräer 9 Vers 22

Freitag 18 2008 April

Bibellese: Römer 5,17-21

Durchforsche mich, o Gott, und sieh mir ins Herz, prüfe meine Gedanken und Gefühle!
Psalm 139 Vers 23

Gottes Stimme ins Herz lassen

Gestern konntest du lesen, dass Fledermäuse das Echo nutzen, um Hindernisse zu erkennen. Menschen können auch das Echo benutzen, um Gegenstände zu erkennen. Allerdings benötigen sie dafür ein spezielles Gerät, ein Echolot. Das Echolot sendet Schallwellen aus und misst, wie lange es dauert, bis das Echo zurückkommt. Aus dieser Zeitdauer kann man errechnen, wie weit der Gegenstand entfernt ist. Für Schiffe ist das Echolot sehr nützlich und wichtig, um zum Beispiel gefährliche Klippen unter Wasser zu entdecken.

Die Aufgabe des Echolots können wir mit der Aufgabe der Bibel vergleichen. Gottes Stimme aus der Bibel trifft auf unsere Herzen. Jetzt kommt es auf dein Herz an. Ist es hart - du interessierst dich in Wahrheit nicht für Gottes Willen - oder ist es weich - du willst wirklich Gottes Willen erfahren und tun, was er sagt. Und wenn du dir unsicher bist, dann bete den Satz aus Psalm 139.

Lernvers: *Ohne Blutvergießen gibt es keine Vergebung.*
Hebräer 9 Vers 22

Samstag 19 April
2008

Bibellese: Römer 6,1-6

Gott ist treu, und was er verspricht, das hält er auch.

1. Thessalonicher 5 Vers 24

Rätsel Nr. 2

Ort der Kreuzigung Joh 19,17	Ort einer Auferweckung Lk 7,11	Abkürz.: Nordwesten		Teil des Gesichts	Gott ist (ein) ... Joh 4,24
	2			4	
▶					
Unser wöchentl. Ruhetag ▶				5	10
Zu Tal stürzende Schneemassen			Frauenname	9	Damit sehen wir
tropische Frucht ▶					6
Erzeugnis der Bienen	7	Abkürz.: Oberlausitz		Abkürz.: In Trockenmasse	11	3
Brief im NT (vor Epheser) ▶					1	Abkürz.: Radius
▶				8	

Lösung: Siehe letzte Kalenderseite

Lernvers: *Ohne Blutvergießen gibt es keine Vergebung.*

Hebräer 9 Vers 22

Sonntag 20 April
2008

Bibellese: Römer 6,7-11

Jesus spricht: Ich bin die Tür; wenn jemand durch mich hineingeht, so wird er gerettet werden.
Johannes 10 Vers 9

Wir erklären die Bibel-SMS

Im Johannesevangelium benutzt der Herr Jesus viele bildliche Beschreibungen, um den Menschen zu erklären, wie er ist. Unter anderem auch die, die du heute im Lernvers gelesen hast. Wenn Jesus sich mit einer Tür vergleicht, meint er natürlich nicht, dass er wie eine aussieht. Er will uns mit dem Beispiel helfen zu verstehen, dass er der einzige Weg zu Gott ist.

Wir Menschen sind durch die Sünde von Gott getrennt. Von uns aus können wir nichts tun, was uns näher zu ihm bringt. Aber Gott liebt uns so sehr, dass er einen Weg gefunden hat, um uns zu retten. Er lässt seinen einzigen Sohn am Kreuz sterben, damit wir Gemeinschaft mit Gott haben können. Jesus hat durch seinen Tod am Kreuz alle unsere Sünden auf sich genommen. So hat er den Zugang zu Gott frei gemacht. Aus diesem Grund sagt der Herr Jesus von sich, dass er die Tür ist. Jeder, der durch diese Tür geht, wird errettet werden. Das bedeutet, dass jeder Mensch, der an Jesus Christus glaubt, von seinen Sünden befreit wird und mit Gott leben kann. Durch den Tod von Jesus ist die Tür zu Gott immer für uns offen. Willst du heute anfangen an Jesus Christus zu glauben? bl

---

Lernvers: *Jesus spricht: Ich bin die Tür; wenn jemand durch mich hineingeht, so wird er gerettet werden.*   Johannes 10 Vers 9

Montag 21 April
2008

Bibellese:
Römer 6,12-14

David hatte schon lange einen großen Wunsch: Er wollte dem Herrn, dem Gott Israels, einen Tempel bauen.

2. Chronik 6 Vers 7

Davids Wunsch: ein Haus für Gott

David überrascht uns mit seinem Wunsch. Er wünscht sich nichts für sich, sondern etwas für Gott: eine größere Wohnung. Hast du schon einmal Bilder von bedeutenden Gotteshäusern verschiedener Religionen gesehen? Es sind oft prunkvoll ausgestattete Bauwerke. Meistens befinden sich in ihnen ein oder mehrere Götterfiguren. Ganz anders „die Wohnung Gottes" bei dem Volk Israel: Sie ist nur ein Zelt mit zwei relativ kleinen Räumen. Nirgends steht eine Figur oder ein Bild von Gott. Stattdessen liegt im Zentrum dieses Zeltes das Grundgesetz Israels - die Zehn Gebote - in einer mit Gold verzierten Holzkiste (Bundeslade). Gott kommt es darauf an, dass wir begreifen, wie er ist (dafür ist das 1.-4. Gebot da) und wie wir miteinander umgehen sollen (5.-10. Gebot). Nun wünscht sich David für die Bundeslade und Gottes Gegenwart mehr Platz.

Wenn wir diesen Wunsch auf uns anwenden, würde er lauten: Ich wünsche mir, dass ich mich mehr mit Gott beschäftige. rp

---

Lernvers: *Jesus spricht: Ich bin die Tür; wenn jemand durch mich hineingeht, so wird er gerettet werden.* Johannes 10 Vers 9

Dienstag 22 2008 April

Bibellese:
Römer 6,15-18

Ich freue mich zwar, dass du mir einen Tempel bauen möchtest. Aber nicht du, David, sollst ihn bauen, sondern erst dein Sohn.

2. Chronik 6 Verse 8.9

Wenn Gott nein sagt

Bevor David sein Bauvorhaben beginnt, berät er sich mit dem Propheten Nathan. David erzählt ihm von seiner Idee: „Nathan, ich sitze hier in einem schönen Palast aus kostbarem Zedernholz, aber Gott wohnt in einem einfachen Zelt. Das geht doch nicht. Ich möchte für Gott ein Haus bauen. Was sagst du dazu?" Nathan ist begeistert. Er ermutigt David: „Das ist eine gute Idee. Fang nur an." Doch Nathan kann in dieser Nacht nicht schlafen. Gott spricht zu ihm: „Sage zu David: Ich freue mich zwar, dass du mir einen Tempel bauen möchtest. Aber nicht du sollst ihn bauen, sondern dein Sohn." Gott freut sich über Davids Idee, trotzdem sagt er nein. Wie wird David reagieren? Enttäuscht? Beleidigt?

Wie reagierst du, wenn deine Eltern dir einen Wunsch nicht erfüllen? Versuchst du, sie zu überzeugen, wie wichtig dir der Wunsch ist? Die Eltern haben einen Grund für ihr „Nein". Lerne, das ohne Gemecker zu akzeptieren. Dann fällt es dir auch leichter, wenn Gott einmal „Nein" sagt.

rp

Lernvers: *Jesus spricht: Ich bin die Tür; wenn jemand durch mich hineingeht, so wird er gerettet werden.*   Johannes 10 Vers 9

Mittwoch 23 April 2008

Bibellese: Römer 6,19-23

So verkündigt dir nun der HERR, dass der HERR dir ein Haus machen wird. Dein Haus aber und dein Königtum sollen vor dir Bestand haben für ewig.

2. Samuel 7 Verse 11.16

Gottes Idee: ein Haus für David

Auf Davids Wunsch, Gott ein Haus zu bauen, bekommt er von Gott als Antwort, was im Bibelvers steht. David ist nicht beleidigt, sondern versteht, was gemeint ist. Gott will ihm kein Haus aus Steinen bauen. Das ist auch nicht nötig, denn David hat schon selbst einen tollen Palast für sich bauen lassen. Bei dem Versprechen geht es auch nicht um ein Haus aus Steinen, sondern darum, dass es immer jemanden aus seiner „Königsfamilie" geben wird. Zum Vergleich: Königin Elisabeth II von England entstammt dem „Haus Windsor". Dieser Begriff bezeichnet die Herrschaft ihrer Königsfamilie. In vielen Ländern der Erde gibt es noch Königshäuser. Aber irgendwann hört jedes von ihnen einmal auf. Anders ist das mit dem „Haus Davids". Gott hat zugesagt, dass es dieses immer geben wird. Wie Gott das weiterführt, wird morgen erklärt.
Wichtig für uns ist zu lernen: Auf Gottes Zusagen in der Bibel können wir uns verlassen, selbst dann, wenn wir die Erfüllung nicht gleich erleben. rp

---

Lernvers: *Jesus spricht: Ich bin die Tür; wenn jemand durch mich hineingeht, so wird er gerettet werden.* Johannes 10 Vers 9

Donnerstag 24 April 2008

Bibellese: Römer 7,1-5

Dieser wird groß sein und Sohn des Höchsten genannt werden; und der Herr, Gott, wird ihm den Thron seines Vaters David geben. Lukas 1 Vers 32

Ein ewiger König

David ist mit seinem Leben zufrieden, obwohl sein Wunsch, Gott einen Tempel zu bauen, nicht erfüllt wurde. Warum? Er darf den Bau vorbereiten und somit dazu beitragen, dass der Wunsch später Wirklichkeit wird. David entwickelt Baupläne, sammelt Baumaterialien, lässt Musikinstrumente anfertigen. Zur Einweihung komponiert David ein Lied mit dem Titel „Gottes Gnade hört niemals auf", ruft einen stimmgewaltigen Chor ins Leben und studiert das Lied ein.

Aber was ist mit Gottes Versprechen vom ewigen Königtum? Es gibt doch heute gar keinen König mehr in Israel. Oh doch! An Weihnachten erinnern wir uns an die Geburt des Sohnes Gottes. Er kam durch Maria, die Frau Josefs, zur Welt. Josef war ein Nachkomme Davids und damit galt Jesus als rechtmäßiger Thronerbe. Jesus ist ein besonderer König, denn er ist für ewig König und sein Reich hört nie auf. Und das Schönste ist: Wer den Herrn Jesus in sein Leben aufnimmt, wird zu einem Königskind und gehört zu Gottes Reich. rp

---

Lernvers: *Jesus spricht: Ich bin die Tür; wenn jemand durch mich hineingeht, so wird er gerettet werden.* Johannes 10 Vers 9

Freitag 25 2008 April

Bibellese: Römer 7,6-12

Ihr aber, Brüder, werdet nicht müde, Gutes zu tun!
2. Thessalonicher 3 Vers 13

Gottes Güte weitergeben

Zur Zeit Davids ist es üblich, dass ein neuer König das vorhergehende Königshaus auslöscht, um eine Revolte auszuschließen. David erkundigt sich bei einem alten Knecht Sauls: „Lebt noch jemand von Sauls Familie?" Tatsächlich versteckt sich im Norden des Landes Mefi-Boschet, der Sohn Jonatans und Enkel Sauls. Nach dem Tod seines Vaters war sein Kindermädchen mit ihm geflüchtet. Dabei war sie gestolpert und hatte den damals 5-Jährigen fallen lassen. Er hatte sich so unglücklich verletzt, dass er an den Beinen gelähmt wurde. Diesen Mefi-Boschet lässt David holen. Blass vor Angst erscheint er und wagt nicht in die Augen Davids zu sehen. Wird der König ihn töten? Nein! David ermutigt ihn: „Du brauchst keine Angst zu haben. Ich will dir Gutes tun, damit du Gottes Gnade durch mich erlebst. Dein Vater war mein bester Freund."
Ein gutes Beispiel für uns. Wer braucht deine Hilfe? Gibt es behinderte, kranke oder ausgegrenzte Kinder, die durch dich Gottes Güte erfahren können?   rp

---

Lernvers: *Jesus spricht: Ich bin die Tür; wenn jemand durch mich hineingeht, so wird er gerettet werden.*   Johannes 10 Vers 9

Samstag 26 April 2008

Bibellese: Römer 7,13-18

Denn aus Gnade seid ihr errettet durch Glauben, und das nicht aus euch, Gottes Gabe ist es.

Epheser 2 Vers 8

Gottes Gnade erleben

Zur Zeit Davids dürfen sich nur gesunde und erfolgreiche Menschen in der Nähe eines Königs aufhalten. Alles soll möglichst perfekt und vollkommen wirken. Doch im Königshaus Davids ist es anders. Aus Liebe zu Jonatan begnadigt David dessen Sohn Mefi-Boschet. Mefi-Boschet hat nichts, verdient nichts und kann nichts zurückzahlen. Doch David lässt diesen verachteten behinderten Mann aus seinem Versteck holen und in den Thronsaal bringen. Mefi-Boschet braucht nichts zu befürchten. David behandelt ihn wie einen seiner Söhne. Jeden Tag nimmt er an der königlichen Festtafel neben Davids Söhnen Platz. Wenn er auf seine Krücken gestützt den Saal betritt und die gelähmten Beine über den Boden zieht, wird es still – jeder versteht: Das ist Gnade.

Ich gleiche Mefi-Boschet. So wie er an sich nicht zum König passt, passe ich nicht zu Gott. Aber er schenkt mir Gnade. Ich muss nur zu ihm kommen, so wie ich bin. Dann vergibt er mir meine Schuld und nimmt mich als sein Kind an. rp

---

Lernvers: *Jesus spricht: Ich bin die Tür; wenn jemand durch mich hineingeht, so wird er gerettet werden.* Johannes 10 Vers 9

Sonntag   27   April
2008

Bibellese:
Römer 7,19-25

Wer sich aber selbst erhöhen wird, wird erniedrigt werden; und wer sich selbst erniedrigen wird, wird erhöht werden.
Matthäus 23 Vers 12

Wir erklären den Lernvers
Dominik möchte zum Klassensprecher gewählt werden. Deshalb kommt es darauf an, dass er sich von der besten Seite zeigt. Er macht großzügige Versprechungen und ist auch nicht geizig, wenn ihn jemand um einen Gefallen bittet. Seine Hoffnung ist, dass er dadurch in der Achtung der Kameraden steigt.
Ist es dir auch schon so ergangen, dass du alles Mögliche in Bewegung gesetzt hast, um zu einem bestimmten Kreis, einer Clique, zu gehören? Vor den Menschen mag es dir vielleicht gelingen, durch eigene Anstrengungen Ansehen und Achtung zu erkämpfen. Gott gegenüber aber stehst du machtlos da. Seine Liebe und Freundschaft wirst du nicht gewinnen, solange du versuchst, großartig vor ihm auszusehen. Erst dann, wenn du bereit bist, ihm deine Schwächen und Fehler, deine Lügen und deinen Ungehorsam zu bringen, kann und wird er dich in seinen „Freundeskreis" aufnehmen. Ja, noch mehr, du wirst sein Kind sein. kr

---

Lernvers: *Wer sich aber selbst erhöhen wird, wird erniedrigt werden; und wer sich selbst erniedrigen wird, wird erhöht werden.*
Matthäus 23 Vers 12

Montag 28 2008 April

Bibellese: Römer 8,1-7

Wer klug ist, der schweigt in dieser schlimmen Zeit.
Amos 5 Vers 13

Trösten ohne viele Worte
Rein in die Mädchentoilette, die erste Kabine ist frei. Hanna und Isa schlagen die Tür hinter sich zu und schließen ab. Nun lässt Isa ihren Tränen freien Lauf. Hanna streicht ihrer Freundin sanft über den Rücken. Hämisch grinsend hatte Dennis gefragt: „Na, und was ist mit d e i n e m Vater, Isa?" Dabei wusste er doch genau Bescheid! Isa rasen die Grübelgedanken durch den Kopf: Wieso war ausgerechnet ihr Vater weg? Ganz ohne Vorwarnung hatte er sich das Leben genommen, war einfach abgehauen aus diesem Leben. Im Himmel würde sie ihn einmal wiedersehen, hatte irgend so ein Pastor gesagt. Dabei wollte sie ihren Vater hier und jetzt! Wieso hat er sie einfach allein gelassen? Hanna nimmt ihre Freundin fest in den Arm.
Manchmal passieren lieben Menschen um uns herum so schlimme Dinge, dass uns einfach die Worte fehlen. Zu schweigen, einfach nur für sie da zu sein und still zu beten, hilft manchmal mehr, als viele Worte zu sagen. uf

---

Lernvers: *Wer sich aber selbst erhöhen wird, wird erniedrigt werden; und wer sich selbst erniedrigen wird, wird erhöht werden.*
Matthäus 23 Vers 12

Dienstag 29 April
2008

Bibellese:
Römer 8,8-13

Sagt allezeit für alles dem Gott und Vater Dank im Namen unseres Herrn Jesus Christus!
Epheser 5 Vers 20

Dankbar für Papa

Hanna macht sich nach der Schule auf den Heimweg. Dort hatte sie ihre Freundin Isa zu trösten versucht. Isas Vater hatte sich vor einigen Monaten das Leben genommen. Im Nachdenken über Isas Situation wird Hanna mit einem Mal sehr dankbar dafür, dass sie einen Vater hat. Ihren geliebten Papa, der zwar manchmal streng ist, aber auch oft Spaß mit ihr und ihren beiden Brüdern macht, der abends vor dem Einschlafen spannende Geschichten aus seinem Leben erzählt und mit ihnen betet. Hanna denkt auch an ihren anderen Vater, an Gott, den Vater im Himmel, der sie unendlich lieb hat, der treu ist und sie niemals verlassen wird. Hanna weiß, dass der Vater im Himmel auch Isas Vater sein möchte. Sie hat ihrer Freundin schon oft von ihm erzählt und von seinem Sohn Jesus. Abends betet Hanna gemeinsam mit ihrer Mutter dafür, dass Isa es eines Tages verstehen wird, wie sehr der Vater im Himmel sie liebt und dass er einmal „alle Tränen von ihren Augen abwischen" wird. (Offenbarung 7 Vers 17)   uf

---

Lernvers: *Wer sich aber selbst erhöhen wird, wird erniedrigt werden; und wer sich selbst erniedrigen wird, wird erhöht werden.*
Matthäus 23 Vers 12

Mittwoch 30 2008 April

Bibellese: Römer 8,14-17

Am Tag meiner Bedrängnis rufe ich dich an, denn du erhörst mich.
Psalm 86 Vers 7

Kummer

Beim Spielen auf dem Schulhof laufen Maja plötzlich Tränen über die Wangen. „Die hat wohl Liebeskummer", stichelt Erik. „Halt du doch deine Klappe", fährt Lina Erik an. „Komm, Maja, wir gehen da rüber." Lina zieht Maja mit sich fort. Dann bricht es aus Maja hervor: „Meine Eltern lassen sich scheiden!" Das hat Lina nicht erwartet. Sie hat Majas Eltern nie streiten hören. „Meine Mutter hat einen neuen Freund", sagt Maja leise, sie kann es selbst noch gar nicht fassen. Maja ist in der 4b keine Ausnahme. Vor zwei Jahren schon haben sich Andis Eltern getrennt. Anne hat ihren Vater noch nie gesehen. „Der ist noch vor meiner Geburt abgehauen", hat sie einmal erzählt. Bei Kevin in der Familie kracht es auch ständig. Seine Mutter hat schon mehrfach gedroht, die Koffer zu packen.

Vielleicht findest du dich in einem der genannten Kinder wieder oder bist gerade so verzweifelt wie Maja. Eins darfst du ganz sicher wissen: Gott sieht dich in deinem Kummer. Er ist ebenso traurig wie du über die Situation. Du darfst ihn im Gebet zur Hilfe rufen und ihm alle deine Nöte sagen. Er hört dir zu. uf

---

Lernvers: *Wer sich aber selbst erhöhen wird, wird erniedrigt werden; und wer sich selbst erniedrigen wird, wird erhöht werden.*
Matthäus 23 Vers 12

Donnerstag 1 Mai

2008

Bibellese: Römer 8,18-23

Christi Himmelfahrt

Die Gläubigen lebten wie in einer großen Familie. Was sie besaßen, gehörte ihnen gemeinsam.
Apostelgeschichte 2 Vers 45

Gemeinsame Freude

Hanna hat von ihrer Oma einen neuen Kuli geschenkt bekommen. Der neue Stift hat die Form eines schillernden Fisches und leuchtet beim Schreiben in den schönsten Farben. Alle Mädchen der 4b haben ihn bewundert und Hanna genießt es, mal im Mittelpunkt der Aufmerksamkeit zu stehen. Ines hat der Kuli besonders gut gefallen. Sie hat ihn lange in der Hand gehalten, ihn hin und her gedreht und ihn immer wieder aufleuchten lassen. „So einen Stift habe ich mir immer schon gewünscht", hat sie geseufzt und Hanna den Stift schließlich zurückgegeben. Hanna spricht zuhause mit ihrer Mutter darüber. Die Mutter erinnert Hanna an die ersten Christen, die alles, was sie besaßen, teilten. „Vielleicht kannst du Ines den Kuli ja mal für ein paar Tage ausleihen", schlägt Mutter Hanna vor. Hanna gefällt die Idee, und als sie das Leuchten in Ines' Augen sieht, als sie ihr den Kuli am nächsten Morgen in die Hand drückt, ist das noch ein viel schöneres Gefühl, als von den anderen Mädchen bewundert zu werden.

uf

Lernvers: *Wer sich aber selbst erhöhen wird, wird erniedrigt werden; und wer sich selbst erniedrigen wird, wird erhöht werden.*

Matthäus 23 Vers 12

Freitag — 2 — Mai
2008

Bibellese: Römer 8,24-30

Wer arm ist und wenig beachtet wird, soll sich darüber freuen, dass er vor Gott hoch angesehen ist. Ein Reicher dagegen soll niemals vergessen, wie wenig sein irdischer Besitz vor Gott zählt. Jakobus 1 Vers 9

Was ist dir wichtig?

Ramona wird von ihren Mitschülern bewundert. Stets trägt sie die neuesten Klamotten. Ramona ist ein Einzelkind. Ihre Mutter holt sie oft im großen, neuen Auto von der Schule ab. Im Auto gibt es sogar einen DVD-Player. Rico bewundert keiner. Seine Hosen sind oft zu groß, schmuddelig, manchmal zerrissen. Ricos Mutter ist alleinerziehend und er hat noch vier Geschwister. Ein Auto haben sie nicht. Von der Schule wird Rico nie abgeholt, denn seine Mutter arbeitet in Schicht. Als in der 4b die Sitzplätze neu verteilt werden, wollen gleich 5 Mädchen neben Ramona sitzen. Als die Lehrerin jedoch fragt, wer sich neben Rico setzt, meldet sich zuerst keiner. Dann steht Hanna auf: „Ich setze mich zu ihm!" „Puh, der stinkt doch", entrüstet sich Ramona. Hanna lässt sich dadurch nicht beirren. Sie weiß, dass Gott Rico genauso lieb hat, wie sie von ihm geliebt wird. Und weil Gott keinen Unterschied macht, will sie versuchen, das auch so zu machen. - Vielleicht bist du auch mal so mutig und stellst dich zu jemandem, der arm ist und wenig beachtet wird.   uf

---

Lernvers: *Wer sich aber selbst erhöhen wird, wird erniedrigt werden; und wer sich selbst erniedrigen wird, wird erhöht werden.*

Matthäus 23 Vers 12

Samstag 3 Mai
2008

Bibellese:
Römer 8,31-39

Wer sich rühmen will, der rühme das, was Gott getan hat. Niemand ist schon deshalb ein bewährter Diener Gottes, weil er sich selbst empfiehlt.

2. Korinther 10 Verse 17.18

Von Gott begabt

In der Kinderstunde werden die Rollen für das Anspiel im nächsten Familiengottesdienst verteilt. Hanna, die noch nicht lange dazugehört, tut sich besonders wichtig: „In meiner alten Gemeinde habe ich oft die Hauptrolle gespielt." Wenn Hanna auf der Bühne steht, vergisst sie alles um sich herum. Sie geht total in ihrer Rolle auf, denkt und fühlt wie die gespielte Person. Einmal hat sie die Rolle so echt gespielt, dass ihre eigene Oma sie in der Aufführung nicht wiedererkannt hat. Schon oft ist Hanna für ihr schauspielerisches Talent bewundert worden. Doch, ist es ihr eigenes Verdienst, dass sie so gut schauspielert? Sollte sie nun stolz auf sich sein und mit ihrer Gabe angeben? Nein! Gott hat Hanna dieses Talent geschenkt. Der Vater im Himmel begabt uns auf vielfältige Weise und verfolgt damit eine konkrete Absicht: Er möchte, dass wir diese Gaben zu seiner Ehre einsetzen. Was ist deine Gabe? Wo bringst du sie Gott zur Ehre zum Einsatz?   uf

---

Lernvers: *Wer sich aber selbst erhöhen wird, wird erniedrigt werden; und wer sich selbst erniedrigen wird, wird erhöht werden.*

Matthäus 23 Vers 12

Sonntag 4 Mai 2008

Bibellese: Matthäus 10,39 – 11,1

Dieser Jesus, der von euch weg in den Himmel aufgenommen worden ist, wird so kommen, wie ihr ihn habt hingehen sehen in den Himmel.

Apostelgeschichte 1 Vers 11

Wir erklären den Lernvers

Die Jünger starren nach oben in die Luft. Soeben ist der Herr Jesus vor ihren Augen weggenommen worden - zu seinem Vater in den Himmel. Zwei Engel sprechen mit den Jüngern: „Schaut nicht nach oben! Er wird wiederkommen!" Die Jünger gehorchen und erzählen später in Jerusalem und den Nachbarländern von diesem Jesus, der auf die Erde kam, zum Vater ging und wiederkommen wird.

Auch wir sind neugierig und wünschen uns vielleicht manchmal ein Guckloch in den Himmel. Wir würden gern ein bisschen von dem sehen, was einmal Wirklichkeit wird. Wir träumen von der goldenen Stadt, von der wir so wenig wissen. Aber auch uns gilt: Träume nicht vom Himmel, gehorche dem Herrn des Himmels und führe seinen Auftrag aus. Nutze die Zeit, um anderen von diesem Jesus zu sagen. Dann bist du vorbereitet auf sein Kommen und kannst den Herrn Jesus - und den Himmel - mit Freude erwarten. ba

---

Lernvers: *Dieser Jesus, der von euch weg in den Himmel aufgenommen worden ist, wird so kommen, wie ihr ihn habt hingehen sehen in den Himmel.* Apostelgeschichte 1 Vers 11

Montag

5
2008

Mai

Bibellese:
Matthäus 11,2-6

**Wer Dank opfert,
verherrlicht mich
und bahnt
einen Weg.**
Psalm 50 Vers 23

Aus der Arbeit der Barmer Zeltmission

Ich bin als Evangelist das ganze Jahr über unterwegs, um Menschen von Gott und dem Herrn Jesus zu predigen. Um an meine Ziele zu kommen, sitze ich oft viele Stunden im Auto. Im Sommer ist das kein Problem, aber im Winter, wenn es schneit oder glatt ist, ist es weniger schön. Einmal kam mein Auto bergab ins Rutschen. Nichts konnte die Rutschpartie aufhalten, und so landete ich direkt auf der Hauptstraße und krachte in ein anderes Auto. Das war wirklich keine schöne Sache und ich hätte gern mit meiner Frau gesprochen. Aber sie ging nicht ans Telefon. So war ich auf mich allein gestellt. Wirklich? Nein, ich betete und fing an, dem Herrn Jesus zu danken. Ich wusste nicht, warum der Unfall sein musste, aber als ich dafür dankte, dass es nur Blechschaden und niemand verletzt war, wurde mein Herz froh. Singend fuhr ich mit meinem kaputten Auto nach Hause, weil ich wusste: Der Herr Jesus ist in jeder Situation bei mir. fj

---

Lernvers: *Dieser Jesus, der von euch weg in den Himmel aufgenommen worden ist, wird so kommen, wie ihr ihn habt hingehen sehen in den Himmel.* Apostelgeschichte 1 Vers 11

Dienstag 6 Mai 2008

Bibellese: Matthäus 11,7-14

Es ist in keinem anderen das Heil; denn auch kein anderer Name unter dem Himmel ist den Menschen gegeben, in dem wir gerettet werden müssen.
Apostelgeschichte 4 Vers 12+

Aus der Arbeit der Barmer Zeltmission

Ich war auf dem Weg zu einem Zelteinsatz. Auf der Autobahn streifte ein PKW die Mittelleitplanke, drehte sich und rollte noch etwas weiter. Langsam fuhr ich vorbei und blieb hinter der Unfallstelle stehen. Autos schossen heran, da krachte es schon. Zum Glück alles nur Blechschäden. Doch dann ereignete sich weiter hinten ein tragischer Folgeunfall. Ein Motorradfahrer konnte nicht mehr abbremsen und raste in den Tod.

Mir liefen die Tränen über die Wangen, so erschüttert war ich. Ein Leben war plötzlich zu Ende. Fragen schossen mir durch den Kopf. Tod, und dann? Wo ist der Kradfahrer jetzt? Hatte er sein Leben mit Gott schon geordnet? Oder stand er jetzt ohne den Heiland Jesus Christus vor dem lebendigen Gott? Ist er unerlöst in die Ewigkeit gegangen? Ich kann das nicht beantworten, aber ich weiß, wie wichtig es ist, so früh wie möglich zu klären, ob man nach dem Tod bei Gott im Himmel ist. Deshalb bin ich unterwegs, um zu erklären, wie man gerettet wird. fj

---

Lernvers: *Dieser Jesus, der von euch weg in den Himmel aufgenommen worden ist, wird so kommen, wie ihr ihn habt hingehen sehen in den Himmel.* Apostelgeschichte 1 Vers 11

Mittwoch 7 Mai 2008

Bibellese: Matthäus 11,15-19

Übrigens, Brüder, betet für uns, dass das Wort des Herrn laufe und verherrlicht werde wie auch bei euch.
2. Thessalonicher 3 Vers 1

Aus der Arbeit der Barmer Zeltmission

Eine Aufgabe der Mitarbeiter der Zeltmission ist es, Briefe zu schreiben. Menschen haben Fragen zum Glauben und zu Lebenssituationen und schreiben uns. Dann versuchen wir, die Fragen zu beantworten. Wenn jemand während einer Evangelisation zum Glauben an den Herrn Jesus gekommen ist, schreiben wir ihm, und machen Mut zu beten und in der Bibel zu lesen. Wir bekommen auch Post von christlichen Gemeinden, die einen Zelteinsatz durchführen wollen. Sie fragen, wie groß die Zelte sind, wie viele Stühle aufgestellt werden können und wie das Zelt befestigt werden muss. Diese Angaben brauchen sie, um die Anträge für den Zelteinsatz stellen zu können.

Ihr seht, unsere Arbeit ist sehr vielseitig und interessant. Aber wir brauchen immer eure Unterstützung durchs Gebet. Ob wir nun Briefe schreiben oder predigen, Kinderstunden halten oder auf der Fahrt zum Einsatzort sind. Zur Zeit sind die Zelte und Busse wieder unterwegs, bitte bete dafür. fj

---

Lernvers: *Dieser Jesus, der von euch weg in den Himmel aufgenommen worden ist, wird so kommen, wie ihr ihn habt hingehen sehen in den Himmel.* Apostelgeschichte 1 Vers 11

Donnerstag — 8 Mai 2008

Bibellese: Matthäus 11,20-24

Seid um nichts besorgt, sondern in allem sollen durch Gebet und Flehen mit Danksagung eure Anliegen vor Gott kundwerden.
Philipper 4 Vers 6

Aus der Arbeit der Barmer Zeltmission

Bei einer Evangelisation lernte ich Familie M. kennen. Ihre Tochter war damals gerade 5 Monate alt und mit einem schweren Herzfehler geboren. Dazu war auch ihre Lunge nicht richtig ausgebildet. Das machte eine schwere Operation nötig. Die Ärzte wussten nicht, ob sie die Kleine retten konnten. Sie wagten dennoch diese schwere OP. Ich leitete das Gebetsanliegen an Freunde und Beter weiter. Christen in aller Welt beteten mit. Die Eltern wurden während dieser schweren Tage sehr getröstet und fühlten sich durch das Gebet regelrecht getragen. Sie wussten, wie immer es auch mit ihrem kleinen Baby werden würde, der Herr Jesus ist da. Nach der Operation sagten die Ärzte: „Wenn wir gewusst hätten, wie alles ist, hätten wir die Operation nicht gewagt." Wir wissen: Der Herr Jesus hat ihnen die Hände geführt und geholfen. Bereits nach wenigen Tagen durften die glücklichen Eltern das Kind wieder nach Hause mitnehmen. fj

---

Lernvers: *Dieser Jesus, der von euch weg in den Himmel aufgenommen worden ist, wird so kommen, wie ihr ihn habt hingehen sehen in den Himmel.* Apostelgeschichte 1 Vers 11

Freitag 9 Mai
2008

Bibellese:
Matthäus 11,25-30

Macht euch keine Sorgen! Ihr dürft Gott um alles bitten. Sagt ihm, was euch fehlt, und dankt ihm!
Philipper 4 Vers 6

Aus der Arbeit der Barmer Zeltmission

Der Zeltsommer 2006 begann mit nassem und kaltem Wetter. Damit die Zeltbesucher nicht frieren mussten, lief die Ölheizung täglich stundenlang und versuchte, der Kühle Herr zu werden. Der Zeltmeister hatte schon einige Einsätze hinter sich und durfte ein paar Tage zu seiner Familie. Er wurde von einem jungen Mann vertreten, der die Zeltmission unterstützen wollte. Dann fiel an einem Abend die Heizung aus. Es war kurz bevor ich mit meiner Predigt beginnen wollte. Den Zeltbesuchern wurde es schnell kalt, aber der junge Mann hatte keine Erfahrung mit der Heizung. So kontrollierte ich die Zuleitungen, das Öl und den Filter. Im stillen Gebet bat ich den Herrn Jesus, uns zu helfen. Und da fiel mein Blick auf eine Verschraubung, die ich vorher nie gesehen hatte. Ich löste die Schraube und fand dahinter einen Thermoschutzschalter. Als ich darauf drückte, sprang die Heizung wieder an und heizte den ganzen Abend. So praktisch hilft uns der Herr Jesus. Ich finde das wunderbar. fj

---

Lernvers: *Dieser Jesus, der von euch weg in den Himmel aufgenommen worden ist, wird so kommen, wie ihr ihn habt hingehen sehen in den Himmel.* Apostelgeschichte 1 Vers 11

Samstag 10 Mai
2008

Bibellese: Matthäus 12,1-8

Ich ermahne nun vor allen Dingen, dass Flehen, Gebete, Fürbitten, Danksagungen getan werden für alle Menschen.

1. Timotheus 2 Vers 1

Aus der Arbeit der Barmer Zeltmission

In vielen Familien gibt es einen Kalender, in den von jedem Familienmitglied die Termine eingetragen werden: Musikunterricht, Fußballverein, Zahnarzt usw. Manchmal kommen plötzlich Termine dazu und dann kann es eng werden. So etwas erleben wir bei der Zeltmission auch. Die Einsätze des Jahres sind so geplant, dass wir Mitarbeiter zwischendurch immer wieder nach Hause können. Aber dann kommt eine kurzfristige Anfrage, um noch eine weitere Evangelisation durchzuführen. So erging es mir, und weil ich gern den Menschen vom Herrn Jesus erzähle, habe ich zugesagt. Dieser Einsatz ging bis Sonntagvormittag. Danach fuhr ich schnell nach Hause. Meine Frau wusch rasch ein paar Hemden und schon packte ich den Koffer wieder, denn am Montag begann der nächste Einsatz. Sehr dankbar bin ich, dass meine Familie mich immer wieder gehen lässt. Sie ist viel allein, aber sie tut es gern für den Herrn Jesus. Dennoch braucht auch sie Gebetsunterstützung. Willst du für sie beten? fj

---

Lernvers: *Dieser Jesus, der von euch weg in den Himmel aufgenommen worden ist, wird so kommen, wie ihr ihn habt hingehen sehen in den Himmel.* Apostelgeschichte 1 Vers 11

Sonntag

11
2008

Mai

Bibellese:
Matthäus 12,9-14

Pfingstsonntag

Gott hat uns nicht einen Geist der Furchtsamkeit gegeben, sondern der Kraft und der Liebe und der Zucht.

2. Timotheus 1 Vers 7

Wir erklären den Lernvers

Du sitzt vor einer schwierigen Aufgabe und findest einfach keine Lösung! Mutlos gibst du auf. Ein streitsüchtiger Schulkamerad wartet jeden Morgen mit seinen Hänseleien und Drohungen auf dich. Schon beim Frühstück kriecht die Angst vor ihm in dir hoch. Kann man so leben? Schlecht! Du brauchst es auch nicht, wenn du zum Herrn Jesus gehörst, ein Kind Gottes bist. Denn der Heilige Geist, den Gott jedem seiner Kinder gibt, macht nicht zaghaft und furchtsam. Solche Gefühle kommen immer vom Teufel.

Hoffentlich kannst du mit deinen Eltern über diese Not reden. Wichtig ist aber auch, Gott im Gebet zu sagen, dass du nicht weiterkannst. Lass dich von ihm beschenken: Stark möchte er dich machen, damit du in schwierigen Situationen durchhältst. Liebe gibt er dir, damit du mit seinen Augen den anderen sehen kannst. Diszipliniert sollst du deine Gedanken auf Gott richten, damit du ruhig und gelassen abwarten kannst, wie er deine Sache regeln wird. ba

---

Lernvers: *Gott hat uns nicht einen Geist der Furchtsamkeit gegeben, sondern der Kraft und der Liebe und der Zucht.*

2. Timotheus 1 Vers 7

Montag 12 Mai
2008
Pfingstmontag

Bibellese: Matthäus 12,15-21

David sagte: Salomo soll nach mir König sein, und er soll es sein, der auf meinem Thron sitzen wird.

1. Könige 1 Vers 17

Gott gibt Aufgaben

König David ist alt geworden und spürt, dass er nicht mehr lange leben wird. Wie soll es im Land nach seinem Tod weitergehen? Bisher hat David nicht öffentlich bekannt gegeben, wer sein Nachfolger sein soll. Nach Gottes Plan soll es Salomo sein. Auf was wartet David noch? Davids Frau Batseba und der Prophet Nathan beobachten mit großer Sorge, dass Adonija - auch ein Sohn Davids - alles unternimmt, um sich selbst zum König zu machen. Sie können nicht schweigend zusehen und erinnern David an seinen Schwur, Salomo zum König machen zu wollen. Daraufhin erneuert David auch sofort seinen Eid und lässt Salomo von dem Priester Zadok zum neuen König salben. Das ganze Volk in Israel freut sich und Adonijas Macht bricht zusammen. Die Einsetzung Salomos zum König ist jedoch nicht Davids letzte Aufgabe gewesen. Gott hat noch eine weitere Aufgabe für ihn vorgesehen. - Wir können von uns aus viele Dinge tun. Ganz wichtig ist, dabei zu fragen: Herr Jesus, was willst du, dass ich tun soll? ks

---

Lernvers: *Gott hat uns nicht einen Geist der Furchtsamkeit gegeben, sondern der Kraft und der Liebe und der Zucht.*

2. Timotheus 1 Vers 7

Dienstag 13 Mai 2008

Bibellese: Matthäus 12,22-30

Auf dem Dreschplatz, wo der Herr ihm geantwortet hatte, sollten einmal der Tempel Gottes, des HERRN, und der Brandopferaltar für Israel stehen. 1. Chronik 22 Vers 1

Die letzte Herausforderung

Obwohl David schon sehr alt ist, möchte er noch eine wichtige Aufgabe erfüllen: den Tempelbau planen. Es ist ein großer Wunsch Davids, für Gott ein wunderschönes Haus zu bauen. Aber er darf nur die Vorbereitungen treffen, den Tempel selbst soll dann sein Sohn Salomo bauen. Der Tempel soll ein Ort werden, an dem die Bundeslade ihren Platz findet. Die Bundeslade ist eine Truhe aus wertvollem Akazienholz, die mit Gold überzogen ist. In ihr sind z.B. die beiden Tafeln mit den Zehn Geboten aufbewahrt. Diese Lade ist ein Zeichen für das Volk Israel, dass Gott ihnen ganz nahe ist. Aber wo soll der Tempel einmal stehen? Gott zeigt David einen Platz in einem höher gelegenen Teil Jerusalems, und David kauft dieses Landstück. Diesen Ort hat Gott ganz bewusst ausgewählt. Es ist der Berg Morija, auf dem Abraham seinen Sohn opfern sollte. Bei Gott ist nichts zufällig. Durch seinen Geist leitet er uns und beauftragt uns manchmal, ganz konkrete Dinge für ihn zu tun, die uns möglicherweise nicht immer klar und logisch erscheinen. Es ist gut, auf seine Stimme zu hören. ks

---

Lernvers: *Gott hat uns nicht einen Geist der Furchtsamkeit gegeben, sondern der Kraft und der Liebe und der Zucht.*

2. Timotheus 1 Vers 7

Mittwoch 14 Mai 2008

Bibellese: Matthäus 12,31-37

Und David sagte: Das Haus aber, das dem HERRN gebaut werden soll, soll überaus groß werden, zum Preis und zum Ruhm in allen Ländern.

1. Chronik 22 Vers 5

Gottes Plan

David findet es nicht in Ordnung, dass er selbst in einem prächtigen Haus wohnt, während die Bundeslade lediglich in einem Zelt aufbewahrt wird. Am liebsten würde er selbst Hand anlegen und Gott einen Tempel bauen. Doch Gott hatte ihm klargemacht, dass dies nicht seine Aufgabe, sondern die seines Sohnes Salomo sein würde. David sieht jedoch auch die Planung des Tempelbaus als eine wichtige Aufgabe an. So macht er sich eifrig ans Werk. Seinen ganzen Schatz an Erfahrungen steckt er in die Planung und Vorbereitungen. Er stellt Steinhauer an, die Quadersteine bearbeiten. Eine große Menge Eisen lässt er bereitstellen, um daraus die Nägel für die Torflügel und die eisernen Klammern anfertigen zu lassen. Es wird so viel Bronze gesammelt, dass man sie gar nicht mehr wiegen kann. David bestellt auch große Mengen Zedernholz im Nachbarland. Er denkt sich: „Salomo ist noch jung und unerfahren. Der Tempel des HERRN aber soll ein großes Bauwerk werden. Darum will ich noch so viel wie möglich dafür vorbereiten!" David liebt Gott. Diese Liebe ist sein Antrieb, sich mit ganzem Herzen für Gottes Haus einzusetzen.

Lernvers: *Gott hat uns nicht einen Geist der Furchtsamkeit gegeben, sondern der Kraft und der Liebe und der Zucht.*

2. Timotheus 1 Vers 7

FREUND DER KINDER

Farbiges Kindermagazin mit sechs Seiten
voller interessanter Berichte aus der Bibel,
der Tierwelt und Natur, Infos aus Technik, Rätsel, Bastelideen und Bilder.
Für jede Woche eine Ausgabe,
der Versand erfolgt zweimonatlich.
Die Monate Juli/August erscheinen als geheftete Broschüre
mit 16 Seiten.

Bezugspreis:
Preis pro Jahr: €12,90 + Porto

Ich bestelle hiermit das Kindermagazin
FREUND DER KINDER
im Abonnement bis auf Widerruf

Name:

Straße:

Land/PLZ und Ort:

Kunden-Nr.:

Unterschrift der Eltern:

Bestellschein bitte senden an:
Christliche Verlagsgesellschaft
Postfach 1251
D-35662 Dillenburg

Donnerstag 15 Mai
2008

Bibellese:
Matthäus 12,38-42

Bewahre, was der HERR, dein Gott, zu bewahren geboten hat, dass du auf seinen Wegen gehst, indem du seine Gebote bewahrst, damit du Erfolg hast in allem, was du tust.

aus 1. Könige 2 Vers 3

Voraussetzung für Segen

David hat in seinem Leben immer wieder auf Gott vertraut - auch in schwierigen Situationen. Er weiß, wie wichtig es ist, Gott zu gehorchen. Zu hören und dann auch zu tun, was Gott sagt, bringt Segen! Deshalb ist es David ein großes Anliegen, seinem Sohn Salomo vor seinem Tod noch einmal ganz deutlich zu machen, wie wichtig es ist, nach den Geboten Gottes zu leben. David sagt zu seinem Sohn: „Richte dein ganzes Leben nach dem Herrn, deinem Gott, aus und lebe, wie es ihm gefällt. Dann wird dir alles, was du unternimmst, gelingen!" Salomo liebt Gott und nimmt den Rat seines Vaters sehr ernst. Und Gott gefällt Salomos gehorsame und demütige Herzenshaltung. Der Rat, den David Salomo gab, ist auch für uns wichtig. Gott möchte, dass wir unser Leben so gestalten, dass es ihn ehrt. Das bedeutet, dass andere merken, wie wichtig Gott uns ist. Überlege bei den Dingen, die du planst und tust, ob sie mit Gottes Geboten übereinstimmen. Wenn du unsicher bist, bitte Gott um Hilfe, damit du gute Entscheidungen treffen kannst. ks

---

Lernvers: *Gott hat uns nicht einen Geist der Furchtsamkeit gegeben, sondern der Kraft und der Liebe und der Zucht.*

2. Timotheus 1 Vers 7

Freitag 16 Mai
2008

Bibellese:
Matthäus 12,46-50

Denkt also daran, dass ihr Gottes Bauwerk und sein Tempel seid, dass Gottes Geist in euch wohnt.

1. Korinther 3 Vers 16

Ein Haus für Gott

Nachdem David im hohen Alter stirbt, wird Salomo an seiner Stelle König. Gott sieht Salomos Liebe zu ihm und freut sich darüber. Nachdem Salomo vier Jahre regiert hat, fängt er an, den Wunsch seines Vaters in die Tat umzusetzen, und beginnt mit dem Bau des Tempels. Nach 20 Jahren ist ein prächtiger Tempel fertiggestellt. Bei der Einweihungsfeier betet Salomo: „Nun aber habe ich dieses prachtvolle Haus für dich gebaut. Möge es ein Ort sein, an dem du, Herr, für alle Zeiten wohnst."

In der Bibel werden diejenigen, die Gottes Kinder sind, als „Gottes Bauwerk und sein Tempel" bezeichnet. Ein „Bauwerk Gottes" ist etwas Herrliches. Ganz besonders wichtig ist es Gott, wenn unser Inneres, unser Herz, „aufgeräumt" ist und keine Lügen und böse Gedanken und andere Dinge, die uns von Gott trennen, darin Platz haben. Gott möchte diese „Aufräumaktion" bei uns durchführen, um uns zu einem Tempel zu machen, in dem er dann selbst „wohnen" kann.

ks

Lernvers: *Gott hat uns nicht einen Geist der Furchtsamkeit gegeben, sondern der Kraft und der Liebe und der Zucht.*

2. Timotheus 1 Vers 7

Samstag

17
2008

Mai

Bibellese:
Matthäus 13,1-9

Wie zahlreich sind deine Werke, o HERR! Du hast sie alle mit Weisheit gemacht, die Erde ist voll deines Eigentums.
Psalm 104 Vers 24

Beobachtungen in der Natur: die Bäume

„Der Mai ist gekommen, die Bäume schlagen aus", heißt es in einem Volkslied. Jeder Baum, der im Frühling grün wird, ist ein Beispiel für die Ideenfülle des Schöpfers: angefangen bei den Wurzeln, die Wasser und Mineralien aus dem Boden aufnehmen, bis hin zu den Blättern, die Energie aus dem Sonnenlicht nutzen. Das Wasser mit den Mineralien gelangt von den Wurzeln in den Stamm, dann über die Äste bis zu den einzelnen Blättern. Diese atmen durch winzige Öffnungen die Luft ein und aus. Das für Menschen schädliche Kohlendioxyd filtern sie heraus, weil sie es für die eigene Ernährung brauchen. Dafür geben sie den für uns Menschen lebenswichtigen Sauerstoff an die Luft ab. Während des ganzen Sommers erzeugen diese kleinen „Blattfabriken" Nahrung für den Baum. Im Herbst haben die Blätter so viel Nahrung für den Baum produziert, dass der Baum den Winter überleben kann. Da können wir nur staunen: Gott hat alles mit Weisheit gemacht. sg

---

Lernvers: *Gott hat uns nicht einen Geist der Furchtsamkeit gegeben, sondern der Kraft und der Liebe und der Zucht.*

2. Timotheus 1 Vers 7

Sonntag

18
2008

Mai

Bibellese:
Matthäus 13,10-17

Es ist in keinem anderen das Heil; denn auch kein anderer Name unter dem Himmel ist den Menschen gegeben, in dem wir errettet werden müssen.

Apostelgeschichte 4 Vers 12

Wir erklären den Lernvers

„Also, Mutti, jetzt versteh ich gar nichts mehr!" Katrin kommt entrüstet aus der Schule. „Heute in Reli sagte Frau Krämer, Gott und Allah wären dasselbe und es wäre nicht so wichtig, wie man Gott nennt." Die Mutter ahnt, was kommt. „Ihr sagt aber immer, und das glaube ich auch, dass es nur einen Gott gibt und dass wir nur durch den Herrn Jesus errettet werden." Die Mutter erklärt: „Das ist richtig, denn so steht es in der Bibel und auf sie können wir uns absolut verlassen. Sieh mal, es gibt viele Religionen, z.B. den Islam, Buddhismus, Hinduismus. Jede Religion zeigt Wege auf, wie man durch eigene Anstrengungen, Vorschriften und Übungen den Himmel erreichen kann. Die Bibel sagt etwas anderes: Nicht durch unser Tun werden wir gerettet, sondern durch das, was der Herr Jesus getan hat. Und wenn wir sagen, dass nur Jesus Christus rettet, ist das keine Überheblichkeit, sondern die Wahrheit aus Gottes Wort." vc

---

Lernvers: *Es ist in keinem anderen das Heil; denn auch kein anderer Name unter dem Himmel ist den Menschen gegeben, in dem wir errettet werden müssen.* Apostelgeschichte 4 Vers 12

Montag 19 Mai
2008

Bibellese: Matthäus 13,18-23

Die Gnadengabe (das Geschenk) Gottes aber ist ewiges Leben in Christus Jesus, unserem Herrn.
Römer 6 Vers 23

Geheimnisvolle Bauwerke

Das letzte erhaltene Bauwerk der sieben antiken Weltwunder thront erhaben im heißen Wüstensand Ägyptens: die Cheops-Pyramide. In der Nähe stehen in genauer Anordnung zwei weitere große Pyramiden und mehrere kleine. Jeden Tag bringen Touristenbusse Bewunderer der alten Baukunst herbei, die dann wie Ameisen neben den gigantischen Bauwerken wirken werden. Schon immer waren die Menschen von den Pyramiden fasziniert, besonders weil niemand recht wusste, was sie darstellten. Ein mittelalterliches Mosaik in der St.-Markus-Kathedrale in Venedig zeigt die Pyramiden als Getreidespeicher. Auch glaubte man, sie hätten astronomische Bedeutung (Astronomie = Sternenkunde). Tatsächlich sind die Pyramiden Grabstätten der Könige. Die Ägypter wollten gut auf das ewige Leben nach dem Tod vorbereitet sein. Aber ist eine Pyramide wirklich eine Hilfe dazu? Nein, die Bibel erklärt uns, dass wir ewiges Leben nur durch den Herrn Jesus Christus bekommen.

kg

Lernvers: *Es ist in keinem anderen das Heil; denn auch kein anderer Name unter dem Himmel ist den Menschen gegeben, in dem wir errettet werden müssen.* Apostelgeschichte 4 Vers 12

Dienstag 20 Mai
2008

Bibellese:
Matthäus 13,24-30

Jesus spricht: Ich bin die Tür; wenn jemand durch mich hineingeht, so wird er errettet werden.
Johannes 10 Vers 9

Für alles gesorgt?

Altertumsforscher fanden heraus, wie die Ägypter früher lebten. Vieles zeigt, dass sie sich ernste Gedanken über den Tod gemacht haben. Sie glaubten an ein Weiterleben nach dem Tod. Sie waren überzeugt, dass es in dem neuen Leben wie in Ägypten sein würde, doch ohne Traurigkeit. Darauf wollten sie sich gut vorbereiten. Deshalb wurden einem Toten allerlei nützliche Dinge mit auf die ewige Reise gegeben. Selbst die Ärmsten beerdigte man mit Schmuck, damit sie im neuen Leben einen guten Eindruck machen konnten. Die Grabstätten der Könige wurden immer umfangreicher. Aus einfachen Steinhügeln wurden Grabhügel mit Lehmziegelmauern, die sogenannten Mastabas. Dort gab es Schatzkammern, Aufenthaltsräume, Vorratskammern für Wein und Getreide. Alles war da - nur keine Türen.
Ganz anders bereitet die Bibel uns auf dieses ernste Thema vor. Sie sagt uns, dass der Herr Jesus die Tür ist, die zum ewigen Leben führt, und dass wir durch ihn errettet werden. kg

---

Lernvers: *Es ist in keinem anderen das Heil; denn auch kein anderer Name unter dem Himmel ist den Menschen gegeben, in dem wir errettet werden müssen.* Apostelgeschichte 4 Vers 12

Mittwoch 21 2008 Mai

Bibellese:
Matthäus 13,31-35

Im Hause meines Vaters sind viele Wohnungen. Wenn es nicht so wäre, würde ich es euch gesagt haben; denn ich gehe hin, euch eine Stätte zu bereiten.
Johannes 14 Vers 2

Größer, schöner, besser

Weißt du noch, was eine Mastaba ist? Genau, ein Grabhügel mit Lehmziegelwänden der alten Ägypter. Etwa 2650 v. Chr. ließ König Djoser mehrere Mastabas übereinander schichten, erst vier, später sechs Stufen. Außerdem benutzte er keine Lehmziegel, sondern nur noch Steine. So baute er ein 60 m hohes Grabmal, das einer Pyramide ähnelte. Viele Jahre später begann die Hauptbauzeit der echten Pyramiden. Ihr Erfinder war der König Snofru. Er baute gleich drei davon und ließ dazu 3,5 Millionen Kubikmeter Stein bewegen. In den folgenden 100 Jahren errichteten Cheops, Chephren und Menkaure die berühmten Pyramiden in Gizeh. Sie haben viel getan, um ein schönes Leben nach dem Tod zu beginnen. Doch die Pyramiden sind nur tolle Bauwerke, aber kein Ort für das ewige Leben. Wie du schon lesen konntest, erhalten wir das nur durch den Herrn Jesus. Und er hält für uns im Himmel Wohnungen bereit, weil er sich wünscht, dass wir in Ewigkeit bei ihm sind.   kg

---

Lernvers: *Es ist in keinem anderen das Heil; denn auch kein anderer Name unter dem Himmel ist den Menschen gegeben, in dem wir errettet werden müssen.* Apostelgeschichte 4 Vers 12

Donnerstag 22 Mai
2008

Bibellese: Matthäus 13,36-43

Der Himmel und die Erde werden vergehen, meine Worte aber sollen nicht vergehen.
Matthäus 24 Vers 35

Gebaut für die Ewigkeit?

Alle Pyramiden sehen sich ähnlich und dennoch weisen sie beträchtliche Unterschiede auf. Das liegt an der Bauart des Innenkerns. Eine Pyramide ist keineswegs ein hohler Körper, sondern besteht aus Steinblöcken. In der berühmten Cheops-Pyramide schätzt man 2.600.000 verbaute Blöcke. Außen verkleidete man das Bauwerk mit einem feinen Kalksteinmantel, der dem Grabmal ein strahlendes Äußeres gab. Ganz ohne Computer und Taschenrechner planten die ägyptischen Architekten ihre Bauwerke. Die Grabkammern, Schächte und Gänge in den Pyramiden sind so genau angelegt, dass auch mehrere Erdbeben ihre Standfestigkeit nicht beeinträchtigen konnten. Doch später begannen die Menschen den Außenmantel abzutragen und die Pyramiden als Steinbrüche zu benutzen. Auch Pyramiden werden vergehen. Wie anders dagegen Gottes Wort und seine Versprechen. Sie können weder durch Naturereignisse noch Menschen vernichtet werden. Deshalb können wir uns immer darauf verlassen. kg

---

Lernvers: *Es ist in keinem anderen das Heil; denn auch kein anderer Name unter dem Himmel ist den Menschen gegeben, in dem wir errettet werden müssen.* Apostelgeschichte 4 Vers 12

Freitag 23 2008 Mai

Bibellese:
Matthäus 13,44-50

Mein Leben auf dieser Erde erhält seinen Sinn durch den Glauben an Jesus Christus, den Sohn Gottes, der mich geliebt und sich in seiner Liebe für mich geopfert hat.
Galater 2 Vers 20

Leben für den Bau?

Früher meinte man, Sklaven hätten die gewaltigen Pyramiden gebaut, weil man sich nicht vorstellen konnte, dass jemand freiwillig solch eine schwere Arbeit tut. Aber die Menschen damals sahen das anders. Für sie war es eine Ehre, an der Grabanlage des Pharao bauen zu dürfen. Beim Bau einer Pyramidenanlage entstanden ganze Siedlungen mit Häusern, Versorgungsbetrieben und einem Friedhof. Es gab Steinmetze, Schlepper, die die gewaltigen Steinblöcke herbeischleiften, Zimmerleute und Metallarbeiter. Zu ihrer Versorgung waren Bäcker, Töpfer, Brauer, Wasserträger und sicher noch andere tätig. So schätzt man die Zahl der Arbeiter z.B. für den Bau der riesigen Cheopspyramide auf ca. 20.000. Diese Menschen lebten für den Bau der Grabanlage ihres Königs, den sie für einen Gott hielten. – Da sollten wir uns fragen: Für wen lebe ich? Für mich selbst, die Familie oder Gott? Lies noch einmal, was Paulus den Galatern geschrieben hat. kg

---

Lernvers: *Es ist in keinem anderen das Heil; denn auch kein anderer Name unter dem Himmel ist den Menschen gegeben, in dem wir errettet werden müssen.* Apostelgeschichte 4 Vers 12

Samstag 24 Mai 2008

Bibellese: Matthäus 13,51-58

Gott aber schenkt uns in der Gemeinschaft mit Jesus Christus, unserem Herrn, das ewige Leben, das schon jetzt beginnt und niemals aufhören wird.

Römer 6 Vers 23

Bleibende Schätze

In einer Pyramide wurde der einbalsamierte Körper (die Mumie) eines Königs in einem Sarkophag in der Königskammer bestattet. War die aufwändige Zeremonie beendet, wurde die Kammer mit Fallblöcken versiegelt. Auch die Gänge in der Pyramide wurden unpassierbar gemacht, denn ein Pharao wurde mit vielen Schätzen versorgt, die sein Leben im Jenseits angenehm machen sollten. Doch alle Vorsichtsmaßnahmen hielten Räuber nicht vom Plündern ab. Weder die Grabbeigaben noch die Mumien waren vor ihnen sicher. Bei Ausgrabungen fand man nur noch leere Pyramiden. Erst als 1922 das unversehrte Grab des Pharao Tutanchamun gefunden wurde, konnte man erahnen, wie prächtig die Gräber ausgestattet waren. Aber was nützte den Königen der ganze Reichtum? Nichts. Für das Leben nach dem Tod sind weder Gold noch Silber von Bedeutung. Um einmal bei Gott im Himmel zu sein, benötigen wir Vergebung unserer Schuld und das Geschenk des ewigen Lebens. Damit sind wir reicher als jeder Pharao. kg

---

Lernvers: *Es ist in keinem anderen das Heil; denn auch kein anderer Name unter dem Himmel ist den Menschen gegeben, in dem wir errettet werden müssen.* Apostelgeschichte 4 Vers 12

Sonntag 25 Mai
2008

Bibellese:
Matthäus 14,1-13

Habe ich dir nicht geboten: Sei stark und mutig? Erschrick nicht und fürchte dich nicht! Denn mit dir ist der HERR, dein Gott, wo immer du gehst.
Josua 1 Vers 9

Wir erklären den Lernvers

Melissa erschrickt ein wenig, als sie ihren Namen an der Tafel liest. Damit hat sie nicht gerechnet, zur Klassensprecherin gewählt zu werden. Blitzschnell schießt es ihr durch den Kopf: „Ob ich das richtig machen werde? Ob die anderen auf mich hören? Wen kann ich fragen, wenn ich etwas nicht weiß?" Melissa freut sich zwar, dass die Klasse sie gewählt hat, aber ein bisschen bange ist ihr doch. - Wie viel Furcht muss Josua gehabt haben, als ihm das Amt des Führers über das Volk Israel übertragen wurde. Mose war gestorben und Gott hatte ihn, Josua, dazu bestimmt, die Israeliten zu führen. Das war eine schwere Aufgabe, aber Josua verließ sich auf Gott, der ihm Mut gemacht hatte. (Lies noch einmal den Lernvers von heute.) - Zu Hause und in der Schule gibt es vieles, was uns schwerfällt, wovor wir uns fürchten. Aber wenn wir uns fest auf den Herrn Jesus verlassen und mit ihm alles besprechen, dürfen wir stark und mutig sein.

vc

Lernvers: *Habe ich dir nicht geboten: Sei stark und mutig? Erschrick nicht und fürchte dich nicht! Denn mit dir ist der HERR, dein Gott, wo immer du gehst.* Josua 1 Vers 9

Montag 26 Mai
2008

Bibellese:
Matthäus 14,14-21

Sei mir gnädig, o Gott, nach deiner Gnade; lösche meine Vergehen aus nach der Größe deiner Barmherzigkeit!

Psalm 51 Vers 3

Aus der Arbeit der Barmer Zeltmission

An den Zelten und Geräten gibt es immer wieder Verbesserungen. Manche Dinge, die im Winter angefertigt wurden, zeigen erst im Einsatz, ob sie wirklich geeignet sind. Für den Büchertisch wurden z.B. neue Kisten gebaut. Eine davon kann man so aufklappen, dass sie zu einem Bücherregal wird. Die Praxis zeigte aber, dass der Kasten etwas umgebaut werden musste. Es war nötig einen Riegel anzubringen. Der musste an einer bestimmten Stelle in das Material eingelassen werden. Dazu musste ich ein elektrisches Werkzeug (Oberfräse) benutzen. Der Fräskopf arbeitete sich langsam durch das harte Material. Es fing an zu glimmen und hinterließ Brandspuren. Als ich das sah, dachte ich: „Das ist wie mit manchen Sünden. Sie fressen sich langsam in unser Herz und hinterlassen hässliche Spuren. Im Gegensatz zu den Spuren an der Bücherkiste müssen sie in unserem Leben aber nicht bleiben. Der Herr Jesus beseitigt sie völlig, wenn wir ihn darum bitten." fj

---

Lernvers: *Habe ich dir nicht geboten: Sei stark und mutig? Erschrick nicht und fürchte dich nicht! Denn mit dir ist der HERR, dein Gott, wo immer du gehst.* Josua 1 Vers 9

Dienstag 27 Mai 2008

Bibellese: Matthäus 14,22-27

Denn was nützt es einem Menschen, die ganze Welt zu gewinnen und sein Leben einzubüßen?

Markus 8 Vers 36

Aus der Arbeit der Barmer Zeltmission

Wir standen mit dem Zelt im Spreewald. Weil es sehr heiß war, nahmen wir unsere Mahlzeiten im Freien ein. Hinter dem Zelt befand sich ein großer Weidenbaum, der uns Schatten spendete. Aber es gab ein Problem. Überall wimmelte es von kleinen schwarzen Käfern. Weil ein Mitarbeiter ein orangefarbiges Hemd anhatte, stürzten sich hunderte dieser Käfer auf das Hemd. Es war lustig, als es plötzlich eher schwarz als orange war. Schnell zog er es aus. Wahrscheinlich haben die Käfer das leuchtende Orange des Hemdes für nahrhafte Blüten gehalten. Aber es war eine Täuschung. Ist es im Leben nicht ähnlich? Viele Sachen, die uns in Filmen und der Werbung als gut und wichtig angepriesen werden, sind nicht das, was für unser Leben wirklich wichtig ist. Reichtum und Berühmtheit sind für viele Menschen ein Ziel. Doch selbst wenn jemand unendlich viel Geld hat oder überall bekannt ist, aber Jesus nicht kennt, hat er das Wichtigste verpasst. fj

---

Lernvers: *Habe ich dir nicht geboten: Sei stark und mutig? Erschrick nicht und fürchte dich nicht! Denn mit dir ist der HERR, dein Gott, wo immer du gehst.* Josua 1 Vers 9

Mittwoch, 28. Mai 2008

Bibellese: Matthäus 14,28-36

Mehr als alles, was man sonst bewahrt, behüte dein Herz! Denn in ihm entspringt die Quelle des Lebens.

Sprüche 4 Vers 23

Aus der Arbeit der Barmer Zeltmission

Gestern habe ich dir von den Käfern in Lübbenau erzählt. Es gab aber auch unzählige Ameisen, die „ihre Wiese verteidigten", auf der das Zelt stand. Im Zelt war das kein Problem, aber sie kamen auch in den Wohnwagen und krabbelten überall herum. Das alleine wäre ja noch nicht so schlimm. Problematisch würde es, wenn sie sich einnisten, denn dann kann es passieren, dass sie auch am Holz des Wohnwagens nagen und nach und nach großen Schaden anrichten. Vielleicht denkst du: „Die Ameisen sind doch so klein." Das stimmt schon, aber im Laufe der Zeit werden sie immer mehr und damit zu einer Plage. Auch sie sind für mich ein Gleichnis für die Sünde geworden. Am Anfang einer sündigen Tat denken wir vielleicht: „Das ist nicht so schlimm." Aber die Sünde „nistet" sich fest in unserem Herzen ein und zerstört so allmählich unser Denken und Handeln. Vor dieser Zerstörung müssen wir uns schützen. Deshalb fordert die Bibel uns auf: Mehr als alles, was man sonst bewahrt, behüte dein Herz!

fj

Lernvers: *Habe ich dir nicht geboten: Sei stark und mutig? Erschrick nicht und fürchte dich nicht! Denn mit dir ist der HERR, dein Gott, wo immer du gehst.* Josua 1 Vers 9

Donnerstag 29 Mai
2008

Bibellese:
Matthäus 15,1-9

Gott will, dass alle Menschen gerettet werden und zur Erkenntnis der Wahrheit kommen.

1. Timotheus 2 Vers 4

Aus der Arbeit der Barmer Zeltmission

Nicht, dass wir Tiere nicht gerne haben, aber im Zelt sind Käfer und Ameisen unerwünschte Besucher. Dafür freuen wir uns aber umso mehr, wenn Menschen in das Zelt kommen. Gerade für sie sind wir ja unterwegs. Wir möchten ihnen so gerne vom Herrn Jesus sagen. Manchmal kommen viele Menschen, manchmal aber auch nur wenige. Es gibt Gegenden, da leben kaum Christen. Gerade dort ist es nötig, mit den Zelten hinzugehen. Bei einem Einsatz kamen nur wenige Besucher und das Zelt war nicht gerade voll. Aber jeder Einzelne war sehr willkommen. Was uns an diesem Ort besondere Freude machte, war die Tatsache, dass einige Besucher dem Herrn Jesus ihr Leben anvertraut haben. Wir haben gemerkt, dass es nicht die Menge an Menschen ist, die einen Zelteinsatz ausmachen, sondern eben die, die ihr Leben dem Herrn Jesus anvertrauen. Das ist übrigens die wichtigste Entscheidung im Leben. Hast du sie schon getroffen?   fj

---

Lernvers: *Habe ich dir nicht geboten: Sei stark und mutig? Erschrick nicht und fürchte dich nicht! Denn mit dir ist der HERR, dein Gott, wo immer du gehst.*   Josua 1 Vers 9

Freitag 30 Mai 2008

Bibellese: Matthäus 15,10-20

In ihm haben wir die Erlösung, die Vergebung der Sünden.
Kolosser 1 Vers 14

Aus der Arbeit der Barmer Zeltmission

Einmal brachte ich den Wohnwagen, in dem ich immer bei Zelteinsätzen wohne, zum nächsten Einsatzort. Dort hatte es kurz zuvor ein Gewitter gegeben. Ich fuhr auf eine Wiese und jemand half mir den Wohnwagen abzuhängen. Gerade als ich wieder zum Auto gehen wollte, gab es ein lautes krachendes Geräusch. Ein Baum fiel einfach um. (Zum Glück nicht auf den Wohnwagen!) Der Baum war an der Wurzel faul geworden und hatte keinen Halt mehr. Der Regen hatte die Blätter so schwer werden lassen, dass er umsackte. Alle waren erstaunt, denn der Baum sah ganz normal aus. Da musste ich an so manches Gespräch denken, in dem mir Kinder und Erwachsene erzählt haben, was die Sünde (für andere nicht sichtbar) in ihrem Leben angerichtet hat. Wie gut, dass ich ihnen sagen konnte: „Egal, welche Sünden begangen wurden, der Herr Jesus ist für alle gestorben. Durch ihn ist Vergebung und ein Neuanfang möglich." – Das ist die beste Botschaft, die wir bei der Zeltmission weitersagen können. fj

---

Lernvers: *Habe ich dir nicht geboten: Sei stark und mutig? Erschrick nicht und fürchte dich nicht! Denn mit dir ist der HERR, dein Gott, wo immer du gehst.* Josua 1 Vers 9

Samstag 31 2008 Mai

Bibellese: Matthäus 15,21-28

Soweit es irgend möglich ist und von euch abhängt, lebt mit allen Menschen in Frieden.

Römer 12 Vers 17

Beobachtungen in der Tierwelt: der Fuchs

„Schnauf! Die Hunde sind hinter mir her. Puh, gerade bin ich noch rechtzeitig im Bau! Lass mich mal eben verschnaufen. Gestatten, mein Name ist Reineke Fuchs. Ich lebe hier im Dachsbau ganz friedlich. Na ja, ich gebe zu, dass ich zu faul war, selbst einen Bau zu graben. Doch den Dachs stört das nicht. Selbst Kaninchen, Katzen und Steinkäuze können hier zur Untermiete leben, ohne dass sie um ihr Leben fürchten müssen. Wir halten sozusagen Burgfrieden. - Oft ziehen mehrere Fuchsmütter ihre Kleinen gemeinsam auf. Wir Väter müssen dann mit für die Nahrung sorgen, die größtenteils aus schädlichen Nagetieren, Aas und Früchten besteht. Nur den Jungen dürfen wir nicht zu nahe kommen, das haben die Mütter nicht gern."

Die unterschiedlichsten Tiere schaffen es, friedlich zusammenzuleben. Wie sieht das bei uns aus? Gott weiß, dass wir dazu neigen, uns zu streiten, anzubrüllen, wütend zu werden. Deshalb ermahnt er uns in der Bibel: Lebt in Frieden miteinander! (Siehe Bibelvers)   kt

---

Lernvers: *Habe ich dir nicht geboten: Sei stark und mutig? Erschrick nicht und fürchte dich nicht! Denn mit dir ist der HERR, dein Gott, wo immer du gehst.*   Josua 1 Vers 9

Sonntag — 1 — Juni
2008

Bibellese:
Nehemia 1,1-4

So erkenne denn heute und nimm dir zu Herzen, dass der HERR der alleinige Gott ist im Himmel oben und auf der Erde unten!

5. Mose 4 Vers 39

Wir erklären die Bibel SMS

Das Volk Israel steht kurz vor dem Einzug in das Land Kanaan. Mose, der es bis hierher durch die Wüste geführt hat, wird nicht mit ihm über den Jordan gehen. Er gibt den Männer und Frauen aber verschiedene Gebote Gottes mit auf den Weg, um sie vor Sünde zu bewahren. Die Bevölkerung im Land Kanaan verehrt nicht den einen wahren Gott. Diese Menschen beten zu Götzen aus Holz und Stein, bringen ihnen Opfer und erwarten von ihnen Hilfe. Wenn nun das Volk Israel das Land in Besitz nimmt, besteht die Gefahr, dass es den Götzendienst der Kanaaniter übernimmt. Davor warnt Gott durch Mose eindringlich und ruft auf, sich bewusst zu machen: Es gibt nur einen wahren Gott. Er ist der Schöpfer aller Dinge. Er regiert im Himmel und auf der Erde. An ihn allein sollen sie glauben und nur zu ihm beten. Das galt für das Volk Israel damals und genauso auch für uns heute. ku

---

Bibel-SMS: *So erkenne denn heute und nimm dir zu Herzen, dass der HERR der alleinige Gott ist im Himmel oben und auf der Erde unten!* 5. Mose 4 Vers 39

Montag

2
2008

Juni

Bibellese:
Nehemia 1,5-11

Wenn du Weisheit liebst, machst du deinen Eltern Freude.
Sprüche 29 Vers 3

Salomo

Wer ist der Klügste im ganzen Land?
Das möchtest du wohl gerne wissen! Mit Tests und Wettbewerben wird vielleicht an deiner Schule festgestellt, wer jeweils der Beste in einer Klasse ist oder wer in seinem Jahrgang das beste Zeugnis bekommt. Da weiß man aber noch nicht, ob nicht an einer anderen Schule ein noch schlauerer Kopf sitzt. Es gibt sogar Tests für die klügsten Lehrer, die pfiffigsten Wissenschaftler oder die geistreichsten Professoren. Sie alle haben eine Menge gelernt und viele wichtige Erkenntnisse gesammelt. Doch an den weisesten Menschen aller Zeiten reichen sie nicht heran. Das war SALOMO. Gott sagt, dass es vor ihm keinen so weisen Mann gegeben hat und auch nach ihm nicht geben wird. Salomo war ein Sohn Davids und König in Israel. Er hat viele Dinge aufgeschrieben, die du in der Bibel lesen kannst: einige Psalmen, die Sprüche und das Buch Prediger. War Salomo einfach hochintelligent? Oder hatte seine Weisheit mit Gott zu tun? Das kannst du in den nächsten Tagen entdecken. cs

---

Bibel-SMS: *So erkenne denn heute und nimm dir zu Herzen, dass der HERR der alleinige Gott ist im Himmel oben und auf der Erde unten!* 5. Mose 4 Vers 39

Dienstag 3 Juni
2008

Bibellese:
Nehemia 2,1-5

Wenn aber jemand von euch Weisheit mangelt, so bitte er Gott, der allen willig gibt.
Jakobus 1 Vers 5

Salomo

Wie wird man der Klügste im ganzen Land?
Eines Nachts hat Salomo einen Traum, in dem Gott zu ihm spricht: „Bitte von mir, was du willst!" Das ist ja wie im Märchen. Was hättest du dir von Gott erbeten? – Salomo ist noch jung. Er ist der Thronfolger, sein Vater David war ein mächtiger König. Das Volk ist so groß, dass man es kaum zählen kann. Da ist man als junger König ganz schön im Stress. Vielleicht wäre es gut, um ein großes Heer mit starken Kriegern zu bitten? Oder um so viel Geld und Reichtum, dass man sich alles kaufen könnte? Oder um ein langes Leben und Gesundheit? Es gibt viele Dinge, die wir gerne hätten. Unsere Wunschliste ist lang. Aber Salomo bittet: „Gib mir ein Herz, das auf dich hört. Dann kann ich gerechte Urteile sprechen." So eine Bitte gefällt Gott und er verspricht: „Weil du um Weisheit gebeten hast, wirst du sie bekommen. Darüber hinaus will ich dir noch viel mehr schenken." Als Salomo wach wird, ist er voll Dankbarkeit und bringt zum Zeichen dafür Gott ein Opfer. cs

---

Bibel-SMS: *So erkenne denn heute und nimm dir zu Herzen, dass der HERR der alleinige Gott ist im Himmel oben und auf der Erde unten!* 5. Mose 4 Vers 39

Mittwoch — 4 — Juni
2008

Bibellese: Nehemia 2,6-8

Was wir gesehen und gehört haben, verkündigen wir auch euch, damit auch ihr mit uns Gemeinschaft habt.

1. Johannes 1 Vers 3

Salomo

Ein Haus für Gott

Endlich ist es so weit. Salomo gibt genaue Anweisungen, wie das Haus für Gott gebaut werden soll. Sein Vater David hat die Pläne erstellt. Eigentlich wollte dieser selbst den Tempel bauen, aber Gott hat es ihm untersagt: „Dein Sohn soll ihn bauen!" Es ist genau vorgegeben, wie alles aussehen soll. Die Steine werden nicht auf der Baustelle behauen, sondern fix und fertig als Quader angeliefert. Dann werden die riesigen Blöcke sorgfältig geschichtet. Innen wird der Tempel mit wertvollem Holz ausgekleidet. Zum Schluss kommt ein Überzug aus purem Gold darüber. Auch die Geräte im Tempel werden aus Gold angefertigt. Das muss ein Glanz gewesen sein! Sieben Jahre und sechs Monate haben die Arbeiten gedauert. Viele Menschen haben mitgearbeitet und nur so konnte das Werk gelingen. - Das ist auch im Reich Gottes so. Nur wenn viele mithelfen, dass Gottes Wort weitergesagt wird, kommen Kinder und Erwachsene zum Glauben und entstehen Gemeinden.   cs

---

Bibel-SMS: *So erkenne denn heute und nimm dir zu Herzen, dass der HERR der alleinige Gott ist im Himmel oben und auf der Erde unten!*   5. Mose 4 Vers 39

Donnerstag — 5 — Juni
2008

Bibellese:
Nehemia 2,9-16

Alle Erkenntnis beginnt damit, dass man Ehrfurcht vor dem Herrn hat.
Sprüche 1 Vers 7

Salomo

Begabt und weise

Nachdem Salomo den Tempel fertiggestellt hat, baut er für sich selbst ein Haus. Natürlich nicht irgendeines, sondern einen Palast. Ein großes Gebäude zum Wohnen und ein Gerichtsgebäude gehören dazu. Die wertvollsten Materialien aus aller Welt werden bestellt. Salomo ist sehr reich. Er kann es sich leisten, Spezialisten und Künstler für den Bau zu verpflichten. So werden diese Gebäude Sehenswürdigkeiten, die viele mächtige Leute besichtigen möchten. Sie kommen von weit her, staunen und bewundern alles. Aber nicht nur sein Reichtum ist etwas Besonderes. König Salomo ist auch berühmt für seine weisen Reden. Im Buch der Sprüche steht, dass sie uns helfen, uns im Leben zurechtzufinden. Salomo gibt Ratschläge, wie wir mit anderen Menschen gut auskommen. Was er sagt, können wir glauben und uns danach richten. Seine Weisheit hat Salomo von Gott bekommen, der durch Salomos Sprüche auch heute noch zu uns redet. cs

---

Bibel-SMS: *So erkenne denn heute und nimm dir zu Herzen, dass der HERR der alleinige Gott ist im Himmel oben und auf der Erde unten!* 5. Mose 4 Vers 39

Freitag 6 2008 Juni

Bibellese:
Nehemia 2,17-20

Er wird bei ihnen wohnen und sie werden sein Volk sein. Ja, von nun an wird Gott selbst als ihr Herr in ihrer Mitte leben.
Offenbarung 21 Vers 3

Salomo

Das große Einweihungsfest

Die Arbeiten am Tempel sind fertig. Salomo ruft die Ältesten und Führer des Volkes zusammen. Ein großes Fest wird vorbereitet. Musiker und Sänger finden sich ein. Es soll ein großartiges Loblied für Gott gespielt und gesungen werden. Die Priester stehen bereit und tragen die Bundeslade ins Allerheiligste. Das ist ein abgeteilter Raum im Tempel, in den nur die Priester gehen dürfen. Als sie wieder herauskommen, erfüllt eine Wolke mit Gottes Herrlichkeit den Raum. Das ist ein Zeichen dafür, dass Gott gegenwärtig ist. Salomo betet: „Möge dieses Haus, das ich dir gebaut habe, der Ort sein, an dem du für immer wohnst." Ihm ist es wichtig, dass Gott bei seinem Volk ist. Das ist ein schöner Wunsch, wenn man ganz fest mit Gott verbunden sein möchte. Diese Verbindung bekommen wir, wenn wir Kinder Gottes werden. Dann gehören wir für immer zu ihm und werden später bei ihm im Himmel sein.

cs

Bibel-SMS: *So erkenne denn heute und nimm dir zu Herzen, dass der HERR der alleinige Gott ist im Himmel oben und auf der Erde unten!* 5. Mose 4 Vers 39

Samstag 7 Juni
2008

Bibellese:
Nehemia 3,33-38

Der Storch am Himmel kennt seine bestimmten Zeiten und Turteltaube, Schwalbe und Drossel halten die Zeit ihres Kommens ein.
Jeremia 8 Vers 7

Hausschwalbe am Nest

Beobachtungen in der Tierwelt:
Warum kommen die Schwalben wieder?

Im Winter können die Schwalben bei uns nicht überleben, darum fliegen sie nach Afrika. Dort ist es wesentlich wärmer. Warum bleiben die Schwalben nicht ganz in Afrika, wenn sie im nächsten Winter den weiten Weg zurück müssen? Das hat mit der Länge der Tage zu tun. In Afrika scheint die Sonne zwar heißer als in Europa, dafür aber nicht so lange. Die Tage und Nächte sind ungefähr gleich lang. Morgens gegen 6 Uhr geht die Sonne auf und abends gegen 18 Uhr verschwindet sie sehr schnell hinter dem Horizont. Innerhalb einer Viertelstunde ist es stockdunkel. Bei uns dagegen scheint im Sommer die Sonne fast 16 Stunden lang. Dazu kommen morgens und abends etwa 1½ Stunden Dämmerung. So können die Schwalben ihre Jungen fast rund um die Uhr mit Nahrung versorgen. Die Schwalben mussten das nicht lernen. Gott, ihr Schöpfer, hat es ihnen „einprogrammiert". Sie verhalten sich instinktiv so, wie es für sie am besten ist. sg

---

Bibel-SMS: *So erkenne denn heute und nimm dir zu Herzen, dass der HERR der alleinige Gott ist im Himmel oben und auf der Erde unten!* 5. Mose 4 Vers 39

Sonntag 8 Juni 2008

Bibellese: Nehemia 4,1-8

Nur hüte dich und hüte deine Seele sehr, dass du die Dinge nicht vergisst, die deine Augen gesehen haben.
5. Mose 4 Vers 9

Wir erklären den Lernvers

Hast du schon mal überlegt, warum es Feiertage gibt wie Ostern oder den Tag der deutschen Einheit? An diesen Tagen sollen wir uns an besondere Ereignisse erinnern, die wichtig sind. In dem heutigen Bibelvers fordert Gott das Volk Israel auf, nicht zu vergessen, was sie mit ihm erlebt haben: Befreiung aus Ägypten, Versorgung mit Wasser und Manna in der Wüste, aber auch die Zehn Gebote. Gott weiß: Es werden im Land Kanaan Situationen auf die Männer, Frauen und Kinder zukommen, die sie verleiten können, sich auf Götzen, statt auf Gott zu verlassen. Deshalb sollen sie auf keinen Fall vergessen: „Gott ist mächtig und hat bisher wunderbar geholfen und geführt." Diese Erinnerung ist ein Schutz gegen falsches Denken und falsche Entscheidungen. – Wenn du etwas Besonderes mit Gott oder eine Gebetserhörung erlebt hast, schreibe es auf und erinnere dich immer wieder daran. vc

---

Lernvers: *Nur hüte dich und hüte deine Seele sehr, dass du die Dinge nicht vergisst, die deine Augen gesehen haben.* 5. Mose 4 Vers 9

Montag | 9 | Juni
2008

Bibellese:
Nehemia 4,15-20

Von nun an, alle Tage der Erde, sollen nicht aufhören Saat und Ernte, Frost und Hitze, Sommer und Winter, Tag und Nacht.

1. Mose 8 Vers 22

Die vier Jahreszeiten

Weißt du, seit wann es Frühling, Sommer, Herbst und Winter gibt? In der Bibel wird uns berichtet, dass Gott mit einer großen Flut alles Leben auf der Erde auslöschte. Das war die Strafe für den ungeheuren Ungehorsam der Menschen. Die Einzigen, die gerettet wurden, waren Noah und seine Familie, denn Noah war Gott gehorsam und lebte nach seinem Willen. Die Rettung geschah durch die Arche, ein großes Schiff. Dort überlebte auch von allen Tieren je ein Paar. Als die Flut vorbei und das Land wieder trocken war, gingen alle aus der Arche. Noah und seine Familie dankten Gott. Sie bauten einen Altar und brachten Opfer. An diesem Tag versprach Gott, dass so etwas nie wieder geschehen würde. In Zukunft sollte es einen immer wiederkehrenden Ablauf von Jahreszeiten geben. Als Zeichen setzte Gott den Regenbogen ein. Wenn du einen Regenbogen siehst, dann denke an Gottes Versprechen. Auch jeder Frühling, Sommer, Herbst und Winter bestätigt dir: Gottes Wort ist zuverlässig. cs

---

Lernvers: *Nur hüte dich und hüte deine Seele sehr, dass du die Dinge nicht vergisst, die deine Augen gesehen haben.* 5. Mose 4 Vers 9

Dienstag 10 Juni 2008

Bibellese: Nehemia 5,1-5

Wie zahlreich sind deine Werke, o HERR! Du hast sie alle mit Weisheit gemacht.
Psalm 104 Vers 24

Frühling

Wenn nach dem Winter der Frühling anbricht, ist fast jeder froh darüber. Morgens wird es eher hell und abends später dunkel. In der Natur beginnt eine neue Zeit. Wir sprechen davon, dass alles erwacht. Tiere, die Winterschlaf gehalten haben, kommen aus ihren Quartieren. Die Vögel zwitschern fröhlich. An Bäumen und Sträuchern sind die ersten Knospen zu entdecken. Die ersten Frühlingsblumen bringen Farbtupfer in die Gärten und Parks.
Der Frühling ist auch eine Zeit des Aussäens. Verschiedene Pflanzensamen werden von Landwirten und Gärtnern gesät. Damit es ein gutes Wachstum gibt, ist Regen notwendig und natürlich Sonnenschein. Das ist von uns Menschen aber nicht zu beeinflussen. Deshalb wird gesagt, wir seien von der Natur abhängig. Das stimmt nur halb. Wir sind von Gott abhängig. Er ist es, der die Bedingungen für das Blühen und Wachsen schafft. Er hat das mit großer Weisheit so eingerichtet. Deshalb können wir auch getrost unser Leben diesem weisen Gott anvertrauen. cs

---

Lernvers: *Nur hüte dich und hüte deine Seele sehr, dass du die Dinge nicht vergisst, die deine Augen gesehen haben.* 5. Mose 4 Vers 9

Mittwoch

11
2008

Juni

Bibellese:
Nehemia 5,6-13

O Herr, welch unermessliche Vielfalt zeigen deine Werke! Sie alle sind Zeugen deiner Weisheit.
Psalm 104 Vers 24

Sommer

Endlich Ferien! Viele freuen sich das ganze Jahr auf den Sommerurlaub. Verreisen, nette Leute kennenlernen, ausschlafen und dann nur das tun, wozu man Lust hat. So stellen wir uns die Ferien vor. Es ist gut, dass wir Zeiten haben, in denen wir uns von der Arbeit oder der Schule erholen können. Danach sind wir gestärkt für neue Aufgaben. Aber für viele Menschen gibt es gerade jetzt viel zu tun. Im Sommer ist Erntezeit. In den Gärten muss Obst gepflückt und verlesen werden. Dann wird Marmelade gekocht oder das Obst wird eingefroren. Die Landwirte sind mit ihren Maschinen unterwegs, um reifes Gemüse und Getreide zu ernten. Auch wenn das alles viel Arbeit ist, sind die Produkte doch ein Geschenk Gottes. Stell dir vor, im Sommer könnten Gärtner und Landwirte nichts ernten. Dann wären die Supermärkte leer und wir hätten fast nichts zu essen. Wie weise Gott doch alles eingerichtet hat! Das lässt uns erahnen, wie klug er ist und wie wichtig wir ihm sind. cs

---

Lernvers: *Nur hüte dich und hüte deine Seele sehr, dass du die Dinge nicht vergisst, die deine Augen gesehen haben.* 5. Mose 4 Vers 9

Donnerstag 12 2008 Juni

Bibellese:
Nehemia 5,14-19

**Seht euch die Vögel an!
Euer Vater im Himmel
versorgt sie. Meint ihr
nicht, dass er sich um
euch noch viel mehr
kümmert?**
aus Matthäus 6 Vers 26

Herbst

Die Blätter an den Bäumen beginnen, sich zu färben. In den Gärten und Wäldern entstehen bunte Bilder. Das sieht genial aus. Die Tiere im Wald beginnen, für den Winter Vorräte zu sammeln. Sie legen sich ein Lager an. Dort werden Kastanien, Bucheckern und viele andere Futtermittel verwahrt. Auch die Menschen machen ihre Gärten winterfest. Äpfel und Birnen werden im Keller eingelagert, Sträucher und Blumen zurückgeschnitten. So manche Arbeit muss erledigt werden, damit im nächsten Frühling alles wieder wächst, blüht und später Früchte trägt.

Die Tage werden kürzer. Wenn draußen alles in Ordnung ist, können wir es uns in den Wohnungen gemütlich machen. Hast du schon mal Gott dafür gedankt, dass du so gut versorgt wirst? Es ist nicht selbstverständlich. Viele Erwachsene und Kinder auf dieser Erde leiden Hunger. Überleg mal, was es bei euch alles zu essen gibt! Du solltest nie vergessen, wem du alle guten Gaben zu verdanken hast.   cs

---

Lernvers: *Nur hüte dich und hüte deine Seele sehr, dass du die Dinge nicht vergisst, die deine Augen gesehen haben.*   5. Mose 4 Vers 9

Freitag 13 Juni
2008

Bibellese:
Nehemia 6,1-4

Für alles gibt es eine bestimmte Stunde. Und für jedes Vorhaben unter dem Himmel gibt es eine Zeit.
Prediger 3 Vers 1

Winter

Die Tage werden kürzer. Die Bäume haben dann ihr Laub abgeworfen und sehen kahl und leer aus. Die bunte Farbenpracht ist vorbei. Mich stimmt es immer ein bisschen traurig, wenn es Winter wird. Wo ich wohne, gibt es noch nicht einmal viel Schnee, meist regnet es oder es ist alles grau in grau. Aber auch diese Zeiten haben ihren Sinn. Wir sollen zur Ruhe kommen und können neue Kraft tanken. So machen es die Bäume auch. Sie sammeln in den Wintermonaten neue Energie für das nächste Jahr. Viele Tiere halten sogar einen Winterschlaf. So gönnt Gott seinen Geschöpfen immer wieder Pausen, in denen sie sich erholen können. Es steckt also hinter einer Zeit, die nicht so schön scheint, ein tieferer Sinn. In unserem Leben kann es ähnlich sein. Wir erleben Sachen, die wir nicht schön finden. Gott benutzt sie aber, damit wir zum Beispiel lernen, ihm immer zu vertrauen. Wie in der Natur kommt auch für unsere persönliche Situation nach einem Winter wieder ein Frühling.   cs

---

Lernvers: *Nur hüte dich und hüte deine Seele sehr, dass du die Dinge nicht vergisst, die deine Augen gesehen haben.*   5. Mose 4 Vers 9

Samstag 14 2008 Juni

Bibellese:
Nehemia 6,5-9

Die ersten Christen lebten in brüderlicher Gemeinschaft, feierten das Abendmahl und beteten miteinander.

aus Apostelgeschichte 2
Vers 42

Beobachtungen in der Tierwelt: das Huhn

Emma ist eine ganz besondere Henne. Sie ist nicht zufrieden mit dem Fressen, das sie Tag für Tag bekommt. Unsere Kinder füttern die Hühner mit Getreide, Essens- und Brotresten, Salatabfällen, Kartoffeln und viel Gras. Aber nein, das Gras draußen lockt Emma mehr. Sie hat herausgefunden, dass sie erst auf den Fenstersims des Hühnerhauses und dann über den Zaun fliegen kann. In den ersten Tagen genießt sie jeden Ausflug und alle anderen Hühner gackern hinter ihr her. Seit Kurzem wartet Emma, dass jemand kommt und sie wieder zu den anderen lässt. Selbst so ein Huhn scheint zu wissen, dass es in der Gemeinschaft am besten aufgehoben ist. Bei uns Menschen ist das nicht anders. Wir sind für das Miteinander in der Familie geschaffen. Für uns Christen gibt es dazu noch die Gemeinschaft in der Gemeinde (siehe Bibelvers). Kinder können dort in der Kinderstunde oder Jungschar miteinander etwas hören und erleben. kt

---

Lernvers: *Nur hüte dich und hüte deine Seele sehr, dass du die Dinge nicht vergisst, die deine Augen gesehen haben.* 5. Mose 4 Vers 9

Sonntag

15
2008

Juni

Bibellese:
Nehemia 6,10-14

**Gott aber sei Dank,
der uns den Sieg gibt durch
unseren Herrn Jesus Christus!**

1. Korinther 15 Vers 57

Wir erklären den Lernvers
Immer Sieger bleiben - Sieger über den
frechen Nachbarsjungen, im Fußball, beim
Mathetest, im Diktat, beim Bastelwettbewerb. Sieger auf der ganzen Linie! Halt! In dem Bibelvers steht nicht „der MIR den Sieg gibt", sondern „der UNS den Sieg gibt". Nicht einen einzelnen wählt Gott als Sieger aus. Und es heißt außerdem: „DURCH Jesus Christus", das bedeutet, im Schlepptau des Herrn Jesus. Er besiegte den Teufel, der kein Anrecht mehr hat auf die, die sich zum Herrn Jesus halten. Er besiegte die Sünde, die nun über Gotteskinder nicht mehr herrschen darf. Jesus Christus besiegte den Tod, den die nicht mehr fürchten müssen, die vom Sieger hier schon ewiges Leben erhalten. Jesus Christus ist und bleibt Sieger über Teufel, Sünde und Tod. Mit ihm und hinter ihm her sind auch wir Sieger - auf der ganzen Linie, selbst mit einer Fünf in Mathe und bei einem Trostpreis im Wettbewerb! Gott sei Dank! ba

---

Lernvers: *Gott aber sei Dank, der uns den Sieg gibt durch unseren Herrn Jesus Christus!* 1. Korinther 15 Vers 57

Montag **16** **Juni**
2008

Bibellese:
Nehemia 6,15-19

**Gott liebt die Ausländer
und gibt ihnen Nahrung
und Kleidung.
Zeigt auch ihr den
Ausländern eure Liebe!**
5. Mose 10 Verse 18.19

Anuja hat es schwer

Seit Wochen weint die 3-jährige Anuja, wenn sie in den Kindergarten kommt. Frau Ohl tröstet sie und erklärt den Kindern: „Anuja kommt aus Indien. Sie kann uns nicht verstehen und wir verstehen sie nicht. Außerdem kennt sie euch noch nicht. Ihr müsst ganz lieb und freundlich zu ihr sein." Die Kinder haben Anuja mit ihren dunklen Augen ins Herz geschlossen. Mit denen beobachtet sie alles, was im Zimmer vor sich geht. Darüber vergisst sie das Weinen, steht auf, holt sich Schere, Stifte und Papier und macht nach, was die anderen Kinder tun. Frau Ohl freut sich über jeden kleinen Fortschritt. Wenn nur ihre Augen nicht so traurig wären, wenn sie doch einmal lachen würde! - Vielleicht hast du im Kindergarten oder in der Schulklasse auch ausländische Kinder. Sie brauchen viel Verständnis und Liebe. Sicher sind sie froh, wenn du freundlich zu ihnen bist. Bitte Gott, dir zu zeigen, wie du solchen Kindern helfen kannst. ti

---

Lernvers: *Gott aber sei Dank, der uns den Sieg gibt durch unseren Herrn Jesus Christus!* 1. Korinther 15 Vers 57

Dienstag 17 Juni 2008

Bibellese: Nehemia 7,1-5

Lasst uns aber im Gutestun nicht müde werden! Denn zur bestimmten Zeit werden wir ernten, wenn wir nicht ermatten.
Galater 6 Vers 9

Das erste Lachen

„Sie lacht, sie lacht, Frau Ohl, Anuja kann lachen!" Aufgeregt kommen Lena, Pauline und Lisa angerannt. Sie haben zusammen in der Puppenecke gespielt und Anuja hat gelacht. Frau Ohl freut sich. Anuja macht gute Fortschritte. Sie weint nicht mehr. Inzwischen kann sie auch vieles verstehen. Sie ist sehr selbstständig und will alles alleine machen. Wird sie gelobt, lacht sie über das ganze Gesicht. Selbst im Turnraum, wo sie bisher nur schüchtern auf der Bank zugeschaut hat, macht sie mutig mit. Die Kinder freuen sich, wenn Anuja wieder etwas Neues gelernt hat. - Vielleicht denkst du: „Anuja ist ja auch liebenswert, aber ich kenne Kinder, die kann ich nicht leiden." Der Herr Jesus kennt die Probleme, die wir mit anderen haben. Bitte ihn, dass er dir hilft, freundlich zu denen zu sein, mit denen du von selbst nicht klarkommst. ti

---

Lernvers: *Gott aber sei Dank, der uns den Sieg gibt durch unseren Herrn Jesus Christus!* 1. Korinther 15 Vers 57

Mittwoch 18 2008 Juni

Bibellese:
Nehemia 8,1-5

Da gibt es keinen Unterschied zwischen Juden und anderen Völkern: Gott ist ein und derselbe Herr, der alle beschenkt, die ihn darum bitten.

aus Römer 10 Vers 12

Das neue Mädchen

"Wie heißt die Neue?", fragt Julian. "Das ist Merve", erklärt Frau Ohl. "Sie kommt aus der Türkei und wohnt jetzt mit ihrer Familie bei uns im Dorf!" "Ha, ha, die heißt Möhre, das ist ja komisch!", ruft Julian. Die anderen Kinder lachen: "Möhre, Möhre! Ist das ein blöder Name!" Merve wird ganz rot und weiß gar nicht wo sie hinschauen soll. Frau Ohl nimmt sie in den Arm. Ärgerlich sagt sie zu den Kindern: "Ihr habt eure Ohren wohl nicht gewaschen!" Immer wieder lachen die Kinder über Merve, wollen sie bei Spielen nicht anfassen. Frau Ohl erklärt: "Stellt euch vor, ihr müsstet in einem fremden Land leben, wo Kinder sich über euren Namen lustig machen. Keiner spricht eure Sprache, aber trotzdem müsst ihr in den Kindergarten oder zur Schule gehen. Wie würdet ihr euch fühlen?" Der Herr Jesus macht keinen Unterschied zwischen den Menschen. Egal, ob du aus Deutschland, der Türkei, Indien oder Russland kommst, er hat dich lieb, so wie du bist. ti

---

Lernvers: *Gott aber sei Dank, der uns den Sieg gibt durch unseren Herrn Jesus Christus!* 1. Korinther 15 Vers 57

Donnerstag 19 Juni
2008

Bibellese:
Nehemia 8,6-12

Lasst uns also nun, wie wir Gelegenheit haben, allen gegenüber das Gute wirken.
Galater 6 Vers 10

Schuhe binden - gar nicht so einfach

"Machst du mir mal die Schuhe auf?" Der kleine Jan zupft die 6-jährige Laura am Arm. Die stemmt die Hände in die Seite und erwidert: "Mach sie dir doch selber auf, du bist wohl zu blöd dafür!" "Gar nicht!", ruft Jan, setzt sich auf die Treppe und versucht die Schuhbänder aufzuknoten. Zwei Tage später sitzt Laura auf dem Fußboden: "Frau Ohl, bind mir mal die Schuhe zu!" "Du bist schon so groß, du wirst doch deine Schuhe binden können! Weißt du noch, wie du mit Jan geschimpft hast?" Laura wird ganz verlegen. Kleinlaut sagt sie: "Ich kann's nicht, du musst mir helfen!" Es gibt immer wieder Situationen, in denen wir Hilfe nötig haben. Denkst du manchmal, du könntest etwas besser als andere, nur weil du größer, stärker oder älter bist? Alles, was du kannst, deine Begabungen, deine Fähigkeiten hat Gott dir gegeben. Danke ihm dafür und überlege, wie du anderen helfen kannst. ti

---

Lernvers: *Gott aber sei Dank, der uns den Sieg gibt durch unseren Herrn Jesus Christus!* 1. Korinther 15 Vers 57

Freitag — **20** **2008** — **Juni**

Bibellese: Nehemia 8,13-18

Seid aber zueinander gütig, mitleidig und vergebt einander, so wie auch Gott in Christus euch vergeben hat.
Epheser 4 Vers 32

Falsche Beschuldigung

„Sie hat geklaut, das Männchen hat sie geklaut!" Entsetzt ruft Lena: „Ich hab's nicht geklaut!" Sie reißt die Haustür auf und fort ist sie. Die Mutter versucht der Sache auf den Grund zu gehen. Im Kinderzimmer herrscht eine Riesen-Unordnung. Sie sagt zu Sophie und ihren Freundinnen: „Räumt erst mal richtig auf, vielleicht findet sich das Männchen wieder. – Und Sophie findet es unter den Spielsachen. Ernst spricht die Mutter mit ihr: „Ihr habt Lena alle falsch beschuldigt. Das ist sehr schlimm! Du musst dich dafür bei ihr entschuldigen!" Kurze Zeit später läuft Sophie zu Lena und bittet sie um Entschuldigung. - Jedem von uns passieren Fehler, so dass wir um Verzeihung bitten müssen. Vor Gott sind wir alle Sünder. Wenn du weißt, dass in deinem Leben etwas nicht in Ordnung ist, bitte den Herrn Jesus um Vergebung. Er ist am Kreuz für unsere Sünden gestorben, damit wir unsere Schuld loswerden können und passend für ein Leben mit Gott werden. ti

---

Lernvers: *Gott aber sei Dank, der uns den Sieg gibt durch unseren Herrn Jesus Christus!* 1. Korinther 15 Vers 57

Angst? Zoff? Frust?
Egal was is', ruf an bei

CHRIS!

01801 - 20 10 20

christliches Sorgentelefon für Kids und Teens

montags bis samstags 13 - 19 Uhr
zum Ortstarif

HELP@CHRIS-Sorgentelefon.de

www.CHRIS-Sorgentelefon.de

Samstag 21 2008 Juni

Bibellese:
Nehemia 9,9-15

**Fürchte dich nicht,
denn ich bin mit dir!
Habe keine Angst,
denn ich bin
dein Gott!**
Jesaja 41 Vers 10

Feldlerchen

Beobachtungen in der Tierwelt: die Feldlerchen

Ich genieße die Fahrradfahrt durch die blühenden Wiesen. Wie duftet alles um mich herum. Plötzlich steigt eine Lerche auf und kurz darauf eine zweite. Sie jubilieren in luftigen Höhen. Ich halte an und lausche ihrem wunderschönen Konzert. Nach einiger Zeit beobachte ich, wie sie nacheinander zum Boden zurückkehren. Schade! Ich hätte ihnen gern noch zugehört. Welch eine Überraschung: Beide steigen erneut zum Himmel auf und tirilieren. „Danke, lieber Vater im Himmel, es macht mich so froh." - So wie mit den Lerchen erlebe ich es manchmal mit meinen Gefühlen: Wenn es mir gut geht, freue ich mich und danke Gott. Manchmal bin ich auch traurig. Ich fühle mich dann, als ob ich am Boden läge. Aber Gott, mein Vater im Himmel, verspricht mir in seinem Wort: Ich bin bei dir und lasse dich auch in Schwierigkeiten nicht im Stich. Wenn mir das wieder bewusst wird, werde ich froh und danke Gott. kt

---

Lernvers: *Gott aber sei Dank, der uns den Sieg gibt durch unseren Herrn Jesus Christus!* 1. Korinther 15 Vers 57

Sonntag

22

Juni

Bibellese:
Nehemia 9,16-21

2008

Wer seine Verbrechen zudeckt, wird keinen Erfolg haben; wer sie aber bekennt und lässt, wird Erbarmen finden.
Sprüche 28 Vers 13

Wir erklären den Lernvers
Ich kam aus dem Supermarkt und wollte die Waren in mein Auto legen. Dabei bemerkte ich, dass die rechte Seite beschädigt war. So eine dumme Sache. Niemand war in der Nähe. „Das ist Unfallflucht!", dachte ich. Darüber ärgerte ich mich mehr als über das beschädigte Auto. Ich stieg ein und wollte wegfahren. Da entdeckte ich am Scheibenwischer einen Zettel mit dem Kennzeichen eines Fahrzeugs. Ein Passant hatte den Vorfall beobachtet und die Autonummer notiert. Nun rief ich die Polizei - alles ging dann ziemlich schnell: Der Unfallverursacher wurde in seiner Wohnung gefunden. Man nahm ihm den Führerschein ab und er musste eine hohe Strafe zahlen. Hätte er doch am Unfallort auf mich gewartet und seinen Fehler zugegeben! Wir hätten uns irgendwie geeinigt. Aber dadurch, dass er sein Vergehen verheimlichen wollte, kam alles noch schlimmer. Ähnlich ist es mit unserer Sünde. Aber wenn wir unsere Sünden dem Herrn Jesus bekennen, wird er uns vergeben.

Lernvers: *Wer seine Verbrechen zudeckt, wird keinen Erfolg haben; wer sie aber bekennt und lässt, wird Erbarmen finden.*

Sprüche 28 Vers 13

Montag 23 Juni
2008

Bibellese:
Nehemia 9,22-25

Darum liebe ich deine Gebote mehr als Gold und Feingold.
Psalm 119 Vers 127

Kein Buch wie jedes andere

Weißt du, dass die Bibel ein überaus abwechslungsreiches Buch ist? Die Psalmen beispielsweise wollen nicht informieren oder belehren. Hebräische Dichter haben hier Lieder zu Gottes Lob geschrieben. Wir können die Psalmen sogar als echte Kunstwerke bezeichnen. Nehmen wir Psalm 119: Mit 176 Versen ist er das längste Kapitel der Bibel. Er ist unterteilt in 22 Strophen von je acht Versen. Das hebräische Alphabet besteht aus 22 Buchstaben. Der Verfasser beginnt jede Strophe mit einem anderen Buchstaben des Alphabets. Also: Erster Buchstabe für die erste Strophe, zweiter für die zweite usw. Auch alle Verse einer Strophe fangen mit diesem Buchstaben an. Das hatte neben dem künstlerischen auch einen praktischen Zweck. Es erleichterte das Lernen des Psalms. Was ist das Thema dieses alten israelitischen Liedes? Ein Lob auf Gottes einzigartiges Wort. Durch die Bibel sollen wir nicht nur viel lernen, sie will uns auch helfen, Gott zu loben.

Lernvers: *Wer seine Verbrechen zudeckt, wird keinen Erfolg haben; wer sie aber bekennt und lässt, wird Erbarmen finden.*

Sprüche 28 Vers 13

Dienstag 24 Juni 2008

Bibellese: Nehemia 9,26-31

Eine Leuchte für meinen Fuß ist dein Wort, ein Licht für meinen Pfad.
Psalm 119 Vers 105

Lichtblicke haben

Der Bergmann braucht Licht zum Arbeiten. Denise kann abends im Bett ohne Licht nicht mehr lesen. Robins Kakteen brauchen Licht zum Wachsen (er selbst übrigens auch). Beim Autofahren helfen die Scheinwerfer, abends die Straße zu erkennen. Daniel braucht zum Fotografieren Licht. Für den Seemann ist der Leuchtturm eine wichtige Orientierungshilfe.

Der Verfasser des Psalms 119 schreibt, dass Gottes Wort ein Licht für seinen Weg ist. Er benutzt dieses Bild, um deutlich zu machen: Die Bibel kann uns in den Fragen und Entscheidungen unseres Lebens die richtige Richtung zeigen. Gehörst du auch zu den Leuten, die voller Fragen stecken? Wenn du Gott und dich selbst manchmal nicht verstehst, wenn du nicht weißt, wie du dich verhalten sollst, dann lies in der Bibel. Kein anderes Buch gibt dir mehr Klarheit. So, wie du im Dunkeln mit Licht alles besser erkennen kannst, kannst du in Gottes Wort Hilfe, Rat und Trost finden.

Lernvers: *Wer seine Verbrechen zudeckt, wird keinen Erfolg haben; wer sie aber bekennt und lässt, wird Erbarmen finden.*
Sprüche 28 Vers 13

Mittwoch 25 Juni 2008

Bibellese: Nehemia 9,32-37

Ich werde wandeln in weitem Raum, denn nach deinen Vorschriften habe ich geforscht.
Psalm 119 Vers 45

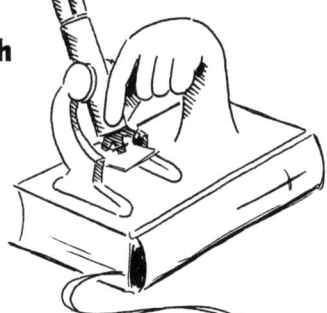

Wissensdurst löschen

Wissenschaftler unternehmen oft lange Forschungsreisen, um neue Entdeckungen oder Beobachtungen zu machen. In allen Bereichen der Wissenschaft wird geforscht. Dabei geht ein Forscher planmäßig und zielbewusst vor. Der Verfasser des Psalms 119 schreibt, dass ihm Gottes Wort zu einem „Forschungsobjekt" geworden ist.

Wer forscht, sucht die Wahrheit. Wenn du die Wahrheit über Gott und das Leben herausfinden willst, dann werde ein Erforscher der Bibel. Das bedeutet, regelmäßig in der Bibel lesen, darüber nachdenken, sich ein paar Notizen machen. Sicher wirst du manches nicht gleich verstehen. Dann frage andere Bibelleser, vielleicht deine Eltern oder Freunde. Sicher ist: Dein Interesse an Gottes Wort und dein Eifer werden sich lohnen. Du wirst vieles entdecken und lernen. Außerdem werden dir mit der Zeit viele Aussagen in der Bibel immer verständlicher.

Lernvers: *Wer seine Verbrechen zudeckt, wird keinen Erfolg haben; wer sie aber bekennt und lässt, wird Erbarmen finden.*

Sprüche 28 Vers 13

Donnerstag 26 Juni
2008

Bibellese:
Nehemia 10,29-32

Ich freue mich über dein Wort wie einer, der große Beute macht.
Psalm 119 Vers 162

Reich werden

Wahrscheinlich kennst du irgendwelche Abenteuergeschichten, in denen Leute einen Schatz finden. Sie freuen sich riesig, etwas erbeutet zu haben. Strahlend kommen die Kinder vom Heidelbeerpflücken zurück. Stolz tragen sie ihre Beute zur Mutter in die Küche.

Der Verfasser des Psalms 119 schreibt, dass er sich so über Gottes Wort freut, wie einer, der einen Schatz findet.

Um irgendeine Beute zu machen, ist meist ein gewisser Aufwand nötig. Ohne Nachdenken, Arbeit und Geschick ist kaum etwas zu bekommen. Und wie froh ist einer, der es geschafft hat und stolz das Erworbene, seine Beute nach Hause trägt! Bist du ein eifriger Bibelleser und denkst über das Gelesene nach? Dann wirst du beim Lesen „Beute" machen. Hoffentlich gehörst du nicht zu denen, die sich diesen Schatz entgehen lassen.

Lernvers: *Wer seine Verbrechen zudeckt, wird keinen Erfolg haben; wer sie aber bekennt und lässt, wird Erbarmen finden.*

Sprüche 28 Vers 13

Freitag 27 2008 Juni

Bibellese:
Nehemia 12,31-43

Was uns als dein Wille überliefert wurde, ist mein kostbarer Besitz für alle Zeit und erfüllt mich mit Freude.
Psalm 119 Vers 111

Einfach froh werden

Florian freut sich riesig über das gewonnene Fußballturnier. Vater freut sich, wenn er Feierabend hat. Alina hat große Freude an ihren Meerschweinchen. Oma freut sich, wenn die Enkel sie besuchen. Benni freut sich auf seinen Geburtstag.
Der Verfasser des Psalms 119 schreibt, dass Gottes Wort die Freude seines Herzens ist.
Hast du gemerkt: Freude hat verschiedene Ursachen, sie ist also immer ein Ergebnis. Manchmal kannst du an nichts anderes denken, als an das, woran du gerade besonders Freude hast.
Die größte Freude aber ist, wenn wir wichtige Aussagen von Gottes Wort besser verstehen, wenn ein schöner Bibelvers uns hilft, wenn wir selbst eine unbekannte Geschichte in der Bibel entdecken.
Das alles sollte doch genug Grund sein, damit die Bibel für dich das Buch Nummer eins wird!

Lernvers: *Wer seine Verbrechen zudeckt, wird keinen Erfolg haben; wer sie aber bekennt und lässt, wird Erbarmen finden.*

Sprüche 28 Vers 13

Samstag 28 2008 Juni

Bibellese:
Nehemia 13,1-9

**Wie gnädig ist der Herr!
Was er verspricht, das hält er auch.
Unser Gott ist voll Erbarmen.**
Psalm 116 Vers 5

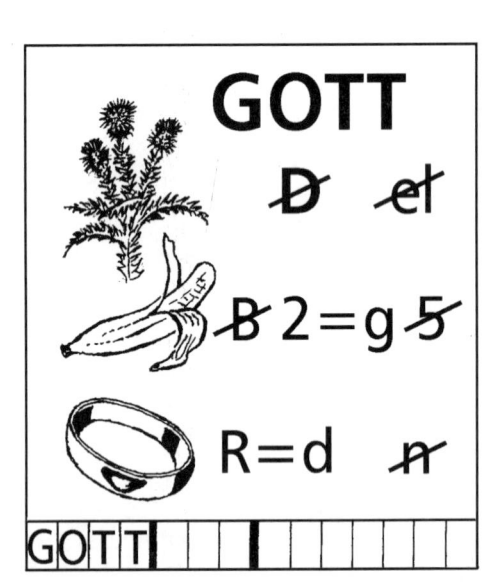

Rätsel Nr. 3

Anstelle der Abbildungen musst du die übrig bleibenden Buchstaben des entsprechenden Wortes einsetzen.

GOTT
~~D~~ ~~et~~

~~B~~ 2 = g ~~5~~

R = d ~~n~~

| G | O | T | T | | | | | | | | | |

Lösung: Siehe letzte Kalenderseite

Lernvers: *Wer seine Verbrechen zudeckt, wird keinen Erfolg haben; wer sie aber bekennt und lässt, wird Erbarmen finden.*
Sprüche 28 Vers 13

Sonntag 29 2008 Juni

Bibellese:
Nehemia 13,10-18

Wachet und betet, damit ihr nicht in Versuchung kommt!
Markus 14 Vers 38

Wir erklären den Lernvers
„Schlafmütze" wird einer genannt, der nicht bei der Sache ist, der mit seinen Gedanken spazieren geht. So jemanden kann man leicht hereinlegen, übers Ohr hauen. So einer stolpert leicht in eine Falle. Und nachher ärgert sich die „Schlafmütze", wenn alle über sie lachen oder sie merkt, dass sie betrogen wurde. „Schlafmützen", Träumer, leben gefährlich! Das Gegenteil sind die Hellwachen, die voll bei der Sache sind, gut aufpassen, auf nichts hereinfallen. So hellwach möchte uns der Herr Jesus haben. Denn der Teufel, der Versucher, wartet nur auf Gelegenheiten, uns mit Sünde hereinzulegen, uns Schaden zuzufügen, uns von Gottes Weg abzubringen. Wie aber können wir uns hellwach halten? Nicht, wenn wir nachts nicht mehr schlafen, sondern wenn wir den Herrn Jesus bitten, uns jeden Tag neu an seine Worte zu erinnern. Wenn wir ihn selbst in unserem Herzen und im Denken haben. Dann kann uns der Versucher nichts anhaben. ba

---

Lernvers: *Wacht und betet, damit ihr nicht in Versuchung kommt!*
Markus 14 Vers 38

Montag 30 Juni
2008

Bibellese: Nehemia 13,19-31

Ich danke Gott, dem ich von meinen Voreltern her mit reinem Gewissen diene.

2. Timotheus 1 Vers 3

Das Gewissen

Stell dir vor, du stehst an einer roten Ampel. Natürlich bleibst du stehen, weil du weißt, dass es gefährlich ist, jetzt die Straße zu überqueren. Hast du schon gemerkt, dass es in deinem Herzen auch so etwas wie ein rotes Warnlicht gibt, das dich warnt, etwas Falsches zu tun? Es ist dein Gewissen. Gott hat es dir geschenkt, weil er dich lieb hat. Er möchte, dass du Gutes von Bösem unterscheiden kannst. Er wünscht sich, dass du ihn auch lieb hast. Denke einmal an deinen besten Freund / deine beste Freundin. Hast du ihn / sie gern, weil du es musst oder weil du es möchtest? Liebe ist etwas, das man freiwillig schenkt. Du kannst Gott deine Liebe zeigen, indem du auf dein Gewissen hörst und dich für das Gute entscheidest. Darüber freut sich Gott. Andere Menschen werden bemerken, dass du ehrlich, freundlich und liebevoll bist. Du darfst Gott sagen: „Bitte hilf mir, das Gute vom Bösen zu unterscheiden und das Gute zu tun. Danke, dass du mich lieb hast." ed

---

Lernvers: *Wacht und betet, damit ihr nicht in Versuchung kommt!*
Markus 14 Vers 38

Dienstag, 1. Juli 2008

Bibellese: Apostelgeschichte 1,1-5

Wer aufrichtig ist, nimmt Gott ernst; wer krumme Wege geht, missachtet ihn.
Sprüche 14 Vers 2

Der neue Kinofilm

„Ich habe schon eine super Idee, was wir gleich machen können", schwärmt Pia. „Los, sag schon, was es ist", bettelt Marie, die bei ihrer Freundin zu Besuch ist. „Wir gucken den neuen Kinofilm auf DVD." Marie wird es heiß. „Den darf ich nicht gucken. Mama hat gesagt, der ist erst ab 16", sagt sie leise. „So'n Quatsch! Wir sind doch keine Babys mehr. Außerdem braucht deine Mutter das nicht zu erfahren. Wir gucken ja bei mir", beruhigt sie Pia. Marie überlegt: „Was soll ich machen? Wenn ich jetzt Pia absage, gibt das sicher Streit. Mama braucht es ja wirklich nicht zu wissen ..." - Hast du dich auch schon mal dazu überreden lassen, etwas Falsches zu tun? Wie war es hinterher? Warst du froh oder hast du dir gewünscht, du hättest stattdessen das Richtige getan? Gott ermahnt dich, dass du die Finger von falschen Sachen lassen sollst, weil er weiß, dass sie dir schaden. Du darfst ihn bitten: „Hilf mir, ‚Nein' zu allem Falschen zu sagen."
ed

Lernvers: *Wacht und betet, damit ihr nicht in Versuchung kommt!*
Markus 14 Vers 38

Mittwoch 2 2008 Juli

Bibellese: Apostelgeschichte 1,6-12

Besser weniger Besitz, der ehrlich verdient ist, als großer Reichtum durch Betrug erschlichen.
Sprüche 16 Vers 8

Die Sache mit dem Taschengeld

Julia hat den Inhalt ihrer Spardose vor sich ausgebreitet. Egal, wie oft sie zählt, es ist und bleibt zu wenig, um die neue CD zu kaufen. Seufzend sammelt sie ihr Geld wieder ein. Kein Wunder, dass ihre Freundinnen sich alles leisten können. Sie bekommen ja viel mehr Taschengeld. Plötzlich kommt ihr eine Idee. In Mutters Portemonnaie ist doch immer Kleingeld. Ob sie sich davon etwas nehmen und so ihr Taschengeld ein bisschen aufbessern sollte? Es wäre ja nur dieses eine Mal. Das würde Mama bestimmt nicht merken. Aber da schreckt Julia vor ihren eigenen Gedanken zurück. Das wäre ja Stehlen! - Manche Menschen glauben, es sei in Ordnung, unehrlich zu sein, solange man sich nicht erwischen lässt. Die Wahrheit ist: Du wirst erwischt - jedes Mal. Gott kennt alle deine Taten und sogar deine Gedanken. Er möchte, dass du ehrlich bist. Du darfst ihn bitten: „Lieber Herr, hilf mir, für dich ehrlich zu sein - auch in kleinen Dingen." ed

---

Lernvers: *Wacht und betet, damit ihr nicht in Versuchung kommt!*
Markus 14 Vers 38

Donnerstag

3
2008

Juli

Bibellese:
Apostelgeschichte
1,13-20

Wer ehrlich ist, meidet das Böse; wer dies beachtet, wird sein Leben retten.
Sprüche 16 Vers 17

Die zerbrochene Vase

„Du bist gemein!", schreit Tine und wirft das Kissen nach Lucas, der schnell das Weite sucht. Dabei passiert es. Das Kissen verfehlt sein Ziel. Stattdessen trifft es Mutters Lieblingsvase, die mit einem hässlichen Klirren zerbricht. „Oh nein!", denkt Tine verzweifelt. „Am besten verschwinde ich. Dann erfährt Mutti nicht, dass ich es war. Es kann ja ebenso gut Lucas passiert sein. Eigentlich ist es seine Schuld, oder? Schließlich hat er mich die ganze Zeit geärgert. Na ja, das Kissen habe ich geworfen. Ob ich es doch besser sagen soll? Gott hat es gesehen und er möchte, dass ich ehrlich bin", überlegt Tine. „Lieber Gott", betet sie, „das mit der Vase war nicht gut. Ich wollte erst Lucas die Schuld geben, aber das ist nicht richtig. Bitte vergib mir und schenke mir den Mut, das wieder in Ordnung zu bringen. Amen." Tine atmet tief durch. In der Küche hört sie die Mutter arbeiten. „Mutti, kannst du mal kommen?" Was meinst du, wie die Mutter sich verhält?   ed

---

Lernvers: *Wacht und betet, damit ihr nicht in Versuchung kommt!*
Markus 14 Vers 38

Freitag 4 2008 Juli

Bibellese: Apostelgeschichte 1,21-26

Handle nicht so wie Menschen, denen Gott gleichgültig ist, nimm sie dir nicht zum Vorbild! Folge nicht ihrem Beispiel, sondern meide das Böse – ja, flieh vor ihm und bleibe auf dem geraden Weg.
Sprüche 4 Verse 14.15

Die Englisch-Hausaufgaben

„... Summer days are really nice. On hot days fetch some ice!" Ohne Fehler sagt Leon den Text auf. „Super! Du hast wirklich gut auswendig gelernt!", lobt ihn der Lehrer. Paul kocht vor Wut. Auswendig gelernt? Vor der Stunde hat Leon noch mit seinem Spickzettel geprahlt. Er dagegen hat wirklich geübt. Da wird er aufgerufen. An zwei Stellen muss der Lehrer Paul weiterhelfen. „Bist du blöd, das zu lernen!", raunt ihm Leon zu. „Mach's wie ich. Merken tut der das nicht!" „Ob Leon Recht hat? Soll ich es mal probieren?", grübelt Paul. Eigentlich schadet es doch keinem, oder? Aber ehrlich ist es nicht. Es ist Betrug. Leon hat ein Lob bekommen, das ihm nicht zusteht. Und das möchte Gott nicht. „Lieber Gott", betet Paul leise „es ist schwer, nicht mitzumachen bei den Spickzetteln und dem Abgucken. Aber ich will ehrlich sein, weil du dich darüber freust. Hilf mir bitte, auch wenn Leon mich auslacht."   ed

---

Lernvers: *Wacht und betet, damit ihr nicht in Versuchung kommt!*
Markus 14 Vers 38

Samstag 5 Juli
2008

Bibellese:
Apostelgeschichte
2,1-4

Jesus spricht: Seid nicht besorgt für das Leben, was ihr essen, noch für den Leib, was ihr anziehen sollt.
Lukas 12 Vers 22

Beobachtungen in der Tierwelt: die Bachstelze

„He, kleine Bachstelze, pass auf! Du kannst doch nicht über die Straße trippeln." Aber die kleine Bachstelze läuft hierhin und dorthin, pickt etwas auf, fliegt ein Stück weiter. Nach einer Weile fliegt sie mit vollem Schnabel weg. Es ist Brutzeit. Da haben die Vogeleltern viel zu tun. Es ist genug Nahrung da, um die Vogelkinder zu versorgen. Da fällt mir ein Bibelvers ein: Seht euch die Raben an! Sie säen nichts und ernten nichts, aber Gott versorgt sie doch. (Lukas 12,24) Ist das nicht wunderbar? Der große, allmächtige Gott kümmert sich um die unterschiedlichsten Tiere. In diesem Vers heißt es weiter: Meint ihr nicht, dass er sich um euch noch viel mehr kümmert? Wie schön. Gott sieht mich und kennt jede Lebenslage, in die ich komme. Ich brauche mich nicht zu sorgen, weil ich ihm Freud und Leid, Wünsche und Bedürfnisse im Gebet sagen darf. Gott weiß genau, was ich alles brauche. kt

---

Lernvers: *Wacht und betet, damit ihr nicht in Versuchung kommt!*
Markus 14 Vers 38

Sonntag

6
2008

Juli

Bibellese: Apostelgeschichte 2,5-13

Der HERR ist meine Stärke und mein Loblied, und er ist mir zum Heil geworden.
Jesaja 12 Vers 2

BIBEL SMS – Der spezielle Merkspruch für dich!

Wir erklären die Bibel-SMS
Der Bibelvers steht in dem Buch Jesaja.
Jesaja war ein Prophet, der im Auftrag Gottes zu dem Volk Israel gesprochen hat. Als er den Menschen sagt „Der Herr ist mein Loblied ..." können sie jedoch in ihrem Leben keinen Grund zum Loben und Danken erkennen, weil es ihnen schlecht geht. Jesaja weiß aber von Gott, dass der Tag der Rettung und der Freude kommen wird.
Wir wissen durch die Bibel, dass der Herr Jesus uns zur Rettung von der Sünde und für unser ewiges Heil geschenkt worden ist. Und wir wissen, dass uns im Himmel eine herrliche Zukunft erwartet. Darüber können wir uns freuen, selbst wenn wir bei uns oder anderen ziemlich viel Elend sehen oder erleben. Das kann uns Mut und Stärke, „power" geben. Da können wir sogar Lieder singen, auch wenn uns eher zum Heulen ist. Wir sind nämlich auf der Seite des Herrn Jesus und er ist der Sieger über alles. ba

---

Bibel-SMS: *Der HERR ist meine Stärke und mein Loblied, und er ist mir zum Heil geworden.* Jesaja 12 Vers 2

Montag — 7 Juli 2008

Bibellese: Apostelgeschichte 2,14-21

Ihr Kinder, gehorcht euren Eltern im Herrn! Denn das ist recht.
Epheser 6 Vers 1

Als Missionarskind in Afrika

Hallo, ich heiße Tabea, bin 8 Jahre und wohne mit meinen Eltern und drei Geschwistern in einer kleinen Stadt in Sambia (Afrika). Meine Eltern sind als Missionare in diesem Land. „Missionar" heißt „Gesandter"; d.h., sie sind von Gott (und Christen in Deutschland) gesandt, um hier Gottes Wort weiterzusagen und zu erklären.

Eines Tages erzählte Mama mir, dass wir in den Pfingstferien zum Zahnarzt müssten. Hier bei uns muss man einen ganzen Tag fahren, um zum Zahnarzt zu kommen, und wenn man schon so weit gefahren ist, gibt es immer noch Einkäufe und Besuche zu erledigen. Es war also klar, dass wir die ganze Woche fort sein würden. Das passte mir gar nicht, denn ich hatte vorgehabt, die ganzen Ferien mit meiner Freundin zu verbringen!

„Wir waren seit über einem Jahr nicht mehr beim Zahnarzt; die Zähne müssen unbedingt untersucht werden", sagte Mama streng, „ich will kein Meckern mehr hören!" Na gut - und vielleicht würde es ja doch eine nette Abwechslung werden.   vs

---

Bibel-SMS: *Der HERR ist meine Stärke und mein Loblied, und er ist mir zum Heil geworden.*   Jesaja 12 Vers 2

Dienstag 8 2008 Juli

Bibellese:
Apostelgeschichte
2,22-28

**Denn er bietet seine
Engel für dich auf,
dich zu bewahren
auf allen deinen Wegen.**
Psalm 91 Vers 11

Missionarskinder unterwegs

Um bei uns in Sambia zum Zahnarzt zu kommen, müssen wir ganz weit fahren. So ging es freitags direkt von der Schule aus los, und Samstagnachmittag kamen wir endlich bei unseren Freunden an. Natürlich sind wir nicht die ganze Zeit gefahren, sondern haben unterwegs übernachtet. Unser Landrover hat 9 Plätze, aber weil wir noch drei Männer mitnahmen, waren in dem Wagen 5 Erwachsene, 4 Kinder und das Gepäck von allen. Die Erwachsenen hatten die richtigen Sitzplätze, und wir Kinder hatten ein Lager auf dem Gepäck. Es war ziemlich eng! Die Freunde, bei denen wir auf solchen Fahrten übernachten, haben nur ein kleines Haus, aber ein großes Herz: Sie schlafen auf Matratzen im Wohnzimmer und wir bekommen die Betten. - Nach dem Frühstück ging's weiter. Zwei Abstecher baute Papa noch ein, weil er Verschiedenes zu erledigen hatte. Das dauerte jedes Mal mehr als eine Stunde. Verschwitzt und müde kletterten wir schließlich am Ziel aus unserem Auto und wurden fröhlich begrüßt. Toll, dass Gott uns bewahrt hatte! vs

---

Bibel-SMS: *Der HERR ist meine Stärke und mein Loblied, und er ist mir zum Heil geworden.* Jesaja 12 Vers 2

Mittwoch

9 2008

Juli

Bibellese:
Apostelgeschichte
2,29-36

Ermutigt und ermahnt euch gegenseitig, und dankt Gott von ganzem Herzen.

Kolosser 3 Vers 16

Begegnungen

Als wir unser Ziel für unseren Zahnarztbesuch erreichten, waren die Hunde unserer Freunde die Ersten, die uns begrüßten. Dennis und Jenny, die nur wenig älter sind als wir, kamen gleich hinterher! Bald hatten wir uns wieder aneinander gewöhnt und spielten, während unsere Eltern Tee tranken und redeten. - Das gab es noch öfter in den folgenden Tagen: Papa und Mama redeten mit irgendwelchen alten Freunden und wir waren auf uns selbst gestellt. Zum Glück gab es meistens andere Kinder oder einen Spielplatz in der Nähe. „Was habt ihr denn immer so viel zu reden?", fragte ich einmal. Mama lächelte. „Zum einen sind es alte Freunde, die wir selten sehen. Da gibt es zu erzählen, wie es uns allen geht. Außerdem sind es Missionare, die schon viele Jahre Erfahrung haben und von denen wir eine Menge lernen können. Verstehst du, dass uns der Gesprächsstoff nie ausgeht?" - Hm, nicht wirklich. Aber ich freu mich für meine Eltern, dass Gott ihnen solche Freunde gegeben hat!

vs

Bibel-SMS: *Der HERR ist meine Stärke und mein Loblied, und er ist mir zum Heil geworden.* Jesaja 12 Vers 2

Donnerstag 10 2008 Juli

Bibellese:
Apostelgeschichte
2,37-41

Setzt euch für den Herrn ganz ein; denn ihr wisst, nichts ist vergeblich, was ihr für ihn tut!
1. Korinther 15 Vers 58

Was macht Papa im Urlaub?

Wir als Missionarsfamilie fahren einmal im Jahr eine weite Strecke zum Zahnarzt. Nachdem dieser unsere Zähne untersucht und ein paar Löcher gestopft hat, konnte der Urlaub beginnen! Na ja, leider nur teilweise, denn mein Bruder hatte viele Hausaufgaben von unserer englischen Schule auf und ich übte Deutsch mit Mama. Papa machte sowieso keinen Urlaub; er unterrichtete morgens an einer Bibelschule und hielt abends Vorträge in Gemeinden. „Was erzählst du den Besuchern?", fragte ich ihn. „Ich halte Missionsvorträge!", lachte Papa. „Das machst du doch in Deutschland, wenn du von Afrika berichtest", meinte ich. „Hier auch", erklärte Papa, „denn in den Städten leben viele Christen, die die Bibel recht gut kennen. Wo wir aber wohnen, gibt es viel weniger Christen, und die wenigen kennen die Bibel oft nicht so gut. Deshalb will ich den Christen hier von der Missionsarbeit in ihrem eigenen Land erzählen. Du kannst mit dafür beten, dass sie sich für ihre Landsleute einsetzen. Sie können es nämlich viel besser als wir Ausländer." vs

---

Bibel-SMS: *Der HERR ist meine Stärke und mein Loblied, und er ist mir zum Heil geworden.* Jesaja 12 Vers 2

Freitag 11 2008 Juli

Bibellese:
Apostelgeschichte
2,42-47

Jesus spricht: Wer eins von solchen Kindern aufnehmen wird in meinem Namen, nimmt mich auf.
Markus 9 Vers 37

Eine tolle Schule

Die Tage in den Ferien vergingen schnell. Am letzten Vormittag konnten wir unsere zukünftige Schule besuchen. Die Schule in Kasama geht nämlich nur bis Klasse 7. Danach werden wir auf ein christliches Internat gehen, und das konnten wir uns jetzt schon mal ansehen. Mir gefiel es sehr gut! Der Unterricht begann mit vielen Liedern, einem Bibelvers und Gebet. Die Klassen sind klein und die Lehrer nett. Das Haus, in dem die Schüler wohnen, ist groß und hell. Draußen gibt es einen schönen Spielplatz und einen großen Sportplatz. In meiner Klasse war ein deutsches Mädchen, das ich schon ein bisschen kannte. Auch die anderen Mädchen mochte ich gleich. Alle meinten, ich solle doch direkt dableiben, und das wäre ich auch am liebsten! Aber Mama bestand darauf, dass ich erst die Schule in Kasama fertig machen soll. Schade! Aber es ist echt gut, dass es Leute gibt, die so schöne Schulen für Missionarskinder aufbauen und leiten. Für sie will ich beten. Machst du mit?

vs

Bibel-SMS: *Der HERR ist meine Stärke und mein Loblied, und er ist mir zum Heil geworden.*　　　Jesaja 12 Vers 2

Samstag 12 2008 Juli

Bibellese: Apostelgeschichte 3,1-10

Gott sagt: Ich bin der Herr, der barmherzige und gnädige Gott. Meine Geduld ist groß, meine Liebe und Treue kennen kein Ende!

2. Mose 34 Vers 6

Beobachtungen in der Tierwelt: der Hausrotschwanz

„Was ist denn da draußen los?" Gerade habe ich unseren Kater Purzel in den Hof gelassen. Ich öffne die Tür, um nachzusehen. Auf dem Zaunpfahl sitzt ein Hausrotschwanzweibchen und zetert herum. Purzel liegt in der Sonne und lässt sich nicht stören. Ach ja! Gestern saß ein junger Rotschwanz auf einem Ast im Kirschbaum. Verständlich, dass Frau Rotschwanz um ihre Kinder bangt. Zuerst versucht sie, Purzel vom Nest wegzulocken, indem sie auf einen entfernten Pflaumenbaum fliegt und von dort ruft. Als das nichts nützt, fliegt sie nur zwei Meter vor seiner Nase auf den Boden und fängt an zu krakeelen: 4-5 gleich hohe, stotternde Töne, ein Zischlaut und ein paar Schläge hinterher. Endlich erreicht sie ihr Ziel: Purzel steht auf und trottet an einen anderen Platz. Ich muss schmunzeln. Dieser kleine Vogel lehrt mich, was Ausdauer heißt. Ich werde schnell ungeduldig. Wie gut, dass Gott Geduld mit mir hat. kt

---

Bibel-SMS: *Der HERR ist meine Stärke und mein Loblied, und er ist mir zum Heil geworden.* Jesaja 12 Vers 2

Sonntag 13 2008 Juli

Bibellese:
Apostelgeschichte
3,11-16

Siehe, das Auge des HERRN ruht auf denen, die ihn fürchten, die auf seine Gnade harren.
Psalm 33 Vers 18

Wir erklären den Lernvers

Sophie hat ein Kätzchen bekommen und versorgt es vorbildlich. Wenn die kleine Katze in ihrem Körbchen liegt und schläft, hockt Sophie daneben und schaut sie unverwandt an. Timo dagegen sitzt vor seinem Aquarium und beobachtet stundenlang seine Fische. Wir können die Art, wie die beiden gucken, auch mit den Worten aus dem Bibelvers beschreiben: Ihr Auge ruht auf ... Sie schauen nicht nur flüchtig nach den Tieren, sondern sehr aufmerksam. Warum? Weil ihnen ihre Tiere wichtig sind und ihnen etwas bedeuten.

So ruht Gottes Auge besonders auf denen, die ihn ehren und sich auf ihn verlassen. Wer auf Gottes Gnade harrt, ist jemand, der von ihm Hilfe, Beistand, Zuwendung und Schutz erwartet. Das Wort „harrt" kommt von „ausharren" und bedeutet, geduldig zu warten. Wir sind in der Regel recht ungeduldig und möchten immer alles sofort besitzen oder erledigt haben. Weil Gott den besseren Überblick hat, ist es gut abzuwarten, wann und wie er uns das gibt, was das Beste für uns ist. vc

---

Lernvers: *Siehe, das Auge des HERRN ruht auf denen, die ihn fürchten, die auf seine Gnade harren.* Psalm 33 Vers 18

Montag 14 2008 Juli

Bibellese: Apostelgeschichte 3,17-26

Von Ewigkeit zu Ewigkeit bist du, Gott.

Psalm 90 Vers 2

Wann ist Gott geboren?

Alles, was auf der Erde ist, hat einen Anfang und ein Ende. Das Leben der Menschen, der Tiere, der Pflanzen. Selbst prunkvolle Häuser, teure Autos, schöne oder heißgeliebte Spielzeuge veralten, rosten, gehen kaputt. Eines Tages sind diese Dinge zerfallen, verrottet, nicht mehr da. Gott ist ganz anders: Er ist keinem Alterungsprozess und keinem Wertezerfall unterworfen. Gott ist unveränderlich. Er ist schon immer da gewesen, und er wird immer da sein. Für seine Existenz braucht er keine Mutter und keinen Vater. Gott ist ohne Anfang und ohne Ende. Begreifen oder gar vorstellen können wir uns das nicht. Könnten wir Gott in allen Dingen verstehen, dann wäre er nicht Gott, sondern Mensch. Es ist und bleibt etwas Besonderes, dass wir uns zu jeder Zeit mit allen Fragen und Gedanken an diesen lebendigen, wunderbaren und ewigen Gott wenden dürfen. pm

---

Lernvers: *Siehe, das Auge des HERRN ruht auf denen, die ihn fürchten, die auf seine Gnade harren.* Psalm 33 Vers 18

Dienstag 15 Juli 2008

Bibellese:
Apostelgeschichte
4,1-4

Einmal werden wir uns alle vor Jesus Christus als unserem Richter verantworten müssen.

2. Korinther 5 Vers 10

Wie wird das sein, wenn Menschen vor Gott erscheinen müssen?

Alle, ob jung oder alt, Kinder oder Erwachsene, werden nach ihrem Tod eine Begegnung mit Gott haben. Für diejenigen, die nicht mit dem Herrn Jesus gelebt haben, wird das ein schlimmer Augenblick sein. Sie müssen feststellen, welch riesengroßen Fehler sie begangen haben. In ihrem Leben auf der Erde haben sie Jesus Christus und sein Erlösungswerk nicht angenommen. Dabei wollte der Herr Jesus Gottes Gerichtsurteil, das über ihrem Leben steht, von ihnen abwenden. Nun müssen diese Menschen in die ewige Trennung von Gott. - Auch die Erretteten werden vor dem Herrn Jesus erscheinen. Sie werden nicht gerichtet, denn er hat ihre Strafe für die Sünde auf sich genommen. Dennoch verhalten sich Christen nicht immer richtig, sind böse und bringen manches nicht in Ordnung. Jesus Christus wird ihr Handeln und Verhalten beurteilen. Dabei wird es viel, wenig oder gar keinen Lohn geben. - Es ist also nicht egal, wie wir täglich als Christen leben. pm

---

Lernvers: *Siehe, das Auge des HERRN ruht auf denen, die ihn fürchten, die auf seine Gnade harren.* Psalm 33 Vers 18

Mittwoch 16 Juli
2008

Bibellese:
Apostelgeschichte
4,5-12

Was kein Auge jemals sah, was kein Ohr jemals hörte, und was sich kein Mensch vorstellen kann, das hält Gott für die bereit, die ihn lieben.

1. Korinther 2 Vers 9

Wie sehen die Menschen im Himmel aus?

Eine gute Frage. Keiner kann sagen, wie es im Himmel wirklich ist und wie die Menschen dort aussehen. Auf keinen Fall dürfen wir uns den Himmel wie die Erde vorstellen. Es wird eine Überraschung bleiben. Eines wissen wir: Alle, die in den Himmel kommen, werden dafür passend gemacht. Sie erhalten einen neuen Körper. Die Bibel beschreibt ihn als unsterblichen Leib, der mit göttlichem Leben erfüllt ist. Wie der aussehen wird? Niemand weiß es. - Im Himmel gibt es keine Familien, Ehepaare, alte Männer und Frauen, kranke Menschen. Niemand vermisst Dinge, die auf der Erde für viele wichtig waren. Alle sind glücklich, dankbar und zufrieden, denn der Herr Jesus ist da. Das wird das Wichtigste sein. Wie es im Himmel ist, und wen wir dort antreffen werden? Gott bewahrt dieses Geheimnis für uns auf. Er sagt: „Was kein Auge gesehen und kein Ohr gehört hat ... das hält Gott bereit." Es lohnt sich also, sein Leben nach Gott auszurichten.   pm

---

Lernvers: *Siehe, das Auge des HERRN ruht auf denen, die ihn fürchten, die auf seine Gnade harren.*   Psalm 33 Vers 18

Donnerstag 17 Juli
2008

Bibellese:
Apostelgeschichte
4,13-22

Jesus spricht: Wer meine Gebote hat und sie hält, der ist es, der mich liebt.

Johannes 14 Vers 21

Warum wollen viele Menschen keine Christen werden?

„Es gibt keinen Gott!", sagen einige. Andere meinen: „Wenn ich Christ werde, darf ich nicht mehr tun, was mir Spaß macht." Einige Kinder erklärten mir: „Dann muss ich Klamotten anziehen, die ich überhaupt nicht mag." Ein Junge sagte einmal: „Erst will ich das tun, was ich will. Dann will ich mal sehen ..." Viele wollen auch keine Christen werden, weil sie schlimmes oder negatives Benehmen bei den Christen sehen. Sie sagen: „Wenn der ein Christ sein soll – nein, Danke!" Leider müssen wir ihnen oft Recht geben. Manches Verhalten ist unmöglich. Und das ist schlimm. Wer weiß, wie viele dadurch abgehalten werden!

Deshalb sollten wir überlegen, wie wir uns verhalten. Unsere Freunde wissen genau, ob unser Christsein echt oder unecht ist. Begangene Fehler können wir mit Gottes Hilfe wiedergutmachen, falsches Verhalten korrigieren. Wetten, dass sich das die Freunde merken?   pm

---

Lernvers: *Siehe, das Auge des HERRN ruht auf denen, die ihn fürchten, die auf seine Gnade harren.*   Psalm 33 Vers 18

Freitag 18 Juli
2008

Bibellese:
Apostelgeschichte
4,23-31

Siehe, die Hand des HERRN ist nicht zu kurz, um zu retten.

Jesaja 59 Vers 1

Was ist mir los?

„Gott ist nicht mehr da!" - „Er ist mir so fern!" - „Was kann ich tun, um mich wieder als Gotteskind zu freuen?" Diese und ähnliche Fragen beschäftigen Laura.

Manchmal tritt dieses Empfinden ein, wenn wir uns zu lange weigern, begangenes Unrecht in Ordnung zu bringen. Gottes Stimme hat aufgehört, uns zu mahnen. Alarmierend ist es, wenn wir uns an diesen Zustand gewöhnen.

Nichts wird sich ändern, die Bremse im Inneren wird sich nicht lösen, wenn wir begangenes Unrecht vor Gott und Menschen nicht in Ordnung bringen. Von alleine regelt sich nichts. Wir wissen nicht, was wir falsch gemacht haben? Dann bitten wir Gott ehrlich und aufrichtig, uns klarzumachen, wo das Übel liegt. Meist ahnen wir es längst. Wir müssen es nur in Ordnung bringen. Gott wird uns dabei helfen. Erst danach werden wieder Friede und Freude in unser Herz einkehren. Die Bremse im Inneren ist nicht mehr da. Gott ist wieder nahe. Merke: Ein Christ muss lernen, nichts vor Gott anstehen zu lassen. pm

---

Lernvers: *Siehe, das Auge des HERRN ruht auf denen, die ihn fürchten, die auf seine Gnade harren.* Psalm 33 Vers 18

Samstag 19 2008 Juli

Bibellese:
Apostelgeschichte
4,32-37

Gott will, dass alle Menschen gerrettet werden und zur Erkenntnis der Wahrheit kommen.

1. Timotheus 2 Vers 4

Wie kann ich andere davon überzeugen, dass es Gott gibt?

Zuerst einmal sollten wir das durch unser Verhalten zeigen. Das spricht unsere Freunde, unsere Familie mehr an, als viele fromme Worte. Wir kennen den Herrn Jesus und wissen, dass er uns errettet hat. Das heißt nicht, wie ein „Superchrist" zu leben, sondern natürlich, fröhlich und hilfsbereit zu sein. Dazu gehört, sich zu entschuldigen, wenn wir etwas falsch gemacht haben und manches mehr. All das schaffen wir alleine nicht. Der Herr Jesus weiß das und will uns dabei helfen: sei es zu Hause, in der Schule, bei Freunden, bei Sport und Spiel ...

Bete um den richtigen Zeitpunkt, um deinen Freunden, deiner Familie von Gott und seiner Liebe zu erzählen. Wenn deine Worte mit deinem Leben zusammenpassen, werden sie dir am ehesten zuhören und bereit sein, darüber nachzudenken. Und vergiss nicht, für deine Nächsten zu beten. Nenne sie vor Gott mit Namen, und überlass es ihm, wie und wann er an ihnen handelt. Denn Gott will nicht, dass irgendjemand verloren geht. pm

---

Lernvers: *Siehe, das Auge des HERRN ruht auf denen, die ihn fürchten, die auf seine Gnade harren.* Psalm 33 Vers 18

Sonntag — 20 Juli 2008

Bibellese: Apostelgeschichte 5,1-11

Harre auf den HERRN! Sei mutig und dein Herz sei stark, und harre auf den HERRN!
Psalm 27 Vers 14

Wir erklären den Lernvers

Warten fällt schwer: in der Schlange vor der Kasse, auf den Besuch von Freunden, auf den Geburtstag. Warten erscheint uns langweilig und nutzlos. Wir wollen alles möglichst sofort haben. Na ja, wenn es sich wirklich lohnt, halten wir eben durch.

David, der den heutigen Vers schrieb, wartete auf Gottes Hilfe. Feinde bedrängten ihn, Freunde verstanden ihn nicht. Gott ließ ihn warten und ließ nicht mit einem Schlag alle Not verschwinden. David ermahnte sich selbst zum Ausharren, das bedeutet durchhalten, geduldig sein, hoffen, vertrauen. David lernte, dass man dazu Mut braucht, mehr Kraft als zum Schimpfen und Draufschlagen. Er lernte, dass es sich lohnt, geduldig auf Gott zu warten. Auch du bist niemals allein und im Stich gelassen, selbst wenn es so scheinen sollte: Gott ist da und weiß, wann und wie er am besten eingreift. Und er freut sich, wenn du mutig durchhältst.   ba

---

Lernvers: *Harre auf den HERRN! Sei mutig und dein Herz sei stark, und harre auf den HERRN!*   Psalm 27 Vers 14

Montag

21
2008

Juli

Bibellese:
Apostelgeschichte
5,12-16

**Wie kostbar ist deine Güte,
o Gott: Bei dir finden Menschen
Schutz und Sicherheit.**
Psalm 36 Vers 8

In Sicherheit

Heute ist ein großer Tag für Jannik. Aufgeregt läuft er von einem Fenster zum anderen. "Wann kommen denn endlich Petra und Markus?", will der Junge wissen. "Du musst schon noch ein Weilchen warten", erklärt die Erzieherin. Sie freut sich mit Jannik, dass er nach verschiedenen Heimaufenthalten endlich ein neues Zuhause bekommt. Und Jannik freut sich riesig darauf, bald eine richtige Familie zu haben. Aber er hat auch ein wenig Angst. "Was ist, wenn ich mal Dummheiten mache, haben mich meine neuen Eltern dann immer noch lieb?" Die Erzieherin versucht, ihm Mut zu machen: "Ihre Liebe wird sicherlich groß und stark genug sein, um auch in schwierigen Situationen zu bestehen. Du darfst dich bei ihnen ganz in Sicherheit fühlen."

Bedingungslose Liebe ist etwas Großartiges. Gott möchte uns mit seiner Liebe und Güte beschenken. Jeder darf sich bei ihm geborgen wissen.　　　　　　　　　　　　　　　　　　　　　　　　　　　kr

---

Lernvers: *Harre auf den HERRN! Sei mutig und dein Herz sei stark,
und harre auf den HERRN!*　　　　　　　　　　　Psalm 27 Vers 14

Dienstag 22 Juli 2008

Bibellese: Apostelgeschichte 5,17-24

Alle eure Sorgen werft auf ihn; denn er ist besorgt für euch.
1. Petrus 5 Vers 7

Scheidung tut weh

„Sag mal, Katrin, warum lebst du eigentlich im Heim? Hast du keine Eltern mehr?" Diese Frage beschäftigt Anna, seit vor zwei Wochen Katrin in ihre Klasse gekommen ist. Seufzend erklärt diese: „Doch, ich habe Eltern, aber die verstehen sich nicht mehr und lassen sich scheiden." Eine kleine bedrückende Pause entsteht. „Und warum kannst du nicht wenigstens bei einem Elternteil wohnen? Das machen andere doch auch." Diese Frage hat sich Katrin selbst oft gestellt. Sie versteht es nicht und hofft, dass es irgendwann möglich wird. - Anna lebt in einer heilen Familie und stellt es sich schrecklich vor, wenn diese zerbrechen würde. Es tut ihr sehr leid, dass Katrin unter der Trennung ihrer Eltern so leiden muss. Deshalb versucht sie, ihr Mitgefühl zu zeigen und legt vorsichtig einen Arm um Katrins Schulter.

Auch Gott nimmt Anteil an deinen Sorgen. Besprich sie mit ihm, so wie der Bibelvers dazu auffordert. Er wird dir helfen, die Probleme, das Leid zu tragen. kr

---

Lernvers: *Harre auf den HERRN! Sei mutig und dein Herz sei stark, und harre auf den HERRN!* Psalm 27 Vers 14

Mittwoch 23 2008 Juli

Bibellese:
Apostelgeschichte
5,25-32

Ich aber darf dir immer nahe sein, mein Herr und Gott; das ist mein ganzes Glück! Dir vertraue ich.

Psalm 73 Vers 28

Nur einen Wunsch

„Was würdest du dir wünschen, wenn du einen Wunsch frei hättest?" So lautete die Hausaufgabe für die Deutschstunde. Annika braucht nicht lange zu überlegen. Momentan gibt es nur eine Sache, die sie beschäftigt. Seit Papa arbeitslos ist, kommt nicht mehr viel Geld in die Haushaltskasse. Deshalb haben die Eltern oft Streit. Die Auseinandersetzungen werden von Mal zu Mal heftiger. Annika mag das gar nicht mehr hören. Ihr sehnlichster Wunsch ist es, bald wieder Frieden und Harmonie in der Familie zu haben. Nein, es sind nicht die modernen Klamotten oder eine teure Urlaubsreise, die sie sich wünscht. Sie will gern darauf verzichten, wenn nur bald wieder einmal gelacht wird. Von diesen Gedanken ist ihr Herz so erfüllt, dass der Hausaufsatz schnell fertig ist.

Hast du ähnliche Nöte wie Annika? Gerade in Zeiten der Not sollten wir uns vertrauensvoll an Gott wenden. Er gibt uns neue Hoffnung, denn er hat die Macht, unser Leben gut zum Ziel zu bringen. kr

---

Lernvers: *Harre auf den HERRN! Sei mutig und dein Herz sei stark, und harre auf den HERRN!* Psalm 27 Vers 14

Donnerstag 24 2008 Juli

Bibellese:
Apostelgeschichte
5,33-42

Euer Vater weiß, was ihr benötigt, ehe ihr ihn bittet.
Matthäus 6 Vers 8

Groß oder klein?

„Hanna, du bist doch schon ein großes Mädchen, nicht wahr?" - Nun, welches Mädchen möchte nicht ein großes Mädchen sein, auch wenn es erst fünf Jahre alt ist? Hanna nickt aufgeregt. Was wird die Mutter wohl mit ihr vorhaben? „Weißt du, Hanna, ich möchte gern wieder in meinem Beruf arbeiten. Dann könntest du anstatt nur am Vormittag den ganzen Tag in den Kindergarten gehen. Wäre das nicht eine tolle Sache?" Hannas Begeisterung hält sich in Grenzen. Die Mutter versucht, ihr die Idee schmackhaft zu machen. Wie gern würde Hanna jetzt zugeben, dass sie doch noch so klein ist und die Mutter braucht. Aber tapfer, wie sie nun einmal ist, stimmt sie dem Vorschlag zu.

Ein Beispiel für viele Sorgen, die Kinder haben. Gott kennt dich und dein Leben genau. Er weiß, was und wie viel man dir zumutet. Du kannst dich mit allem an ihn wenden. Er wird dich auch in neuen und nicht so leichten Situationen nicht im Stich lassen. kr

---

Lernvers: *Harre auf den HERRN! Sei mutig und dein Herz sei stark, und harre auf den HERRN!* Psalm 27 Vers 14

Freitag 25 2008 Juli

Bibellese: Apostelgeschichte 6,1-7

Kümmert euch um die Schwierigkeiten und Probleme des anderen, und tragt die Last gemeinsam. Auf diese Weise verwirklicht ihr, was Christus von euch erwartet. Galater 6 Vers 2

Der Wirbelwind

"Christian, halt! Nicht so stürmisch!" Aber Christian hört das Rufen seiner Mutter nicht mehr. Wie ein Wirbelwind rast er durch die Ausgangstür. Er will sich noch schnell von seinem Freund Mario verabschieden. In seinem Ungestüm rennt er ihn glatt über den Haufen. Noch am Boden liegend, sagt Christian fröhlich: "Tüss, Majo! Bis moogen!" - "Ja, ja, bis morgen, du Wirbelwind", erwidert Mario und klopft ihm liebevoll auf die Schulter. Er will ihm zeigen: Ich bin wirklich dein Freund. Christian braucht das dringend. Er kann nämlich nicht gut sehen und hören und seine Aussprache ist auch nicht sehr deutlich. Sein ganzes Verhalten ist auffällig. Deshalb ist es schwer für ihn, zu anderen Kindern Kontakt zu bekommen. Hätte er Mario nicht, wäre Christian sehr einsam.

Der Herr Jesus hat sich besonders um die Menschen gekümmert, die anders waren. Er war ein Freund der Kranken, Einsamen und Traurigen. Damit hat er uns ein Beispiel gegeben, ebenso zu handeln. kr

---

Lernvers: *Harre auf den HERRN! Sei mutig und dein Herz sei stark, und harre auf den HERRN!* Psalm 27 Vers 14

Samstag 26 2008 Juli

Bibellese:
Apostelgeschichte
6,8-15

So steht nun, beschuht an den Füßen mit der Bereitschaft zur Verkündigung des Evangeliums des Friedens.
aus Epheser 6 Vers 15

Wie Dinge ihren Namen bekamen: Sandale

In der Antike bewohnten die Lyder das westliche Kleinasien (heutige Türkei). Sie verehrten den Gott Sandas, den sie nicht - wie üblich - barfuß darstellten. Er trug einen leichten Riemenschuh, an dem auch bald die Griechen und Römer Gefallen fanden. „Sandalium" nannten sie diese Fußbekleidung. Anfangs trugen nur Frauen sie. Es gab die Sandale aus purpurnem Leder, die gekreuzten Riemchen waren bestickt mit Silberplättchen oder Perlen. Männer zogen eine viel schlichtere Form als Hausschuh an. Erst im 2. Jahrhundert nach Christus setzten sich Sandalen überall durch. Heute sind sie in fast allen europäischen Ländern unter ähnlich klingendem Namen sehr beliebt.

Gott hätte gern, dass alle Christen einen besonderen Schuh tragen. Der Schuh heißt „Bereitschaft, die gute Botschaft von Gottes Liebe weiterzugeben". Ebenso selbstverständlich, wie wir Schuhe anziehen, sollen wir diese Botschaft mitteilen: mit Worten und durch unser Verhalten. sa

---

Lernvers: *Harre auf den HERRN! Sei mutig und dein Herz sei stark, und harre auf den HERRN!* Psalm 27 Vers 14

Sonntag 27 Juli 2008

Bibellese: Apostelgeschichte 7,1-8

Glücklich der Mann, der nicht folgt dem Rat der Gottlosen, den Weg der Sünder nicht betritt und nicht im Kreis der Spötter sitzt, sondern seine Lust hat am Gesetz des HERRN und über sein Gesetz sinnt Tag und Nacht! Psalm 1 Verse 1.2

Wir erklären den Lernvers

„Du, Denise, weißt du schon dass ..." Sandra hört mitten im Satz auf zu sprechen. Denise sitzt tief gebeugt über einem Buch und liest. „Stör mich nicht, es ist gerade so spannend." „Schade", murmelt Sandra, „meine Neuigkeit ist auch sehr interessant. Dann erzähl ich sie jemand, der neugieriger ist." Sandra ist bekannt dafür, dass sie gern den neuesten Klatsch brandheiß weitergibt. Die Bibel sagt uns, dass es nicht gut ist, sich mit Menschen anzufreunden, denen es Spaß bereitet, über andere herzuziehen, um sie zu verspotten. Ihre Worte drücken nur Überheblichkeit und Lieblosigkeit aus. Es ist besser, sich mit dem Wort Gottes zu beschäftigen, das von Liebe, Verständnis und Frieden zu uns spricht. Gott verheißt dem Menschen Zufriedenheit, der sich mit seinen Geboten und Ordnungen befasst, sie beachtet und befolgt. Gehörst du schon zu diesen Menschen oder befindest du dich noch im falschen Freundeskreis? kr

---

Lernvers: *Glücklich der Mann, der nicht folgt dem Rat der Gottlosen, den Weg der Sünder nicht betritt und nicht im Kreis der Spötter sitzt, sondern seine Lust hat am Gesetz des HERRN und über sein Gesetz sinnt Tag und Nacht!* Psalm 1 Verse 1.2

Montag — 28 — 2008 — Juli

Bibellese: Apostelgeschichte 7,9-19

Denn was der Herr sagt, das meint er auch so, und auf das, was er tut, kann man sich verlassen.
Psalm 33 Vers 4

Der versprochene König

Wenn du regelmäßig den Kinderkalender liest, erinnerst du dich vielleicht noch an die Berichte über König David. Er war von den Königen des Volkes Israels der außergewöhnlichste. Und ihm hatte Gott durch den Propheten Nathan auch ein außergewöhnliches Versprechen gemacht: „Deine Nachkommen werden für alle Zeiten Könige sein. Niemand wird sie je vom Thron stoßen" (2. Samuel 7,16). Dieser Ausspruch bedeutet, dass aus Davids Familie nach vielen Jahren der Messias kommen würde. Weißt du, wer das ist? – Der Herr Jesus.

Nun erinnere dich einmal an die Weihnachtsgeschichte! Sie beginnt mit der Ankündigung seiner Geburt. Dort sagt der Engel Gabriel zu Maria über den Sohn, den sie bekommen soll: „Er wird mächtig sein. Der Herr wird ihm den Thron seines Vaters David geben. Seine Königsherrschaft wird kein Ende haben." Hast du etwas gemerkt? Das ist genau das, was Gott David versprochen hat. Gott hält immer seine Versprechen.

vc

Lernvers: *Glücklich der Mann, der nicht folgt dem Rat der Gottlosen, den Weg der Sünder nicht betritt und nicht im Kreis der Spötter sitzt, sondern seine Lust hat am Gesetz des HERRN und über sein Gesetz sinnt Tag und Nacht!* Psalm 1 Verse 1.2

Dienstag 29 Juli 2008

Bibellese: Apostelgeschichte 7,20-28

Denn so hat Gott die Welt geliebt, dass er seinen eingeborenen Sohn gab, damit jeder, der an ihn glaubt, nicht verloren geht, sondern ewiges Leben hat.
Johannes 3 Vers 16

Das Versprechen

Weißt du, was ein Stammbaum ist? Es ist ein schriftlicher Nachweis, dass ein Mensch aus einer bestimmten Familie stammt. So etwas gibt es auch über den Herrn Jesus. Im Matthäus-Evangelium steht sein Stammbaum gleich am Anfang. Der ist zwar etwas ungewohnt zu lesen, aber in Vers 6 wird König David aufgeführt. Mit der Auflistung wird bestätigt, dass Jesus aus dieser Linie stammt und der angekündigte Messias ist. Das war für die Israeliten damals sehr wichtig. Sie warteten nämlich auf den versprochenen König und Retter. Als Matthäus das Evangelium aufschrieb, wollte er zeigen, dass die Weissagungen Gottes in Erfüllung gegangen sind. An dieser und vielen anderen Aussagen der Bibel merken wir, dass Gottes Wort absolut zuverlässig ist. Deshalb können wir uns auch in unserem Alltag darauf verlassen, z.B. auf Johannes 3 Vers 16. Dort heißt es: „So hat Gott die Welt geliebt ..." Zu der Welt gehörst auch du. Also verlass dich darauf, dass Gott dich liebt! vc

---

Lernvers: *Glücklich der Mann, der nicht folgt dem Rat der Gottlosen, den Weg der Sünder nicht betritt und nicht im Kreis der Spötter sitzt, sondern seine Lust hat am Gesetz des HERRN und über sein Gesetz sinnt Tag und Nacht!* Psalm 1 Verse 1.2

Mittwoch 30 Juli
2008

Bibellese: Apostelgeschichte 7,29-37

Gott aber ist treu, der nicht zulassen wird, dass ihr über euer Vermögen versucht werdet, sondern mit der Versuchung auch den Ausgang schaffen wird. 1. Korinther 10 Vers 13

Die Prüfung

Erinnerst du dich an die Bibelstelle Johannes 3,16? Sie zeigt, dass Gott alle Menschen liebt und von der Sünde retten möchte. Darum kam der Herr Jesus auf die Erde. Der Feind Gottes, Satan, wollte diese „Rettungsaktion" um jeden Preis verhindern. Kaum ist der Herr Jesus damals in der Öffentlichkeit aufgetreten und hat sich taufen lassen, wird er vom Geist Gottes in eine Wüste geführt. 40 Tage verbringt er ohne Nahrung und Wasser in der Einsamkeit. Dann taucht der Teufel auf, um ihn zu testen. Wird der Herr Jesus trotz der Not den verlockenden Angeboten des Teufels widerstehen und Gott treu bleiben? Er wird es. Er durchschaut die Tricks von Satan und tritt ihm mit Gottes Wort entgegen. (Matthäus 4,1-11) Er zeigt uns: Anstatt in der Versuchung etwas Falsches zu tun, ist es möglich, Gott treu zu bleiben. Der Herr Jesus war auch ganz Mensch und hat gefühlt wie wir. Sein Vorbild soll uns also Ansporn sein, uns in Glaubensprüfungen an unseren mächtigen Gott zu halten. vc

---

Lernvers: *Glücklich der Mann, der nicht folgt dem Rat der Gottlosen, den Weg der Sünder nicht betritt und nicht im Kreis der Spötter sitzt, sondern seine Lust hat am Gesetz des HERRN und über sein Gesetz sinnt Tag und Nacht!* Psalm 1 Verse 1.2

Donnerstag — 31 — Juli
2008

Bibellese: Apostelgeschichte 7,38-43

Jesus rief ihnen zu: Kommt mit mir! Ich will euch zeigen, wie ihr Menschen für Gott gewinnen könnt.

Matthäus 4 Vers 19

Die Berufung

Wenn du auf die Erfüllung eines Geburtstagswunsches wartest, denkst du: „Wann ist es denn endlich so weit?" Auf etwas viel Wichtigeres als ein Geburtstagsgeschenk warteten die Männer und Frauen in Israel, nämlich auf den versprochenen Messias. Als Jesus anfing zu predigen und Kranke zu heilen, waren einige ganz sicher: Das ist er! Der Fischer Andreas schien sich noch unsicher zu fühlen, denn er verbrachte zusammen mit einem Freund erst mal einen Tag mit Jesus. Doch dann wusste er es, lief zu seinem Bruder Petrus und berichtete freudestrahlend: „Wir haben den Messias gefunden." Einige Zeit danach, die Männer waren bei ihrer Arbeit als Fischer, kam Jesus zu ihnen und forderte sie auf: „Kommt, folgt mir nach!" Was meinst du, was Petrus und Andreas getan haben? Sie haben ihren Fischerberuf verlassen und sind Jesus nachgefolgt. Sie gehörten nun zu seinen Jüngern.

Ähnlich ist es heute noch. Durch die Bibel redet der Herr Jesus zu dir und lädt dich ein: „Komm, folge mich nach!" vc

---

Lernvers: *Glücklich der Mann, der nicht folgt dem Rat der Gottlosen, den Weg der Sünder nicht betritt und nicht im Kreis der Spötter sitzt, sondern seine Lust hat am Gesetz des HERRN und über sein Gesetz sinnt Tag und Nacht!* Psalm 1 Verse 1.2

Freitag 1 August 2008

Bibellese: Apostelgeschichte 7,44-50

Jesus antwortete ihnen: Die Werke, die ich in dem Namen meines Vaters tue, diese zeugen von mir.
Johannes 10 Vers 25

Das Erkennungszeichen

Stell dir vor, du müsstest jemanden vom Bahnhof abholen, den du nicht kennst. Was könntet ihr machen, damit ihr euch auch trefft? Ihr könntet ein Zeichen verabreden: Wer eine rote Baseballkappe in der linken Hand hält, ist es.
Wie konnten die Menschen in Israel wissen, dass Jesus wirklich der Messias ist? Gott hatte etwa 700 Jahre zuvor durch den Propheten Jesaja schon die „Erkennungszeichen" festgelegt: „Dann bekommen die Blinden ihr Augenlicht wieder, und die Tauben können hören. Gelähmte springen wie ein Hirsch, und Stumme singen aus voller Kehle." (Jesaja 35,5.6) Wenn du einige biblische Geschichten kennst, wirst du wissen, dass genau diese Dinge durch den Herrn Jesus geschehen sind. Er wirkte durch Tat und Wort. In Matthäus 4,23 heißt es: „Jesus predigte in den Synagogen und verkündete überall die Heilsbotschaft vom Reich Gottes. Er heilte alle Arten von Krankheiten und Leiden." Das Handeln des Herrn Jesus zeigte: Er ist der von Gott versprochene Retter. vc

---

Lernvers: *Glücklich der Mann, der nicht folgt dem Rat der Gottlosen, den Weg der Sünder nicht betritt und nicht im Kreis der Spötter sitzt, sondern seine Lust hat am Gesetz des HERRN und über sein Gesetz sinnt Tag und Nacht!* Psalm 1 Verse 1.2

Samstag — 2 August 2008

Bibellese: Apostelgeschichte 7,51-60

Aber zu der von Gott festgesetzten Zeit sandte er seinen Sohn zu uns. Christus wurde wie wir als Mensch geboren. Galater 4 Vers 4

Wissenswert

Im Lauf der Jahre hatte Gott seinem Volk viele Einzelheiten über den versprochenen Retter mitgeteilt. Er sagte, er werde vom König David abstammen. Er kündigte viele Dinge an, die der Retter tun würde. Er ließ die Juden sogar im Voraus wissen, wo der versprochene Retter geboren werden würde (Micha 5,2). Aber Gott teilte ihnen nicht mit, wann er geboren werden sollte. Als nach Gottes Sicht die Zeit reif war (vor gut 2000 Jahren) wurde sein Sohn Jesus Christus, als Baby in Bethlehem geboren.

Gott hatte eine Zeit ausgesucht, in der die wunderbare Botschaft vom Messias sich rasch über die ganze Welt ausbreiten konnte. In allen Ländern, die von Griechen erobert worden waren, war Griechisch die gemeinsame Sprache geworden. Als die Römer an die Macht kamen, bauten sie ein umfangreiches Straßennetz. Die gute Nachricht konnte die ganze Welt erreichen.

aus: Bibellesen für junge Entdecker, Verlag der Francke-Buchhandlung, Marburg (1988). Abdruck mit freundlicher Genehmigung

---

Lernvers: *Glücklich der Mann, der nicht folgt dem Rat der Gottlosen, den Weg der Sünder nicht betritt und nicht im Kreis der Spötter sitzt, sondern seine Lust hat am Gesetz des HERRN und über sein Gesetz sinnt Tag und Nacht!* Psalm 1 Verse 1.2

Sonntag 3 August 2008

Bibellese: Apostelgeschichte 8,1-8

Die auf den HERRN hoffen, gewinnen neue Kraft: sie heben die Schwingen empor wie die Adler, sie laufen und ermatten nicht, sie gehen und ermüden nicht.
Jesaja 40 Vers 31

Wir erklären den Lernvers

„Der hohe Milchanteil gibt Schwung für den ganzen Tag!" - „Viel Kraft durch frische Kräuter!" So und ähnlich verspricht es die Werbung. Hält sie es? Da gibt es Sportler, die durch Doping zu Höchstleistungen gebracht werden, leider mit schädlichen Nebenwirkungen. Ein Sprichwort sagt: „Angst verleiht Flügel." Wer um sein Leben rennt, bricht Rekorde. Aber wer möchte durch Angst in Schwung bleiben? Die Bibel dagegen sagt: Auf den Herrn hoffen, gibt neue Kraft, lässt - im Bild gesprochen - Flügel wachsen. Dem Herrn zu vertrauen, der alles geschaffen hat und alles regiert, gibt neuen Mut. Dem Herrn zu vertrauen, der dein starker Freund sein möchte, lässt froh in die Zukunft gehen. Gott hat unseren natürlichen Kräften Grenzen gesetzt: Wir werden müde, älter und gebrechlich. Aber ganz gleich, was unserem Körper passiert: Unser geistliches Leben kann im Zusammensein mit dem Herrn Jesus täglich jung und frisch bleiben. ba

---

Lernvers: *Die auf den HERRN hoffen, gewinnen neue Kraft: sie heben die Schwingen empor wie die Adler, sie laufen und ermatten nicht, sie gehen und ermüden nicht.* Jesaja 40 Vers 31

Montag 4 August 2008

Bibellese:
Apostelgeschichte
8,9-13

**Ich habe dich bei deinem
Namen gerufen,
du bist mein.**
Jesaja 43 Vers 1

Namen
und ihre Bedeutung

Namen und ihre Bedeutung

Jeder von uns hat einen Namen. Wenn du zu Hause oder in der Schule mit deinem Namen gerufen wirst, weißt du: „Ich bin gemeint." Eltern geben ihren Kindern manchmal einen Namen, weil er ausgefallen ist. Oder sie haben ein Buch gelesen oder einen Film gesehen, in dem die Hauptperson einen Namen trägt, den sie sehr schön finden. Manchmal werden Kinder auch nach ihren Paten oder einem Verwandten genannt, oder sie bekommen einen Namen, der gerade modern ist.

Zur biblischen Zeit gaben Eltern ihren Kindern Namen, die ein Programm für das Leben sein sollten. Und zwar ein Programm, in dem Gott der Mittelpunkt war. Gott sollte bestimmen, wie das Kind als Erwachsener leben und handeln würde. Deshalb kam in einigen Namen eine Silbe vor, die an Gott erinnert, z.B. Daniel. Die Silbe „el" stammt aus einem hebräischen Begriff für „Gott". Der ganze Name „Daniel" bedeutet „Gott ist es, der mir Recht verschafft". Versuche einmal herauszufinden, ob dein Name eine Bedeutung hat.

Lernvers: *Die auf den HERRN hoffen, gewinnen neue Kraft: sie heben die Schwingen empor wie die Adler, sie laufen und ermatten nicht, sie gehen und ermüden nicht.*   Jesaja 40 Vers 31

Dienstag 5 August 2008

Bibellese: Apostelgeschichte 8,14-25

Nicht uns HERR, nicht uns, sondern deinem Namen gib Ehre.

Psalm 115 Vers 1

Josua

Der Herr ist Rettung

Namen und ihre Bedeutung

„Dein Name, Hosea, bedeutet Rettung. Als deine Eltern dich so nannten, ging es ihnen in Ägypten schlecht und sie hofften auf Rettung. Aber sie wussten noch nicht, wie die Rettung aussehen könnte. Inzwischen haben wir es erlebt, dass Gott, der Herr, uns gerettet hat. Darum möchte ich, dass du künftig Josua heißt. Dein neuer Name erklärt jedem: Der Herr ist Rettung." Josua ist einverstanden, dass Mose seinen Namen ändert. Josua hat eine sehr gute und bemerkenswerte Eigenschaft: Er drängt sich sie nie in der Vordergrund. Viele Jahre genügt es ihm, Mose zu bedienen. Neidlos erkennt er an, dass Mose von Gott auserwählt ist und zu bestimmen hat.

Als Josua nach Moses Tod der Anführer des Volkes Israel wird, sucht er nie seine eigene, sondern nur Gottes Ehre.

Wenn uns etwas gelingt, wir etwas gut können, verdanken wir es Gott. Dann sollten wir uns nicht selbst auf die Schulter klopfen, sondern uns dafür bei Gott bedanken.

Lernvers: *Die auf den HERRN hoffen, gewinnen neue Kraft: sie heben die Schwingen empor wie die Adler, sie laufen und ermatten nicht, sie gehen und ermüden nicht.* Jesaja 40 Vers 31

Mittwoch 6 August 2008

Bibellese: Apostelgeschichte 8,26-33

Gott ist Liebe. Wir lieben, weil er uns zuerst geliebt hat.
aus 1. Johannes 4 Verse 9.19

David
Von Gott geliebt

Namen und ihre Bedeutung

„Dein jüngster Sohn David ist der von Gott ausgewählte König." Isai ist über Samuels Worte erstaunt, aber auch glücklich. Dass Gott ausgerechnet David als König haben wollte, passt zu dessen Namen: Liebling. Gott hat diesen Mann lieb. Zwar erlebt David viel Schweres, aber immer erfährt er: „Gott ist bei mir. Er hilft mir, alle Probleme zu ertragen. Er löst sie auf seine Weise. Sogar das größte aller Probleme, meine Sünde. Er vergibt sie, wenn ich aufrichtig bereue und sie ihm bekenne."

Wenn David über sein Leben nachdenkt, stellt er dankbar fest: Gott liebt mich, obwohl ich es nicht verdiene. – Es gibt keinen Menschen, der Gottes Liebe verdient. Dennoch liebt er uns. Aus Liebe gab er uns seinen Sohn und ließ ihn für unsere Sünden sterben. Aus Liebe vergibt Gott. Wer das verstanden hat, kann eigentlich nicht anders, als Gott wiederzulieben und ihm von ganzem Herzen für seine Liebe zu danken.

Lernvers: *Die auf den HERRN hoffen, gewinnen neue Kraft: sie heben die Schwingen empor wie die Adler, sie laufen und ermatten nicht, sie gehen und ermüden nicht.* Jesaja 40 Vers 31

Donnerstag — 7 — August
2008

Bibellese:
Apostelgeschichte
8,34-40

Das Warten der Gerechten führt zur Freude.
Sprüche 10 Vers 28

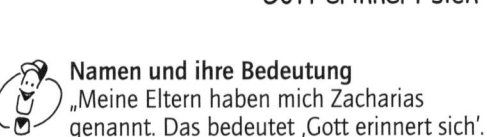

Zacharias
Gott erinnert sich

Namen und ihre Bedeutung

„Meine Eltern haben mich Zacharias genannt. Das bedeutet ‚Gott erinnert sich'. Es hat zwar lange gedauert, aber er hat sich an meinen sehnlichen Wunsch erinnert. Jetzt endlich, nach vielen Jahren, schenkt er Elisabeth und mir einen Sohn. Dass Gott uns so lange warten ließ, ist nun nicht mehr schlimm. Und wie schön, dass unser Sohn eine so großartige Aufgabe hat! Er soll die Menschen auf den Sohn Gottes vorbereiten, der endlich kommen wird. O ja, es stimmt, Gott erinnert sich."

Der alte Priester Zacharias hat es vor gut 2000 Jahren erlebt: Gott vergisst die Menschen mit ihren Bedürfnissen und Wünschen nie. Er erinnert sich an jedes Gebet. Er erinnert sich aber genauso an jedes Versprechen, das er gibt. Deshalb brauchst du niemals den Mut zu verlieren. Auch an dich erinnert sich Gott. Er kennt deine Wünsche und Träume ebenso wie deine Ängste und Sorgen. Zu dem Zeitpunkt, der der beste ist, wird er dir geben, was du brauchst.

Lernvers: *Die auf den HERRN hoffen, gewinnen neue Kraft: sie heben die Schwingen empor wie die Adler, sie laufen und ermatten nicht, sie gehen und ermüden nicht.* Jesaja 40 Vers 31

Freitag 8 August
2008

Bibellese:
Daniel 1,1-7

Gnädig und barmherzig ist der HERR, langsam zum Zorn und von großer Gnade.
Psalm 103 Vers 8

Johannes
Gott ist gnädig

Namen und ihre Bedeutung

„Johannes ist sein Name", bestimmt Zacharias nach der Geburt seines Sohnes. Damit gehorcht er Gott, der ihn hat wissen lassen, er solle seinen Sohn so nennen (Lukas 1,13). Durch diesen Namen wird deutlich, wie Gott ist, nämlich gnädig. Gnädig mit Zacharias und Elisabeth, aber vor allem gnädig zu uns Menschen.

Erfüllt vom Heiligen Geist lobt Zacharias Gott für das, was er getan hat: „Gelobt sei der Herr, unser Gott. Er ist zu unserem Volk gekommen. Er denkt an sein Versprechen und wird den senden, der uns befreit von allem, was uns bedrängt. Und mein Sohn wird vor dem Herrn hergehen und sein Kommen vorbereiten." Genauso trifft es ein. Als Johannes erwachsen ist, ruft er die Menschen auf, ihr Leben zu ändern, die Sünden einzusehen und zu bekennen. Johannes wird auch der „Wegbereiter" genannt. Seine Aufgabe ist es, die Herzen der Menschen für das Kommen von Jesus vorzubereiten. Dass Gott seinen Sohn als Retter in die Welt gesandt hat, zeigt: Gott ist gnädig.

Lernvers: *Die auf den HERRN hoffen, gewinnen neue Kraft: sie heben die Schwingen empor wie die Adler, sie laufen und ermatten nicht, sie gehen und ermüden nicht.*   Jesaja 40 Vers 31

Samstag 9 August 2008

Bibellese: Daniel 1,8-16

Aber was sich keiner verdienen kann, schenkt Gott in seiner Güte: Er nimmt uns an, weil Jesus Christus uns erlöst hat.

Römer 3 Vers 24

Matthäus
Geschenk Gottes

Namen und ihre Bedeutung

„Levi, komm mit mir! Folge mir nach!" Glücklich darüber, dass Jesus ihn nicht wegen seiner Betrügereien ablehnt, gibt er seinen Beruf als Zöller auf und geht mit Jesus. Ab sofort ist er immer dort, wo der Herr Jesus ist. Von nun an darf Jesus Christus bestimmen, was Levi tut. Levi bedeutet „Anhänglichkeit". Und so ist dieser Mann auch: Er ist dem Herrn Jesus treu ergeben. Er weiß, dass Gott ihm alle Sünden vergeben hat. Für dieses Geschenk ist er von Herzen dankbar. Das zeigt er mit seinem neuen Namen „Matthäus". Er bedeutet „Geschenk Gottes".

Wer weiß, was für Gauner viele Zöllner früher waren, denkt vielleicht: „Das hat Levi nicht verdient, dass Jesus ihn zu einem seiner Jünger gemacht hat." Die Bibel sagt deutlich: „Es ist kein Unterschied, denn alle haben gesündigt. Keiner hat etwas aufzuweisen, was Gott gefallen könnte." Wir können uns die Vergebung, das ewige Leben nicht verdienen, sondern nur schenken lassen. Frage: Hast du dieses Geschenk schon angenommen?

Lernvers: *Die auf den HERRN hoffen, gewinnen neue Kraft: sie heben die Schwingen empor wie die Adler, sie laufen und ermatten nicht, sie gehen und ermüden nicht.* Jesaja 40 Vers 31

Sonntag 10 August
2008

Bibellese:
Daniel 1,17-21

Keiner ist so heilig wie der HERR, denn außer dir ist keiner. Und kein Fels ist wie unser Gott.
1. Samuel 2 Vers 2

Wir erklären den Lernvers

Wie Gott aussieht, kann kein Mensch sagen, weil keiner Gott je gesehen hat. Doch wie er sich verhält, können Menschen erzählen, die ihn erfahren haben: z.B. Hanna, die keine Kinder hatte und daher sehr traurig war. Schlimm, als man sagte, das sei Gottes Strafe. Trauer und Spott schlugen wie Wellen über ihr zusammen. Wie gut, dass Hanna um die richtige Hilfe wusste: Sie wandte sich mit ihrem Kummer an Gott und bat um einen Sohn. Der Herr erhörte ihr Gebet. In ihrem Danklied besingt Hanna, wie sie Gott erlebt hat: „Heilig ist der Herr, einzigartig, gerecht. Was er tut, ist richtig und gut - auch wenn manches schwer zu verstehen ist. Niemand ist mit dem heiligen Gott zu vergleichen. Und wo Menschen enttäuschten und ich meinte, in Kummer und Elend zu versinken, war Gott mein Fels, meine einzige Rettung, ein sicherer, starker Schutz. Auf Gott kann ich mich verlassen!" Hanna hat es erlebt. Und du kannst es ebenfalls erfahren! ba

---

Lernvers: *Keiner ist so heilig wie der HERR, denn außer dir ist keiner. Und kein Fels ist wie unser Gott.* 1. Samuel 2 Vers 2

Montag 11 August 2008

Bibellese: Daniel 2,1-7

Darum lebt nun auch wie Kinder des Lichts! Ein solches Licht führt zu aufrichtiger Liebe, Gerechtigkeit und Wahrheit.
Epheser 5 Vers 9

Ein Licht für Jesus

Am Fuß des Berges lagert eine große Menschenmenge. Sie ist Jesus gefolgt und will mehr von ihm hören und erleben. Dicht bei dem Herrn Jesus sind seine 12 Begleiter, die Bibel nennt sie Jünger. Trotz der vielen Menschen setzt sich Jesus am Hang nieder und wendet sich seinen Jüngern zu, um sie zu unterweisen. Er erklärt ihnen, dass sie wie Salz und Licht für die übrigen Menschen sein sollen. Salz ist nötig, um Speisen schmackhaft zu machen, aber auch, damit sie nicht verderben. So sollen die Jünger sein und Gottes Wort kräftig verkündigen. Außerdem soll ihr Leben für andere wie ein Licht in der Dunkelheit sein, damit Männer, Frauen und Kinder den Weg zu Gott finden können. Sich so zu verhalten schaffen die Jünger nur, wenn sie ganz abhängig vom Herrn Jesus leben, von ihm lernen und das Gelernte weitergeben. Und so sollen wir es auch machen: Uns fest an den Herrn Jesus halten und mit unserem Verhalten auf ihn hinweisen. (Matthäus 5,13-16) mi

---

Lernvers: *Keiner ist so heilig wie der HERR, denn außer dir ist keiner. Und kein Fels ist wie unser Gott.* 1. Samuel 2 Vers 2

Dienstag 12 August 2008

Bibellese: Daniel 2,8-13

Lasst uns aber im Gutestun nicht müde werden! Denn zur bestimmten Zeit werden wir ernten, wenn wir nicht ermatten. Galater 6,9

Gutes tun, aber wie?

Froh darüber, dass Jesus ihnen zutraut, Salz und Licht zu sein, hören ihm die Jünger aufmerksam zu. Der Herr Jesus warnt vor einem wertlosen Dienst für Gott. Er sagt: „Hütet euch davor, nur deshalb Gutes zu tun, damit euch die Leute bewundern. So könnt ihr von eurem Vater im Himmel keinen Lohn erwarten. Wenn ihr den Armen etwas gebt oder jemandem helft, dann soll niemand davon erfahren. Gott, der alles sieht, wird euch dafür belohnen." Nachdenklich schauen sich die Jünger an. Gott möchte, dass sie einen Teil ihres Geldes und ihrer Zeit für Menschen spenden, die in Not sind und Hilfe brauchen. Sie sollen damit aber nicht vor anderen angeben. - Hast du dich schon mal gefragt, wie du Not leidenden und hilfsbedürftigen Menschen helfen kannst? Am besten sprichst du einmal mit deinen Eltern darüber, ob und wie du jemanden unterstützen kannst. Dabei geht es nicht um große Aktionen, sondern darum, dass du bereit bist, anderen Gutes zu tun.
(Matthäus 6,1-4) mi

Lernvers: *Keiner ist so heilig wie der HERR, denn außer dir ist keiner. Und kein Fels ist wie unser Gott.* 1. Samuel 2 Vers 2

Mittwoch 13 August 2008

Bibellese: Daniel 2,14-23

Denn wie kann Gottes Liebe in einem Menschen bleiben, dem die Not seines Bruders gleichgültig ist, obwohl er selbst alles im Überfluss besitzt?
1. Johannes 3 Vers 17

Schätze sammeln, aber welche?

"Häuft keine Reichtümer in dieser Welt an! Sie verlieren schnell ihren Wert oder werden gestohlen." Diese Worte des Herrn Jesus berühren Matthäus, einen der Jünger, ganz persönlich. Er war als Zollbeamter tätig, als Jesus ihn aufforderte, ihm nachzufolgen. Als Zöllner nutzte er alle Möglichkeiten, auch verbotene, um reich zu werden. Er lebte in ständiger Angst, sein Geld zu verlieren. In der Predigt sagt Jesus weiter: "Sammelt euch besser Schätze im Himmel, die nie ihren Wert verlieren und die kein Dieb stehlen kann. Wo eure Schätze sind, da zieht es euch hin." Matthäus hatte sich für ein Leben mit dem Herrn Jesus entschieden und seinen Reichtum aufgegeben. Damit hat er sich einen Schatz im Himmel erworben. - Wie sieht es mit deinem Schatz aus? Geht es dir darum, viel Geld zu haben, um das kaufen zu können, was dir am Herzen liegt? Oder bringt dich der heutige Text zum Nachdenken, wie du einen Teil deines Geldes gut und im Sinne des Herrn Jesus "anlegen" kannst? (Matthäus 6,19-21) mi

---

Lernvers: *Keiner ist so heilig wie der HERR, denn außer dir ist keiner. Und kein Fels ist wie unser Gott.* 1. Samuel 2 Vers 2

Donnerstag 14 August
2008

Bibellese: Daniel 2,24-30

So soll jeder für sich selbst entscheiden, wie viel er geben will, und zwar freiwillig und nicht, weil die anderen es tun. Denn Gott liebt den, der fröhlich und bereitwillig gibt. 2. Korinther 9 Vers 7

Vom richtigen Geben

Wie ernst Jesus das richtige Geben und den Umgang mit Geld nimmt, wird den Jüngern bei einer späteren Gelegenheit bewusst. Zusammen mit dem Herrn Jesus beobachten sie die Leute, die ihre Gaben in den Opferkasten des Tempels legen. Deutlich können sie erkennen, dass die Reichen hohe Geldbeträge spenden. Eine arme Witwe dagegen steckt nur zwei kleine Münzen in den Kasten, bevor sie den Tempel betritt. „Das ist alles, was sie noch besessen hat", erklärt Jesus seinen Jüngern. „Im Vertrauen auf Gott gab sie ihm ihr ganzes Geld. Die Reichen haben nur etwas von ihrem Überfluss abgegeben."

Beim Spenden kommt es Gott nicht auf die Höhe des Betrages an. Er achtet darauf, ob es aus Liebe zu ihm und von ganzem Herzen geschieht. Gibst du von deinem Taschengeld gern und freiwillig etwas für andere ab? Was Paulus den Christen in Korinth zum Thema „Spenden" geschrieben hat, steht in dem Bibelvers. (Markus 12,41-44)   mi

---

Lernvers: *Keiner ist so heilig wie der HERR, denn außer dir ist keiner. Und kein Fels ist wie unser Gott.*   1. Samuel 2 Vers 2

Freitag · 15 · 2008 · August

Bibellese: Daniel 2,31-36

Wenn jemand der Erste sein will, soll er der Letzte von allen und aller Diener sein.
Markus 9 Vers 35

Erster sein

Jesus hat seinen Jüngern mehrmals erklärt, dass er nach Jerusalem gehen muss, um zu leiden und zu sterben. Die Jünger begreifen das nicht und sind überzeugt, er würde dort mit ihnen zusammen sein Königreich aufbauen. Die Brüder Jakobus und Johannes bitten Jesus: „Herr, wir möchten gern in deinem Königreich die Plätze rechts und links neben dir einnehmen." Obwohl der Herr sie oft ermahnt hat, nicht immer der Erste sein zu wollen, erklärt er geduldig, dass er ihren Wunsch nicht erfüllen kann. Einzig Gott, der Vater, bestimmt nämlich, wer diese Plätze einnehmen wird.

Die Bitte von Jakobus und Johannes zeigt, dass sie mehr und bevorzugter sein wollen als die anderen. Kommt dir das bekannt vor? Sich als Erster etwas aussuchen, den bequemsten Platz ergattern ... Da gäbe es viele Beispiele. Der Herr erklärt mit seinen Predigten und zeigt mit seinem Leben: In Gottes Reich wird wahre Größe sichtbar, wenn wir den anderen dienen und ihnen helfen. (Markus 10,35-45) mi

---

Lernvers: *Keiner ist so heilig wie der HERR, denn außer dir ist keiner. Und kein Fels ist wie unser Gott.* 1. Samuel 2 Vers 2

Samstag 16 August 2008

Bibellese:
Daniel 2,37-45

Orientiert euch an Jesus Christus.
Philipper 2 Vers 5

Das Vorbild

Der Herr Jesus ist mit seinen Freunden auf dem Weg nach Jerusalem. Jakobus und Johannes hatten ihn um etwas gebeten. Inzwischen sind auch die anderen Jünger auf das Gespräch aufmerksam geworden. Sie ärgern sich über die beiden. Da bittet Jesus alle Jünger zu sich. „Ihr wisst", sagt er, „dass die Herrscher dieser Welt ihre Völker unterdrücken und ihre Macht rücksichtslos ausnützen. In meinem zukünftigen Königsreich ist es gerade umgekehrt. Ihr sollt nicht über die anderen herrschen, sondern ihnen dienen. Das macht euch in den Augen Gottes groß. Wer der Erste sein will, soll sich allen anderen unterordnen." Jetzt begreifen sie: Der Herr hat nicht von einem weltlichen Königreich, sondern von einem göttlichen Reich gesprochen. Außerdem stellen sie erstaunt fest, dass Jesus ihnen bisher schon ein Vorbild war, so wie er es gerade beschrieben hat.

Welches Vorbild hast du dir ausgewählt? Wenn du dem Herrn Jesus nachfolgen möchtest, kann nur er es sein. mi

---

Lernvers: *Keiner ist so heilig wie der HERR, denn außer dir ist keiner. Und kein Fels ist wie unser Gott.* 1. Samuel 2 Vers 2

Sonntag 17 August 2008

Bibellese: Daniel 2,46-49

Die mich ehren, werde auch ich ehren, und die mich verachten, sollen wieder verachtet werden.

1. Samuel 2 Vers 30

Wir erklären den Lernvers

Dieser Bibelvers könnte uns an die Redewendung erinnern: „Wie du mir, so ich dir." Das sagen wir z.B., wenn wir uns von einem Freund/einer Freundin schlecht behandelt fühlen. Die Aussage „Die mich ehren ..." machte Gott. Er ließ den Priester Eli wissen, dass das falsche Verhalten seiner Söhne Folgen haben wird. Was ist damals passiert? Die Söhne Hofni und Pinhas waren Priester am Haus Gottes. Eine ihrer Aufgaben war es, die Opfertiere nach Gottes Vorschriften zu opfern. Aber sie setzten sich eiskalt über die Vorschriften hinweg und nahmen sich von dem Fleisch, bevor sie es durften. Die Bibel beschreibt ihr Verhalten so: „Die Sünde der jungen Männer war sehr groß, denn sie verachteten die Opfergabe des HERRN." Durch ihr egoistisches Handeln verachteten sie Gott, statt ihn zu ehren. Wenn Menschen den großen und heiligen Gott verschmähen, wird das Folgen haben. Wenn wir Gott aber verehren, ihn achten und lieben, dürfen wir wissen: Gott verhält sich genauso.

vc

Lernvers: *Die mich ehren, werde auch ich ehren, und die mich verachten, sollen wieder verachtet werden.* 1. Samuel 2 Vers 30

Montag 18 August 2008

Bibellese: Daniel 3,1-7

Denn groß bist du und tust Wunder, du bist Gott, du allein.
Psalm 86 Vers 10

Tom Barnado

Es ist das Jahr 1845. In Dublin, einer Stadt in Irland, wird Thomas John geboren. Die Geburt ist so schwer, dass die Mutter beinahe stirbt. Der Vater, John Barnado, fleht Gott um Hilfe und Erbarmen an. Gott erhört dieses Gebet und seine Frau Mary, nun Mutter von neun Kindern, erholt sich rasch. Der kleine Tom, wie er genannt wird, ist ein schwaches Kind. Mit 2 Jahren wird er schwer krank. Wochenlang hat er hohes Fieber. Niemand kann ihm mehr helfen. Eines Abends röchelt er und der Arzt muss den traurigen Eltern den Tod ihres kleinen Jungen mitteilen. Doch Tom ist nicht tot. Am nächsten Morgen stellen sie fest, dass sein Herz noch schlägt. Die Freude ist riesengroß. „Gott hat unsere Gebete erhört und ein Wunder vollbracht!", jubelt die Mutter. Ihr wird klar, dass Gott etwas Bestimmtes mit Tom vorhat. Der Junge wird ganz gesund und entwickelt sich zu einem sehr lebhaften und temperamentvollen Jungen. Von Gott will er jedoch nicht viel wissen. wa

---

Lernvers: *Die mich ehren, werde auch ich ehren, und die mich verachten, sollen wieder verachtet werden.* 1. Samuel 2 Vers 30

Dienstag 19 August 2008

Bibellese: Daniel 3,8-13

Ich bin am Ende, Herr, komm mir doch zu Hilfe!
Jesaja 38 Vers 14

Tom Barnado

Tom kommt zur Schule. Das Lernen fällt ihm leicht. In seiner freien Zeit verkriecht er sich am liebsten mit einem Buch in einer Ecke und vergisst alles um sich herum. Mit 16 Jahren verlässt er die Schule, ohne zu wissen, was er tun soll. Er beginnt eine kaufmännische Lehre. Noch immer ist die Bibel das einzige Buch, das er nicht liest. Eines Tages laden ihn seine Brüder zu einer Evangelisation ein, doch Tom lehnt ab. Die Brüder lassen jedoch nicht locker. Schließlich geht Tom widerwillig mit. Was er an diesem Abend hört, trifft ihn ins Herz. Er spottet noch immer über die frommen Leute, aber im Innern ist er verunsichert. Sollte das mit Gott doch wahr sein? Eines Nachts schleicht er sich in das Zimmer seines Bruders. Er fleht ihn an: „Hilf mir, den richtigen Weg zu finden. Ich bin so voller Angst." Zusammen beten die Brüder. Tom bekennt Gott seine Sünden und vertraut ihm sein Leben an. Jetzt will Tom nicht mehr spöttisch über Gott reden, sondern von ihm erzählen. wa

---

Lernvers: *Die mich ehren, werde auch ich ehren, und die mich verachten, sollen wieder verachtet werden.* 1. Samuel 2 Vers 30

Mittwoch 20 August 2008

Bibellese: Daniel 3,14-18

Dir, Herr, will ich von ganzem Herzen danken und erzählen will ich von deinen wunderbaren Taten.

Psalm 9 Vers 2

Tom Barnado

Voll Eifer erzählt Tom in jeder freien Minute anderen Menschen von Gott. Er geht in die Viertel der Stadt, in denen arme Leute wohnen, und predigt auf den Straßen. Oft wird er verspottet. Einmal schüttet eine Frau aus einem Fenster einen Eimer Wasser auf ihn. Tom erschüttert das nicht.
Eines Tages besucht der bekannte China-Missionar Hudson Taylor Dublin. Er berichtet von seiner Arbeit in dem großen Land und wünscht, dass noch viele junge Menschen nach China kommen. Mit vier anderen ist Tom bereit, in die Mission zu gehen. Zuerst sollen sie jedoch eine Bibelschule in London besuchen. Nach einigen Monaten treten die neuen Missionare ihre Fahrt nach China an – doch Tom ist nicht dabei. Er soll noch Medizin studieren. Hudson Taylor zweifelt, ob Toms Weg nach China führen soll. Er erkennt, dass Tom in London gebraucht wird, wo er schon in vielen Stadtvierteln Menschen von Jesus erzählt hat. Noch kann Tom Gottes Plan für sein Leben nicht sehen. wa

---

Lernvers: *Die mich ehren, werde auch ich ehren, und die mich verachten, sollen wieder verachtet werden.* 1. Samuel 2 Vers 30

Donnerstag 21 August
2008

Bibellese:
Daniel 3,19-26

Als der Samariter den Verletzten sah, hatte er Mitleid mit ihm. Er beugte sich zu ihm hinunter und behandelte seine Wunden.
Lukas 10 Verse 33.34

Tom Barnado
Tom beginnt sein Medizinstudium.
In seiner freien Zeit predigt er in den Straßen von London und verteilt Traktate. Dann bricht in London eine sehr ansteckende Krankheit aus: die Cholera (extremer Durchfall und starkes Erbrechen). Hunderte, ja Tausende von Menschen werden krank, viele sterben. Tag und Nacht ist Tom unterwegs. Wie der barmherzige Samariter geht er in die Elendsviertel und hilft den Kranken. Wo er nicht mehr helfen kann, erzählt er den Sterbenden von Jesus Christus und der Vergebung, die dieser geben kann. Tom selbst wird wie durch ein Wunder nicht krank. Nachdem die Choleraepidemie vorbei ist, beginnt Tom in einer dieser armen Gegenden, in Stepney, in einer Schule mitzuarbeiten. Ihm gelingt es, sich bei den verwilderten Kindern Respekt zu verschaffen. Sie spüren sein ehrliches Interesse und seine Liebe zu ihnen. Selbst am Sonntag kommen sie und er erzählt ihnen von der Liebe Gottes. Schon bald wird Tom zum Leiter der Schule bestimmt. wa

---

Lernvers: *Die mich ehren, werde auch ich ehren, und die mich verachten, sollen wieder verachtet werden.* 1. Samuel 2 Vers 30

Freitag 22 August 2008

Bibellese:
Daniel 3,27-33

Was ihr für einen meiner geringsten Brüder getan habt, das habt ihr für mich getan!
Matthäus 25 Vers 40

Tom Barnado

Jeden Sonntag kommen mehr Kinder zu Tom in die Schule. Doch der Schulvorstand will nicht, dass Tom von Gott erzählt. So suchen Tom und einige Freunde einen Raum mitten im schlimmsten Viertel von London. Es gibt dort keine Kanalisation und keine Müllabfuhr. Jeder schüttet seinen Abfall auf die Straße und der nächste Regenguss nimmt den Unrat mit. Es stinkt schrecklich. Viele Menschen haben keine Arbeit, und das wenige Geld, das sie haben, vertrinken sie. Gerade diesen Menschen will Tom helfen. Er findet einen verlassenen Eselsstall und richtet ihn her. Als die Tür zum ersten Mal geöffnet wird, drängt eine große Schar ungewaschener und zerlumpter Kinder in den Raum. Tom fällt der oben genannte Bibelvers ein. Tiefe Freude kommt in sein Herz. Was kann er Besseres tun, als diesen armen Kindern von der Liebe Gottes zu erzählen? Hier in diesem Eselsstall! Gottes Sohn, der aus Liebe zu uns arm geworden ist, wurde ja auch in einer Futterkrippe geboren. wa

---

Lernvers: *Die mich ehren, werde auch ich ehren, und die mich verachten, sollen wieder verachtet werden.* 1. Samuel 2 Vers 30

Samstag 23 August
2008

Bibellese:
Daniel 4,1-6

Rätsel Nr. 4

Gitterrätsel

Sieben Wörter werden gesucht. Sie beginnen jeweils in dem nummerierten Feld, laufen in Richtung der Öffnung und enden in dem Feld mit dem Punkt.

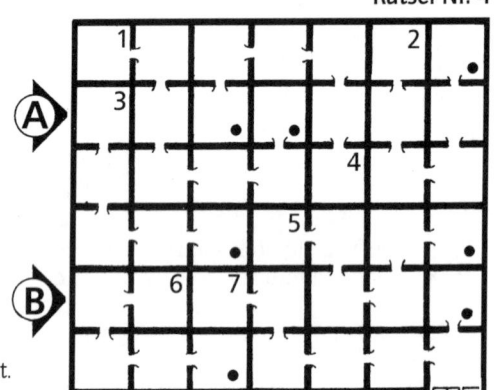

1. Mann Gottes, der dem Volk Israel Gottes Botschaft sagte. (2. Könige 20,1)
2. „Alle ... weckt er mir das Ohr" (Jesaja 50,4)
3. „Fürchte dich nicht, Maria! Denn du hast ... bei Gott gefunden." (Lukas 1,30)
4. Ein Mensch, der an den Herrn Jesus Christus glaubt. (Apostelgeschichte 26,28)
5. „Der siebte Tag ist Sabbat für den HERRN. Du sollst an ihm keinerlei ... tun." (2. Mose 20,10)
6. „Ich will singen von der Gnade des Herrn ewiglich und seine ... verkünden." (Psalm 89,2)
7. „Wenn wir unsere Sünden bekennen, so ist er treu und ... , dass er uns die Sünden vergibt." (1. Johannes 1,9)

Der Lösungssatz steht in den Reihen A und B.

Lösung: Siehe letzte Kalenderseite

Lernvers: *Die mich ehren, werde auch ich ehren, und die mich verachten, sollen wieder verachtet werden.*   1. Samuel 2 Vers 30

Sonntag 24 August 2008

Bibellese: Daniel 4,7-15

Halte nun die Gebote des HERRN, deines Gottes, indem du auf seinen Wegen gehst und ihn fürchtest.

5. Mose 8 Vers 6

Wir erklären die Bibel-SMS

Endlich scheint wieder die Sonne! Nach vielen Regentagen können Simon und Jonas die geplante Tour zum verlassenen Steinbruch unternehmen. Der Gedanke an die dunklen Stollen, die sie mit ihren Taschenlampen erforschen wollen, lässt ihre Herzen höher schlagen. Im Dickicht eines kleinen Waldes stellen sie ihre Fahrräder ab. Nun können sie tun und lassen, was sie wollen. Doch was ist das? Nachdem sie den Stacheldrahtzaun überstiegen haben, entdecken sie ein Warnschild: „Achtung! Betreten des Steinbruchs verboten! Lebensgefahr!" „Das hat uns gerade noch gefehlt!" Sie beachten das Warnschild nicht, sondern laufen weiter. Ihr Ziel ist der Stollen. Hier finden sie wieder ein Schild: „Betreten verboten! Absturzgefahr!" Nach kurzem Zögern kehren die Jungen enttäuscht und ärgerlich um. Sie sehen ein: Wir begeben uns in Lebensgefahr, wenn wir diese Gebote übersehen. - Gott hat uns in der Bibel Gebote gegeben. Überleg einmal, warum es sinnvoll ist, sie zu beachten.

Bibel-SMS: *Halte nun die Gebote des HERRN, deines Gottes, indem du auf seinen Wegen gehst und ihn fürchtest.* 5. Mose 8 Vers 6

Montag   25   August
2008

Bibellese: Daniel 4,16-24

Glücklich ist, wer sich für den Schwachen einsetzt. Wenn ihn ein Unglück trifft, hilft der Herr ihm wieder heraus.

Psalm 41 Vers 2

Tom Barnado

Neben seinem Medizinstudium unterrichtet Tom abwechselnd mit seinen Freunden abends in der „Schule" in Stepney. Am Sonntag kümmern sich alle um die vielen Kinder. An einem kalten Novemberabend, als alle schon gegangen sind, bleibt ein Junge zurück. Er wärmt seine nackten Füße am Ofen. „Du musst nach Hause. Deine Mutter macht sich sonst Sorgen", spricht ihn Tom an. „Ich habe keine Mutter!" „Dann hast du einen Vater." „Ich habe auch keinen Vater", antwortet der Junge. „Wie heißt du und wie alt bist du?" „Jim Jarvis, Herr. Ich bin zehn." Er fleht Tom an, ihn mit zu sich nach Hause zu nehmen. Die vergangenen Nächte hatte er im Freien geschlafen. Tom kann es nicht fassen. „Gibt es noch mehr Jungen, die kein Zuhause haben?", fragt er Jim. „Gewiss, Herr, mehr als ich zählen kann." Tom nimmt Jim mit zu sich nach Hause. Er gibt ihm zu essen und zu trinken und danach machen sie sich auf den Weg. „Sollte Jim Recht haben?", fragt sich Tom.   wa

---

Bibel-SMS: *Halte nun die Gebote des HERRN, deines Gottes, indem du auf seinen Wegen gehst und ihn fürchtest.*   5. Mose 8 Vers 6

Dienstag 26 August 2008

Bibellese: Daniel 4,31-34

So ist es nicht der Wille eures Vaters, der in den Himmeln ist, dass eines dieser Kleinen verloren gehe.
Matthäus 18 Vers 14

Tom Barnado

Tom folgt dem Jungen. Durch einen schmalen Hof kommen sie zu einem Schuppen. Mit Jims Hilfe klettert er auf das Dach. Als der Wind die dunkle Wolkenwand beiseite schiebt, sieht Tom etwas, das sein Leben verändern wird. Viele Jungen liegen auf dem Blechdach eng zusammengekauert, um sich zu wärmen. Es ist bitterkalt. Keiner hat eine Decke und alle haben nur zerlumpte Kleider an. Tom ist tief erschüttert. Wortlos geht er mit Jim zurück. Ihm wird klar, dass es kein Zufall sein kann, dass er diese Jungen gesehen hat. Sollte es seine Aufgabe sein, sich um diese Kinder zu kümmern? Wollte Gott ihn doch nicht in China haben? Zuerst sucht Tom für Jim eine Familie. Er gibt ihnen Geld, damit sie sich um den Jungen kümmern. Wie kann er jedoch den vielen anderen Jungen helfen? Tom bekommt Gelegenheit, vor vielen Menschen von seiner „Entdeckung" zu berichten und um Hilfe zu bitten. Ein Journalist beginnt, in der Zeitung über das Elend dieser Kinder zu schreiben. wa

---

Bibel-SMS: *Halte nun die Gebote des HERRN, deines Gottes, indem du auf seinen Wegen gehst und ihn fürchtest.* 5. Mose 8 Vers 6

Mittwoch, 27. August 2008

Bibellese: Daniel 5,1-4

Warum verbirgst du dich vor uns? Hast du unsere Not und unser Elend vergessen? Erlöse uns, weil du uns liebst!

Psalm 44 Verse 25.27

Tom Barnado

In einer der nächsten Nächte geht Tom wieder los. Als er die Jungen gefunden hat, weckt er sie. Zuerst wollen sie aus Angst vor der Polizei davonrennen. Aber Tom beruhigt sie und versorgt sie in einem Lokal mit Brot und Kaffee. Als Tom fragt, wer von den Jungen in eine Familie möchte, fliegen viele Hände in die Höhe. Tom sucht fünf Jungen aus und notiert ihre Namen. Als er wie versprochen nach einer Woche wiederkommt, stehen sechs vor dem Lokal. Ein kleiner Junge fleht: „Bitte nehmen Sie mich auch mit. Ich heiße John, aber alle nennen mich Gelbe Rübe." Dabei deutet er auf seine roten Haare. Tom seufzt: „Heute geht es nicht, John. Ich habe schon für die anderen Jungen nicht genügend Familien. Komm in einer Woche wieder her, dann nehme ich dich mit." Als Tom eine Woche später kommt, lebt John nicht mehr. Er ist verhungert und erfroren. Tom ist erschüttert. Er stellt fest, dass er einen anderen Weg finden muss, diesen Jungen zu helfen. wa

---

Bibel-SMS: *Halte nun die Gebote des HERRN, deines Gottes, indem du auf seinen Wegen gehst und ihn fürchtest.* 5. Mose 8 Vers 6

Donnerstag 28 August 2008

Bibellese:
Daniel 5,5-12

Ich will dich unterweisen und dich lehren den Weg, den du gehen sollst; ich will dir raten, meine Augen über dir offen halten.

Psalm 32 Vers 8

Tom Barnado

Tom bekommt von vielen Leuten Unterstützung, um den heimatlosen Jungen zu helfen. Er mietet einen großen Saal. Jeden Sonntag gibt er dort Hunderten von Menschen zu essen. Er erzählt ihnen von Jesus, dem guten Hirten, der jeden Menschen sucht, weil er ihn liebt. Als ihm der Saal gekündigt wird und er keine Lösung für die vielen heimatlosen Jungen findet, wird Tom schwer krank. Er ist voller Zweifel und mutlos. Da zeigt ihm Gott den heutigen Bibelvers. Als ihn dann noch Jim besucht, das erste Straßenkind, und Tom die Veränderung bei ihm erkennt, wird er wieder gesund. Jim verspricht Tom, ihm noch mehr Stellen zu zeigen, wo er heimatlose Jungen finden kann. Mit neuem Mut macht sich Tom an die Arbeit. Jede Nacht zieht er mit seiner Laterne los. Er kann zwei Häuser kaufen. Ein befreundetes Ehepaar zieht dort ein und versorgt die vielen Jungen, die Tom zu ihnen bringt. „Jedes verlassene Kind ist willkommen", schreibt Tom über die Haustür. Bald sind die Häuser voll. wa

---

Bibel-SMS: *Halte nun die Gebote des HERRN, deines Gottes, indem du auf seinen Wegen gehst und ihn fürchtest.* 5. Mose 8 Vers 6

Freitag 29 August
2008

Bibellese:
Daniel 5,13-17

Herr, unser Gott! Zeige uns deine Güte! Lass unsere Mühe nicht vergeblich sein! Ja, lass unsere Arbeit Früchte tragen!
Psalm 90 Vers 17

Tom Barnado
Im Vertrauen auf Gottes Hilfe kann Tom noch weitere Häuser kaufen. Viele Leute spenden dafür Geld. Tom lernt eine Frau kennen und lieben, die selbst eine Schule für Straßenkinder hat. Gemeinsam gehen sie an die große Aufgabe. Viele Kinder finden nicht nur ein Zuhause, sondern bekommen Unterricht und lernen handwerkliche Arbeiten. Umgeben von Geborgenheit hören sie von Gott, der jeden liebt. Viele Jahre arbeitet Tom Tag und Nacht. Als er mit 60 Jahren stirbt, werden in Toms Heimen über 7.000 Kinder versorgt und zu brauchbaren Menschen erzogen. Gott konnte die Arbeit von Tom segnen, weil er bereit war, seine eigenen Pläne aufzugeben und Gottes Weg zu gehen. Vielleicht kennst du niemand, der auf der Straße lebt. Doch heute gibt es viele Kinder, die zwar eine Wohnung, aber kein „Zuhause" haben. Bitte Gott, dass er dir zeigt, wer deine Hilfe braucht! Und vielleicht könnt ihr euch als Familie um das eine oder andere Kind kümmern und ihm von dem liebenden Gott erzählen. wa

---

Bibel-SMS: *Halte nun die Gebote des HERRN, deines Gottes, indem du auf seinen Wegen gehst und ihn fürchtest.* 5. Mose 8 Vers 6

Samstag 30 August
2008

Bibellese: Daniel 5,18-21

Von euch ist offenbar geworden, dass ihr ein Brief Christi seid.

2. Korinther 3 Vers 3a

Wie Dinge ihren Namen bekamen: Pergament

„Majestät, die Einfuhr von Papyrus ist zu teuer. Wir können sparen, indem wir uns einer in unserer Stadt Pergamon (heutige Türkei) gemachten Erfindung bedienen: Ungegerbte, enthaarte und abgeschliffene Ziegen- oder Schafhäute kann man beidseitig beschreiben und leicht zusammenfalten."

Schnell eroberte dieses Schreibmaterial die antike Welt. Bald verwendete man auch die Häute von Esel, Schwein und Kalb. In Erinnerung an den Ort der Erfindung dieses Schreibmaterials bekam es den lateinischen Namen „pergamentum". - Bis ins späte Mittelalter schrieb man auf Pergament. Heute wird es nur noch für kostbare Bucheinbände und Urkunden benutzt.

Du und ich sind in Gottes Augen ein kostbares „Schreibmaterial". Er will, dass wir wie ein Brief sind, durch den er anderen Menschen etwas mitteilen kann. Unser Denken und Handeln sollen so sein, dass andere durch uns an den Herrn Jesus erinnert werden und interessiert sind, ihn besser kennenzulernen. sa

---

Bibel-SMS: *Halte nun die Gebote des HERRN, deines Gottes, indem du auf seinen Wegen gehst und ihn fürchtest.* 5. Mose 8 Vers 6

Sonntag 31 August 2008

Bibellese: Daniel 5,22-30

Dem HERRN, eurem Gott, sollt ihr nachfolgen und ihn sollt ihr fürchten. Seine Gebote sollt ihr halten und seiner Stimme gehorchen; ihm sollt ihr dienen und ihm anhängen.

5. Mose 13 Vers 5

Wir erklären den Lernvers

Nils hat es eilig. In zehn Minuten beginnt der Unterricht. Die Mutter kann ihm gerade noch hinterherrufen: „Pass auf, wenn du über die Straße gehst!", da fällt auch schon die Tür ins Schloss. Vor einiger Zeit wäre Nils fast vom Auto angefahren worden, weil er sich nicht nach links und rechts umgeschaut hat, bevor er über die Straße lief. Es kann lebensgefährlich sein, Ordnungen und Gebote nicht zu beachten, die zu unserem Schutz aufgestellt worden sind.

Gott hat uns Ordnungen gegeben, nach denen wir leben sollen. Die bekanntesten sind die Zehn Gebote. Außerdem gibt es in der Bibel viele Anweisungen, die uns helfen sollen, im Frieden miteinander zu leben und uns so zu verhalten, wie es Gott gefällt: Helft anderen Christen, die in Not sind; streitet nicht, seid dankbar, sorgt euch nicht, liebt euren Nächsten. - Wer ein Kind Gottes ist, wird sich über diese Gebote nicht ärgern, sondern aus Liebe und Dankbarkeit Gott gegenüber versuchen zu tun. kr

---

Lernvers: *Dem HERRN, eurem Gott, sollt ihr nachfolgen und ihn sollt ihr fürchten. Seine Gebote sollt ihr halten und seiner Stimme gehorchen; ihm sollt ihr dienen und ihm anhängen.* 5. Mose 13 Vers 5

Montag 1 September 2008

Bibellese: Matthäus 15,29-39

Der Sohn des Menschen ist gekommen, zu suchen und zu retten, was verloren ist.
Lukas 19 Vers 10

Matthäus

„Unrein, unrein!"
So musste damals ein Aussätziger rufen, wenn ihm andere Menschen begegneten. Als Aussätziger lebte er getrennt von seiner Familie außerhalb des Dorfes. Sein Leben war einsam, verzweifelt, hoffnungslos. Niemand konnte ihm helfen.

Ein Aussätziger suchte eines Tages in seiner Not den Herrn Jesus auf und fiel vor seinen Füßen nieder: „Herr, wenn du willst, kannst du mich reinigen!" Vor Jesus kniete ein Mann, dessen Haut voller Geschwüre war und der unangenehm roch. Doch der Herr Jesus berührte ihn und sagte: „Ich will. Sei gesund!" Sofort war der Kranke geheilt. Nun konnte er zurück ins Dorf und zu seiner Familie.

Aussatz ist in der Bibel ein Bild für die Sünde, für Unreinheit. So wie ein Aussätziger keine Gemeinschaft mit anderen Menschen haben konnte, passt ein Sünder nicht zu Gott. Um diesen Zustand zu ändern, ist der Herr Jesus in diese Welt gekommen. Er will jeden, der ihn darum bittet, von der Sünde reinigen. (Matthäus 8,1-4) wl

---

Lernvers: *Dem HERRN, eurem Gott, sollt ihr nachfolgen und ihn sollt ihr fürchten. Seine Gebote sollt ihr halten und seiner Stimme gehorchen; ihm sollt ihr dienen und ihm anhängen.* 5. Mose 13 Vers 5

Dienstag 2 September 2008

Bibellese: Matthäus 16,1-4

Wenn du keinen Ausweg mehr siehst, dann rufe mich zur Hilfe! Ich will dich retten, und du sollst mich preisen.
Psalm 50 Vers 15

Matthäus

Gelähmt

"Herr, mein Diener liegt gelähmt zu Hause und hat furchtbare Schmerzen!" Ein Hauptmann wendet sich an den Herrn Jesus, damit dieser seinen Diener gesund macht. Gelähmt sein ist ein schlimmer Zustand. Der Kranke ist nicht fähig zu laufen, zu springen, zu arbeiten oder zu spielen. Wie wird der Diener sich gefühlt haben? Unglücklich, unbrauchbar, nur eine Last für die anderen? Keiner konnte seine Beschwerden lindern. Doch auf die Bitte des Hauptmanns antwortet der Herr Jesus: "Ich will kommen und ihn heilen." Für den Herrn Jesus ist das keine Frage. Hier braucht jemand seine Hilfe. Er ist sofort bereit dazu.

Unglücklich, unbrauchbar, überflüssig. Fühlst du dich vielleicht manchmal auch so in der Klasse oder zu Hause? Aber sind diese Gefühle wirklich berechtigt? Denke mal an den Gelähmten! Auch wenn er sich so gefühlt hat – der Hauptmann hat sich für ihn eingesetzt und Hilfe geholt. Und der Herr Jesus ist für jeden da, der um Hilfe bittet. (Matthäus 8,5.6) wl

---

Lernvers: *Dem HERRN, eurem Gott, sollt ihr nachfolgen und ihn sollt ihr fürchten. Seine Gebote sollt ihr halten und seiner Stimme gehorchen; ihm sollt ihr dienen und ihm anhängen.* 5. Mose 13 Vers 5

Mittwoch 3 September 2008

Bibellese:
Matthäus 16,5-12

Ich bin der Herr! Ich enttäusche keinen, der mir sein Vertrauen schenkt.
Jesaja 49 Vers 23

Großer Glaube

Der Hauptmann steht noch vor dem Herrn Jesus. Dieser hat ihm gerade zugesagt, mitzukommen und seinen Diener zu heilen. „Herr, ich bin es nicht wert, dass du in mein Haus kommst. Sprich nur ein Wort und mein Diener wird gesund! Ich habe Soldaten. Wenn ich ihnen einen Befehl gebe, führen sie ihn sofort aus. Ich weiß, dass du große Macht hast." Jesus ist erstaunt über den Glauben und das Vertrauen, das der Hauptmann hat. So etwas hat er noch nicht erlebt. „Geh nach Hause, was du mir zugetraut hast, soll geschehen!" Zur selben Zeit wird der Diener gesund.

Der Hauptmann wusste wahrscheinlich nicht allzu viel von Jesus. Aber er war von ihm überzeugt und traute ihm das Wunder zu, seinen Diener zu heilen. Dieses Vertrauen wurde nicht enttäuscht. Er erlebte Großartiges, Unglaubliches. Du musst nicht erst viel über Jesus wissen. Vertraue ihm, und traue ihm Großes zu. Dann wirst du ihn immer besser kennenlernen. (Matthäus 8,8-13)   wl

---

Lernvers: *Dem HERRN, eurem Gott, sollt ihr nachfolgen und ihn sollt ihr fürchten. Seine Gebote sollt ihr halten und seiner Stimme gehorchen; ihm sollt ihr dienen und ihm anhängen.*   5. Mose 13 Vers 5

Donnerstag 4 September 2008

Bibellese: Matthäus 16,13-20

Wie viel wertvoller ist nun ein Mensch als ein Schaf! Also ist es erlaubt, am Sabbat Gutes zu tun.
Matthäus 12 Vers 12

Gelähmte Hand

„Ist es erlaubt am Sabbat zu heilen?", fragen einige Pharisäer den Herrn Jesus. Bei ihnen ist ein Mann mit einer lahmen Hand. Er ist ungeschickt und oft auf Hilfe angewiesen. Leider geht es den Pharisäern nicht um Hilfe für den Kranken, sondern um die Befolgung der Gesetze. Und diese verbieten viele Tätigkeiten am Sabbat. Jesus erklärt: „Wenn ein Schaf in ein Loch fällt, holt ihr es auch am Sabbat raus. Ein Mensch ist doch viel mehr wert." Den Kranken fordert er auf: „Strecke deine Hand aus!" Der Mann tut es und sofort ist sie gesund. Du hast zwei gesunde Hände? Trotzdem kann es passieren, dass du dir ungeschickt vorkommst, weil andere besser malen, basteln, musizieren können. Was macht dich wertvoll für den Herrn Jesus? Deine Gesundheit, Begabungen, dein Geschick? Natürlich nicht. Du mit deiner Persönlichkeit bist ihm wertvoll. Noch etwas: Die Pharisäer meinten, der Herr Jesus dürfte am Sabbat niemanden heilen. Aber er ist für jeden jederzeit da. (Matthäus 12,10-13) wl

---

Lernvers: *Dem HERRN, eurem Gott, sollt ihr nachfolgen und ihn sollt ihr fürchten. Seine Gebote sollt ihr halten und seiner Stimme gehorchen; ihm sollt ihr dienen und ihm anhängen.* 5. Mose 13 Vers 5

Freitag · 5 · September 2008

Bibellese:
Matthäus 16,21-28

Öffne meine Augen, damit ich schaue die Wunder aus deinem Gesetz.
Psalm 119 Vers 18

Matthäus

Blind

„Sohn Davids! Hab Erbarmen mit uns!" Zwei Blinde folgen dem Herrn Jesus in das Haus, in dem er sich aufhält. Sie möchten so gern von der Dunkelheit befreit werden. Weil sie nichts sehen, brauchen sie für vieles Erklärungen und Hilfe und sind ständig auf andere angewiesen. Keiner konnte sie bisher von ihrer Blindheit heilen. „Glaubt ihr, dass ich euch helfen kann?", fragt Jesus sie. „Ja, Herr!" Sie sind sich ganz sicher. "Weil ihr glaubt, soll es geschehen", antwortet Jesus. Sofort sind sie geheilt. Die Dunkelheit ist vorbei. (Matthäus 9,27-31)

Auch wenn du gute Augen hast, kannst du dich ähnlich wie ein Blinder fühlen. Du hast den Eindruck, dass dir der Durchblick fehlt, du begreifst vielleicht vieles nicht so schnell wie andere. Du brauchst immer eine Zusatzerklärung. Sogar der Schreiber vom Psalm 119 hatte den Eindruck, dass er Gottes Gebote nicht gut genug „blickt". Er betete: Öffne mir die Augen, damit ich die Wunder erkenne, die dein Gesetz enthält! wl

---

Lernvers: *Dem HERRN, eurem Gott, sollt ihr nachfolgen und ihn sollt ihr fürchten. Seine Gebote sollt ihr halten und seiner Stimme gehorchen; ihm sollt ihr dienen und ihm anhängen.* 5. Mose 13 Vers 5

Samstag 6 September 2008

Bibellese: Matthäus 17,1-8

Ich habe erkannt, dass du alles vermagst und kein Plan für dich unausführbar ist.
Hiob 42 Vers 2

Du bist gemeint

In den letzten Tagen ging es um Aussätzige, die einsam und abgeschoben waren, einen Gelähmten, der sich unbrauchbar fühlte, einen Mann mit einer lahmen Hand, der ungeschickt war, Blinde, die auf Hilfe und viele Erklärungen angewiesen waren. Für sie alle ist Jesus gekommen. Er hat sie geliebt und geheilt und damit immer wieder gezeigt, wie mächtig er ist.
Hast du bei den Geschichten gedacht: „So ähnlich komme ich mir auch vor?" Egal, ob du dich abgeschoben und einsam fühlst, ob du denkst, dass du unbrauchbar, ungeschickt oder schwer von Begriff bist: Für den Herrn Jesus ist keiner nervig oder nutzlos. Er ist derjenige, der jeden Menschen bedingungslos liebt.
Einige der Kranken, von denen du gehört hast, haben den Herrn Jesus um Hilfe und Veränderung für ihre Not gebeten. Das darfst du auch tun. Bitte habe aber auch Geduld, denn der Herr Jesus hat nicht versprochen, alles nach unseren Vorstellungen zu machen. Er handelt nach seinem weisen Plan. wl

---

Lernvers: *Dem HERRN, eurem Gott, sollt ihr nachfolgen und ihn sollt ihr fürchten. Seine Gebote sollt ihr halten und seiner Stimme gehorchen; ihm sollt ihr dienen und ihm anhängen.* 5. Mose 13 Vers 5

Sonntag 7 September 2008

Bibellese: Matthäus 17,22-27

Jeder nun, der mich vor den Menschen bekennen wird, den werde auch ich bekennen vor meinem Vater, der in den Himmeln ist.
Matthäus 10 Vers 32

Wir erklären den Lernvers
Lars und Samuel haben sich schnell angefreundet. Vor einiger Zeit ist Samuel mit seinen Eltern aus Rumänien gekommen. Ihm fällt es schwer, sich an die neue Umgebung zu gewöhnen. In der Schule wird er abgelehnt, weil er sich beim Fußballspielen ungeschickt verhielt. „Deinetwegen verlieren wir jetzt. Wärst du doch in eurem blöden Land geblieben!" Lars spürt, jetzt muss er zu seinem Freund halten. „Hört auf, das kann jedem passieren. Wenn ihr ihn rausschmeißt, könnt ihr ohne mich weitermachen!" Samuel ist froh, dass Lars zu ihm hält. - Der Herr Jesus wird heutzutage von vielen Menschen nicht beachtet und sogar schlechtgemacht. Sie kennen ihn nicht oder haben Lügen über ihn gehört. Deshalb sollen diejenigen, die ihn kennen, mutig von ihm erzählen. Ihnen verspricht der Herr Jesus, dass er sich vor seinem Vater im Himmel zu ihnen bekennen wird. Er wird sagen: Diese gehören zu mir und sie sollen für immer bei mir bleiben!

Lernvers: *Jeder nun, der mich vor den Menschen bekennen wird, den werde ich auch bekennen vor meinem Vater, der in den Himmeln ist.* Matthäus 10 Vers 32

Montag 8 September 2008

Bibellese: Matthäus 18,1-6

Denn so hat Gott die Welt geliebt, dass er seinen eingeborenen Sohn gab, damit jeder, der an ihn glaubt, nicht verloren geht, sondern ewiges Leben hat.
Johannes 3 Vers 16

Halt die Luft an!

Elena ist sieben Jahre alt und kann 15 Sekunden lang die Luft anhalten. Wie lange schaffst du es? Nach diesem Test merkst du, wie gut es tut, wenn du wieder richtig durchatmen kannst. Die meisten Lebewesen brauchen Luft zum Leben.
Schau dich einmal um, kannst du die Luft sehen? Natürlich nicht, denn saubere Luft hat weder Farbe, noch Geruch oder Geschmack. Aber mit deinen Sinnesorganen kannst du ihre Auswirkungen bemerken: Du hörst, wie der Wind rauscht; du siehst, wie er die Blätter an den Bäumen bewegt; du fühlst, wie er dir ins Gesicht bläst. Was Luft alles kann, liest du in dieser Woche. In Gottes Schöpfung gibt es nichts Unwichtiges. Jede Einzelheit ist vom ihm gewollt und geplant. Und dazu gehörst auch du. Das bedeutet, dass du ebenfalls wichtig bist. Vor allem wichtig für Gott. Wie zeigt Gott dir das? Lies noch mal den Bibelvers von heute und setze an Stelle der Worte „Welt" und „jeder" deinen Namen ein. kg

---

Lernvers: *Jeder nun, der mich vor den Menschen bekennen wird, den werde auch ich bekennen vor meinem Vater, der in den Himmeln ist.* Matthäus 10 Vers 32

Dienstag 9 September 2008

Bibellese: Matthäus 18,10-14

Jesus stand auf und bedrohte den Wind und die Wellen. Da legte sich der Sturm und es wurde ganz still.
Lukas 8 Vers 24

Bewegte Luft

Wenn es dir mal zu heiß wird, ein Tipp zum Abkühlen: Falte ein Blatt Papier im Zickzack, halte es unten fest und ziehe es oben ein wenig auseinander. Es entsteht ein Fächer, mit dem du dir Luft zufächeln kannst. Wind ist bewegte Luft. Wie entsteht der Wind eigentlich? Die Sonne erwärmt Luft. Diese steigt nach oben, und damit am Boden kein Luftloch entsteht, fließt kalte Luft nach. Diese ausgleichenden Luftströmungen spüren wir als Wind. Die Luftbewegung wird in Windstärken von 0 bis 12 eingeteilt. Bei Windstärke 0 ist Windstille, Rauch zum Beispiel steigt gerade hoch. Bei Windstärke 12 wütet ein Orkan, es gibt schwere Verwüstungen an Gebäuden und in der Natur. Manche Ereignisse im Leben können wir mit einem unangenehmen Sturm vergleichen. Wenn es in deinem Leben „stürmt", denk daran, dass du den Herrn Jesus um Hilfe bitten kannst. Er ist mächtiger als alles und kann den Sturm beruhigen und dir helfen, still zu werden. kg

---

Lernvers: *Jeder nun, der mich vor den Menschen bekennen wird, den werde auch ich bekennen vor meinem Vater, der in den Himmeln ist.* Matthäus 10 Vers 32

Mittwoch 10 September 2008

Bibellese: Matthäus 18,15-20

Der Herr ist denen nahe, die zu ihm beten und es ehrlich meinen.
Psalm 145 Vers 18

Tragflächen und Turbinen

Hast du schon mal überlegt, warum ein Flugzeug fliegen kann? Vielleicht hast du Gelegenheit dir einen (Modell-)Flugzeugflügel aus der Nähe anzusehen. Er ist auf der Oberseite gewölbt und auf der Unterseite flach. Dadurch strömt die Luft oben ein bisschen schneller als unten. Dabei entsteht ein Sog nach oben und der Flieger bekommt Auftrieb.
Beim Düsenantrieb wird Luft vorne am Triebwerk angesaugt, stark zusammengepresst und mit Treibstoff vermischt. Die heißen Gase, die bei der Verbrennung entstehen, brauchen viel Platz und sausen deshalb mit großer Geschwindigkeit durch die Düse nach hinten. Die Kraft, die dadurch entsteht, bewegt das Flugzeug nach vorne. Schwer zu verstehen, stimmt's? Tatsache ist, dass wir mit einem Flugzeug große Entfernungen überwinden können. Wohin wir auch fliegen - Gott ist immer bei uns. Wenn unser Leben ihm gehört, ist er uns immer nah und wir brauchen nirgendwo auf der Welt auf seine Nähe zu verzichten. kg

---

Lernvers: *Jeder nun, der mich vor den Menschen bekennen wird, den werde auch ich bekennen vor meinem Vater, der in den Himmeln ist.* Matthäus 10 Vers 32

Donnerstag 11 September 2008

Bibellese: Matthäus 19,16-22

In Gottes Hand liegen die Tiefen der Berge und die Gipfel der hohen Berge. Kommt, wir wollen ihn anbeten.

Psalm 95 Verse 4.6

Luftige Fahrt

Was ist das? Es ist rund, bunt und gleitet durch die Luft. Richtig, ein Heißluftballon. Der Name verrät schon, was sich in der festen Kunststoffhülle befindet: heiße Luft. Da die heiße Luft leichter ist als die kühlere Außenluft, steigt der Ballon nach oben. Der Ballonfahrer muss nach einiger Zeit die Luft mit einem Gasbrenner neu erhitzen und wenn er landen will, „feuert" er nicht weiter. Heißluftballons kann man nicht lenken, sie treiben mit dem Wind wie eine Wolke. Aus dem Ballonkorb heraus hat man einen wunderbaren Blick über Berge und Täler.

Wer sich in der Bibel auskennt, weiß, dass die ganze schöne Natur in Gottes Hand liegt. Dieser große, mächtige Gott hält auch dich in seiner Hand. Ihm ist bekannt, was heute geschieht und was du brauchst. Gott kümmert sich um dich, vergiss nicht „Danke" dafür zu sagen. kg

---

Lernvers: *Jeder nun, der mich vor den Menschen bekennen wird, den werde auch ich bekennen vor meinem Vater, der in den Himmeln ist.* Matthäus 10 Vers 32

Freitag 12 September 2008

Bibellese: Matthäus 19,23-30

Du, Herr, bietest mir Schutz wie eine sichere Burg, zu dir kann ich fliehen, wenn ich weder aus noch ein weiß.
Psalm 59 Vers 17

Schutz gesucht!

Wusstest du, dass Luft warmhalten kann? Wenn es kalt ist, kannst du beobachten, dass Vögel plötzlich viel dicker aussehen. Sie haben nicht etwa Übergewicht, sondern plustern die Federn auf, so dass sich dazwischen viel Luft befindet. Der Vogelkörper erwärmt die Luft und das Luftpolster wirkt wie eine warme Decke. Auch Schafwolle kann in vielen kleinen Kammern Luft speichern und ist somit ein guter Kälteschutz. Für uns Menschen ist das sehr wichtig, denn wir haben keinen solchen natürlichen Schutz.

Nicht nur vor Kälte brauchst du Schutz. Es gibt Umstände, in denen du dich nicht selber schützen kannst. Deshalb ist es wichtig, jemanden zu kennen, der bereit ist, dir seinen Schutz zu geben. In der Bibel kannst du lesen (siehe Bibelvers), dass Gott dein Beschützer sein möchte. Das kann er jedoch nur, wenn du das selber möchtest und ihn darum bittest. Er wartet darauf, dass du dich ihm anvertraust.

kg

Lernvers: *Jeder nun, der mich vor den Menschen bekennen wird, den werde auch ich bekennen vor meinem Vater, der in den Himmeln ist.* Matthäus 10 Vers 32

Samstag 13 September 2008

Bibellese: Matthäus 20,1-7

Vom Himmel lässt du Regen auf die Berge niedergehen, die Erde saugt ihn auf und wird fruchtbar.
Psalm 104 Vers 13

Blitz und Donner

Hast du Angst vor Gewitter? Weißt du, wie ein Gewitter entsteht? Bei heißem Wetter, wenn plötzlich kalte Wolken und Wind kommen, entstehen in der Luft starke elektrische Spannungen, die sich dann in Form von Blitzen entladen. Dabei wird die Luft regelrecht auseinandergerissen und sofort knallt sie wieder zusammen. Das ist der Donner, der durch Echo mehrfach verstärkt wird. Etwas Ähnliches geschieht, wenn es beim Ausziehen eines Pullovers knistert. Bei völliger Dunkelheit kann man sogar diese kleinen „Blitze" erkennen. Den „Donner" hört man dabei als Knistern. - Doch Gott, der Schöpfer, hat das Gewitter nicht gemacht, um die Menschen zu erschrecken, sondern um Stickstoff aus der Luft durch die Hitze des Blitzes herauszulösen und im Regen zur Erde zu bringen. Stickstoff ist ein notwendiger Stoff für die Pflanzenwelt. Deshalb ist ein Gewitterregen nicht nur *furcht*barer, sondern auch *frucht*barer als normaler Regen. sg

---

Lernvers: *Jeder nun, der mich vor den Menschen bekennen wird, den werde auch ich bekennen vor meinem Vater, der in den Himmeln ist.* Matthäus 10 Vers 32

Sonntag 14 September 2008

Bibellese: Matthäus 20,8-16

Mein Ratschluss soll zustande kommen, und alles, was mir gefällt, führe ich aus.
Jesaja 46 Vers 10

Wir erklären den Lernvers
Familie Klein beratschlagt, was sie in den Herbstferien machen könnte. Das Ergebnis der Beratung: Urlaub an der Nordsee. Leon freut sich schon auf diese Zeit. Doch kurz vor den Ferien bricht er sich beim Fußballspielen ein Bein und muss operiert werden. Der Traum vom Urlaub zerplatzt. Vielleicht hast du Ähnliches erlebt, sodass die schönsten Pläne nicht zustande kamen. Ganz anders ist das bei Gott. Er ist so mächtig, dass er mit Sicherheit sagen kann, dass seine Pläne (sein Ratschluss) verwirklicht werden. Gottes Ratschluss befasst sich mit der ganzen Welt, aber auch mit unserem Leben. Wir überlegen, welche Schule, welcher Beruf, welcher Partner richtig ist. Wenn wir unser Leben Gott anvertraut haben und als seine Kinder leben, können wir sicher sein, dass er den Überblick hat. Gott weiß alles und hat auch die Zukunft unter Kontrolle. Deshalb sollten wir Gott bitten: Lass deinen Ratschluss in meinem Leben zustande kommen. vc

---

Lernvers: *Mein Ratschluss soll zustande kommen, und alles, was mir gefällt, führe ich aus.*   Jesaja 46 Vers 10

Montag, 15 September 2008

Bibellese: Matthäus 20,17-28

Kindermissionarin
Marianne Plentz

Geht hin in die ganze Welt und predigt das Evangelium der ganzen Schöpfung!
Markus 16 Vers 15

Wo fängt der Missionsauftrag an?
Bei mir fing er damit an, dass meine Eltern schon für mich beteten, als ich noch im Bauch meiner Mutti war. Sie wünschten sehnlich, dass meine Geschwister und ich Christen werden. Damit wir Gott und Jesus kennenlernen, hat meine Mutti uns jeden Abend aus der Kinderbibel vorgelesen und mit uns gebetet. Außerdem haben die Eltern uns mit in den Gottesdienst genommen und in die Kinderstunde geschickt. Dort waren wir nicht immer gern (manchmal war es langweilig), aber wir haben viel über Gott und Jesus gelernt. Als Kind fing ich selbst an zu beten und erlebte, dass Gott Gebet erhört. Zum Beispiel hat uns Geld gefehlt, um unser erstes Auto zu bezahlen. Da habe ich mit um Geld gebetet und Gott gab es uns zur richtigen Zeit.

Ich war überzeugt, dass es Gott und Jesus gibt, trotzdem war ich mir nicht sicher, ob ich zu Gott gehöre. Um anderen von Gott zu erzählen, fehlte mit der Mut. Wie sich das verändert hat, kannst du in den nächsten Tagen lesen. pz

---

Lernvers: *Mein Ratschluss soll zustande kommen, und alles, was mir gefällt, führe ich aus.* Jesaja 46 Vers 10

Dienstag 16 September 2008

Bibellese: Matthäus 20,29-34

Kindermissionarin
Marianne Plentz

So viele ihn aber aufnahmen, denen gab er das Recht, Kinder Gottes zu werden, denen, die an seinen Namen glauben.
Johannes 1 Vers 12

Wie wird man ein Kind Gottes?

Ich berichtete, dass ich durch meine Eltern und die Kinderstunde viel über Gott und den Herrn Jesus gelernt habe. Eine Sache machte mir aber lange Zeit Angst: Ich wusste nicht, ob ich zum Herrn Jesus gehöre. Klar war mir, dass meine Eltern bei ihm sein würden, wenn er alle Gläubigen in den Himmel holt. Aber wäre ich dabei? Wenn ich von der Schule kam, habe ich oft zuerst nachgeschaut, wo meine Eltern sind. Wenn ich sie gefunden hatte, war ich erleichtert. Weil mir das so eine Not war, habe ich eines Tages meinen Vater gefragt, was ich tun kann, damit ich ganz sicher zum Herrn Jesus gehöre. Er hat mir erklärt, dass ich ihn um Vergebung meiner Schuld bitten darf, weil er für mich gestorben ist, und dass ich ihn bitten kann, in mein Leben zu kommen. Ich habe mir dann einen ruhigen Platz gesucht, um mit dem Herrn Jesus zu reden. Ich habe so gebetet, wie es mein Vater erklärt hat. Und da wusste ich: Jetzt bin ich ein Kind Gottes und gehöre zu ihm. pz

---

Lernvers: *Mein Ratschluss soll zustande kommen, und alles, was mir gefällt, führe ich aus.* Jesaja 46 Vers 10

Mittwoch 17 September 2008

Bibellese: Matthäus 21,1-11

Kindermissionarin
Marianne Plentz

Wer mein Wort hört und glaubt dem, der mich gesandt hat, der hat ewiges Leben und kommt nicht ins Gericht.
Johannes 5 Vers 24

Wie kann ich wissen, dass ich ewiges Leben habe?
Mit etwa 9 Jahren habe ich den Herrn Jesus in mein Leben aufgenommen. Aber mit 10 Jahren hatte ich Zweifel und war mir gar nicht mehr sicher, ob ich wirklich zu ihm gehöre. Ein Jahr später bin ich zu einer Freizeit gefahren, um aus der Bibel zu lernen und mit Freunden schöne Ferien zu verbringen. Weil ich Zweifel hatte, ob ich wirklich zu Jesus gehöre, habe ich mit einer Mitarbeiterin darüber gesprochen. Ich konnte dem Herrn Jesus Schuld bekennen, die in meinem Leben noch nicht bereinigt war, und er hat mir vergeben. Ganz bewusst habe ich ihm gesagt, dass er mein Herr sein soll. Nun hatte ich auch eine Zeugin, die mitgehört hat, dass ich mit ihm leben will. Das gab mir einfach Sicherheit und seitdem folge ich froh dem Herrn Jesus nach. Als mir später noch einmal Zweifel kamen, ob der Herr Jesus mich angenommen hat, war mir eine große Hilfe, dass mir jemand sagte: „Verlass dich auf die Bibel, das Wort Gottes, und nicht auf deine Gefühle." pz

---

Lernvers: *Mein Ratschluss soll zustande kommen, und alles, was mir gefällt, führe ich aus.* Jesaja 46 Vers 10

Donnerstag 18 September 2008

Bibellese: Matthäus 21,12-17

Kindermissionarin
Marianne Plentz

So soll euer Licht leuchten vor den Menschen, damit sie eure guten Werke sehen und euren Vater, der in den Himmeln ist, verherrlichen. Matthäus 5 Vers 16

Wo und wie kann man Jesus bekennen?

Seitdem ich dem Herrn Jesus mein Leben anvertraut hatte, war der Wunsch da, für ihn zu leben. Fast jeden Morgen betete ich darum, dass ich in der Schule ein Licht für ihn sein kann. Als ich in die 7. Klasse ging, erkrankte ich an einer Gelbsucht und musste 7 Wochen im Krankenhaus liegen. Am Ende des Schuljahres war ich trotzdem eine der besten Schülerinnen meiner Klasse. Ich sollte bei einer Schulversammlung berichten, wie ich das geschafft habe. Ich wusste, dass all mein Können und Wissen nicht von mir kam, auch wenn ich natürlich fleißig gelernt hatte. Dass ich so gut abgeschlossen hatte, war für mich ein Geschenk Gottes. Aber sollte ich das vor den anderen so sagen? Ich fragte meinen Vater um Rat und er hat mir viel Mut gemacht. Mit Gottes Hilfe konnte ich es so erzählen und es hat keiner gelacht, obwohl fast alle Anwesenden gegen Gott waren. Mit 14 Jahren kam auf einer Freizeit das erste Mal der Wunsch in mir auf, einmal Kindermissionarin zu werden. pz

---

Lernvers: *Mein Ratschluss soll zustande kommen, und alles, was mir gefällt, führe ich aus.* Jesaja 46 Vers 10

Freitag 19 September 2008

Bibellese: Matthäus 21,18-22

Kindermissionarin **Marianne Plentz**

Ihr habt euch von den Götzen zu Gott bekehrt, um dem lebendigen und wahren Gott zu dienen.

1. Thessalonicher 1 Vers 9

Wie kann ich Gott dienen?

Als Schülerin hatte ich verschiedene Berufswünsche. Dazu gehörten Kindergärtnerin und Lehrerin, aber diese Berufe durfte ich als Christ in der damaligen DDR nicht erlernen. Dann dachte ich an Krankenschwester, weil man da anderen Menschen helfen kann. Mein Vater gab zu bedenken, dass es bei diesem schönen Beruf aber Schichtdienst gibt. Da ich in unserer Gemeinde im Chor und in der Kinderstunde helfen wollte, habe ich mich entschieden Wirtschaftskauffrau zu werden. Neben den Aufgaben in der eigenen Gemeinde hatte ich Gelegenheit, in einem Team in verschiedenen Gemeinden Abendprogramme zu gestalten mit Singen, Anspielen und persönlichen Zeugnissen. Das war toll, gemeinsam mit anderen dem Herrn Jesus zu dienen und vom ihm weiterzuerzählen. Außerdem arbeitete ich in den Ferien als Mitarbeiterin auf Freizeiten mit. In dieser Zeit merkte ich, dass es gut wäre, eine Bibelschule zu besuchen, um die Bibel noch besser kennenzulernen. Ich fing an, dafür zu beten, dass ich das tun kann. pz

---

Lernvers: *Mein Ratschluss soll zustande kommen, und alles, was mir gefällt, führe ich aus.* Jesaja 46 Vers 10

Samstag 20 September 2008

Bibellese:
Matthäus 21,23-27

Kindermissionarin
Marianne Plentz

Die Ernte zwar ist groß, die Arbeiter aber sind wenige. Bittet nun den Herrn der Ernte, dass er Arbeiter aussende in seine Ernte!
Matthäus 9, 37.38

Gott ruft mich!

Ich betete 10 Jahre lang, bis ich 1983 zu einer Bibelschule gehen konnte. Schon vor dieser Zeit hatte ich erfahren, dass in Ostdeutschland Mitarbeiter für die Arbeit mit Kindern fehlten. Ich bat Gott, dass er sie schickt.
Zum Unterricht gehörte, vor der Klasse eine biblische Geschichte zu erzählen. Bevor ich dran war, war mir ganz schlecht und ich betete: „Herr Jesus, wenn ich dir in der Arbeit an den Kindern dienen soll, dann hilf mir bitte." Die Erzählung gelang sehr gut! Bald kam die Anfrage von einem Bibelschullehrer, ob ich mir vorstellen könnte, als Kindermissionarin tätig zu sein. Mit 14 Jahren war das schon mein Wunsch gewesen, aber nun hatte ich Bedenken. Kurz darauf wurde ich krank und hatte Zeit zum Nachdenken und Beten. Mir wurde klar: Gott hat mir mein Leben geschenkt und ich kann ihm damit dienen. Durch eine Predigt bekam ich die Gewissheit, dass ich in der Kinderarbeit beginnen sollte. Das tat ich 1985 und Gott hat zu der Aufgabe Hilfe und Gelingen geschenkt. pz

---

Lernvers: *Mein Ratschluss soll zustande kommen, und alles, was mir gefällt, führe ich aus.* Jesaja 46 Vers 10

Sonntag 21 September 2008

Bibellese:
Matthäus 21,28-32

Das Volk, das seinen Gott kennt, wird sich stark erweisen und entsprechend handeln.
Daniel 11 Vers 32

Wir erklären den Lernvers

Wahrscheinlich kennst du einige der Ereignisse aus dem Neuen Testament: Die Jünger fürchteten sich auf dem See vor Wind und Wellen, weil sie noch nicht verstanden hatten, dass Jesus auch der Herr über die Stürme ist. Sie meinten, mit fünf Broten und zwei Fischen könnten keine 5000 Menschen satt werden, weil sie nicht wussten, dass der Herr Jesus aus wenig viel machen kann. Bei der Kreuzigung ließen sie ihn aus Angst um ihr eigenes Leben im Stich, weil sie das mit der Auferstehung nicht glauben konnten. Sie wussten wenig davon, wer ihr Herr eigentlich war. Doch nach der Auferstehung und den Erfahrungen zu Pfingsten verloren sie alle Unsicherheit, Angst und Sorge. Da predigten sie mutig die Botschaft von Jesus, dem starken Erlöser und Herrn der Welt. Je besser sie ihn kannten, desto weniger konnten Menschen oder Ereignisse sie entmutigen. Der Apostel Paulus fragte später: „Wenn Gott für uns ist, wer kann da gegen uns sein?" ba

---

Lernvers: *Das Volk, das seinen Gott kennt, wird sich stark erweisen und entsprechend handeln.* Daniel 11 Vers 32

Montag 22 September 2008

Bibellese:
Matthäus 21,33-39

Betet unablässig! Sagt in allem Dank! Denn dies ist der Wille Gottes in Christus Jesus für euch.
1. Thessalonicher 5 Verse 17.18

Beten, wie macht man das?

Ein Lied übers Beten mag ich besonders: „Beten ist reden mit Gott und hören. Gott hat versprochen, Gebet zu hören!" Gott freut sich, wenn ich ihm erzähle, was ich schön finde oder was mir Kummer macht. Wie einem guten Freund kann ich ihm alles anvertrauen. So lobe ich ihn, weil er bei der Schöpfung so tolle Ideen hatte. Und ich danke ihm, wenn ich in seinem Wort Versprechen entdecke, die er mir gibt. In Schwierigkeiten bitte ich ihn um Hilfe. Oft bete ich auch für Freunde und Verwandte, die Probleme haben. Ich bin froh, dass Gott versteht, wie ich es meine. Weil es aber ein Gespräch mit Gott ist, möchte ich auch wissen, was er mir zu sagen hat. Deshalb lese ich in der Bibel, denn durch sie spricht Gott zu mir.

Ich weiß: Gott hört meine Gebete. Und er antwortet so, wie es gut für mich ist. Das kann heißen: „Ja", „Nein" oder „Warte!" In dieser Woche wirst du lesen, was Kinder und Erwachsene mit dem Gebet erlebt haben. kt

---

Lernvers: *Das Volk, das seinen Gott kennt, wird sich stark erweisen und entsprechend handeln.* Daniel 11 Vers 32

Dienstag 23 September 2008

Bibellese: Matthäus 21,40-46

Du wirst zu ihm beten, und er wird dich erhören.
Hiob 22 Vers 27

Wieso muss man beten?

„Gott hört Gebet. Nein, er ist nicht taub. Denk daran und glaub: Gott hört Gebet!" Fröhlich singen die Kinder der Kinderstunde das Lied. Plötzlich fragt Rouven: „Wieso muss man eigentlich beten? Gott weiß doch sowieso alles." „Das ist eine gute Frage, Rouven!", bestätigt Beate, die Mitarbeiterin. „Überlegt einmal: Was macht man, wenn man sich freut oder traurig ist?" Aufgeregt ruft Felix dazwischen: „Na, dann gehe ich zu meiner Mama oder meinem Papa und erzähle alles." „Na klar", pflichtet Janina bei, „du hast doch zu ihnen das meiste Vertrauen. Sie kennen dich und freuen sich mit dir oder trösten dich." „Heißt das etwa, dass es Gott auch nicht egal ist, wie es mir geht? Wünscht er sich vielleicht, dass ich mit ihm genauso rede wie mit meinen Eltern?", überlegt Rouven laut. „Ja, Rouven", ermutigt ihn Beate. „Er freut sich, wenn du ihm sagst, was dich bewegt." „Dann ist das Gebet ja etwas ganz Besonderes", staunt Rouven. kt

---

Lernvers: *Das Volk, das seinen Gott kennt, wird sich stark erweisen und entsprechend handeln.* Daniel 11 Vers 32

Mittwoch 24 September 2008

Bibellese: Matthäus 22,1-7

Fürchte dich nicht, denn ich bin mit dir! Habe keine Angst, denn ich bin dein Gott!
Jesaja 41 Vers 10

Beten, wenn ich Angst habe?!

Es ist 22 Uhr. Die Tür zum Wohnzimmer geht auf. „Mutti, ich kann gar nicht schlafen", beschwert sich Lina. „Immer wenn ich die Augen zumache, sehe ich komische Fratzen." „Setz dich mal zu mir und dann erzähl mir, was du so in den letzten Tagen erlebt hast", fordert die Mutter sie auf. Lina berichtet, dass sie vor drei Tagen im Zeichenunterricht ein Hörbuch von Harry Potter gehört haben. „Mutti, mir hat das gar nicht gefallen", erklärt Lina, „aber ich konnte doch nicht aus dem Unterricht weggehen." „Das stimmt natürlich", entgegnet die Mutter. „Ach, Mutti, seitdem träume ich so komische Sachen und habe Angst", erzählt Lina. Die Mutter liest ihr aus der Bibel Jesaja 41 Vers 10 vor (Vers von heute). „Und jetzt beten wir dafür, dass du wieder einschlafen kannst." In den nächsten Tagen macht Lina es so: Immer, wenn komische Träume kommen, betet sie. Danach kann sie ruhig weiterschlafen. kt

---

Lernvers: *Das Volk, das seinen Gott kennt, wird sich stark erweisen und entsprechend handeln.* Daniel 11 Vers 32

Donnerstag 25 September 2008

Bibellese: Matthäus 22,8-14

Ich habe ihm vertraut und er hat mir geholfen. Jetzt kann ich wieder jubeln!
Psalm 28 Vers 7

Beten um Kleinigkeiten?!

„Morgen ist endgültig der letzte Abgabetermin für die Schulbücher!", verkündet der Klassenlehrer. Jannik ist verzweifelt. Seit Tagen sucht er sein Lesebuch. Endlich gibt er sich einen Ruck und fragt seine Mutter. Doch sie hat es auch nicht gesehen. Nun suchen beide – vergeblich. Da schlägt sie vor: „Jannik, wir beten jetzt darum, dass wir das Buch finden." Erstaunt fragt Jannik: „Mutti, glaubst du, dass Gott wegen so einer Kleinigkeit hört?" „Ja, Jannik. Gott freut sich, wenn wir ihn auch in solchen Situationen um seine Hilfe bitten." Nach dem Gebet schickt sie ihren nachdenklichen Jungen ins Bett. Beim Aufräumen kommt ihr plötzlich ein Gedanke: „Vielleicht ist das Buch hinter den Schuhschrank im Flur gerutscht." Sie rückt ihn etwas ab – und findet das Buch. Sofort erzählt sie es Jannik, dem ein Stein vom Herzen fällt. Dann danken beide Gott: „Danke, lieber Vater im Himmel, dass das Buch wieder da ist. Danke, dass du auch in kleinen Dingen hilfst." kt

---

Lernvers: *Das Volk, das seinen Gott kennt, wird sich stark erweisen und entsprechend handeln.* Daniel 11 Vers 32

Freitag 26 September 2008

Bibellese: Matthäus 22,15-22

Bitte, verschließ deine Ohren nicht vor meinem Flehen! Erhöre uns, wann immer wir zu dir um Hilfe rufen!

1. Könige 8 Vers 52

Wie antwortet Gott auf Gebet?

„Lieber Vater im Himmel, Marie hat Leukämie und möchte gern gesund werden. Nur du kannst helfen. Du weißt, was sie braucht, damit sie ein wenig fröhlich sein kann", beten einige Frauen. Sie treffen sich regelmäßig, um Bibelkurse zu korrigieren, die von Kindern eingeschickt werden. Auch Marie nimmt seit einigen Wochen teil und die Frauen beantworten ihre Briefe, die sie immer beilegt. In einem der Briefe hat sie von ihrer Krankheit erzählt und sich gewünscht, dass die Frauen für sie beten. Das wollen sie gerne tun. Wie wird Gott ihr Gebet beantworten?
Eines Tages erfährt Carolin von Marie. Carolin hatte auch Leukämie und durfte diese schlimme Krankheit überwinden. So schreibt sie Marie einen langen Brief. Als Marie diesen liest, wird sie froh. Da ist jemand, der genau weiß, wie man sich bei dieser schrecklichen Krankheit fühlt. Das tut gut. - Gott weiß, dass Marie gerade diese Ermutigung braucht. Beobachte einmal, wie Gott deine Gebete beantwortet!

kt

Lernvers: *Das Volk, das seinen Gott kennt, wird sich stark erweisen und entsprechend handeln.* Daniel 11 Vers 32

Samstag 27 September 2008

Bibellese: Matthäus 22,23-33

Wenn wir unsere Sünden bekennen, ist er treu und gerecht, dass er uns die Sünden vergibt und uns reinigt von jeder Ungerechtigkeit.
1. Johannes 1 Vers 9

Hilft beten, wenn ich gesündigt habe?

"Papa, kann ich mal mit dir reden?", fragt Kevin. Der Vater nickt ihm aufmunternd zu. "Ich habe ein Problem. In der Kinderstunde haben wir über den Himmel gesprochen. Krieg, Krankheit, Tod und Leid gibt es dort nicht mehr. Stell dir vor, Jesus bereitet Wohnungen vor. Alles ist aus Perlen, Edelsteinen und Gold. Gott selbst ist das Licht. Dort würde ich gern einmal wohnen. Aber weißt du, in den letzten Tagen habe ich gemerkt, dass ich da gar nicht hineinpasse." Vater hakt nach: "Wie kommst du darauf, Kevin?" "Ach, Papa, immer wieder denke, rede und tue ich Dinge, die böse sind. Das passt nicht", antwortet Kevin traurig. Der Vater erklärt ihm noch einmal: "Kevin, Jesus ist der Weg zu Gott. Du kannst ihn um Vergebung für deine Schuld bitten. Er hat ja die Strafe für die Sünde am Kreuz auf sich genommen. Wenn du ihn darum bittest, wirst du rein und passt in den Himmel." "Papa", freut sich Kevin, "dann bringe ich das sofort in Ordnung." kt

---

Lernvers: *Das Volk, das seinen Gott kennt, wird sich stark erweisen und entsprechend handeln.* Daniel 11 Vers 32

Sonntag 28 September 2008

Bibellese: Matthäus 22,34-40

Irrt euch nicht, Gott lässt sich nicht verspotten! Denn was ein Mensch sät, das wird er auch ernten.
Galater 6 Vers 7

BIBEL SMS
DER SPEZIELLE MERKSPRUCH FÜR DICH

Wir erklären die Bibel SMS
Das weiß jeder, dass aus Kressesamen kein Schnittlauch wächst. Will man Schnittlauch ernten, muss man auch den Samen dafür in die Erde legen. Man kann nur das ernten, was man gesät hat. Nicht nur in der Natur ist das so. Wenn du z.B. keine Lust hast, die Matheaufgaben zu üben, kannst du nicht erwarten, eine Eins zu schreiben. Du erntest als Folge eine schlechte Note.
In dem heutigen Lernvers macht der Apostel Paulus auf diese Regel aufmerksam: Täuscht euch nicht! Wenn ihr ungehorsam, jähzornig, neidisch und eifersüchtig seid, könnt ihr nicht erwarten, dass Gott so etwas gutheißt und mit dem ewigen Leben belohnt. Wer aber dem Herrn Jesus Christus gehört, bekommt von ihm die Fähigkeit, Liebe, Freundlichkeit, Nachsicht, Selbstbeherrschung zu säen - an andere weiterzugeben. Solche werden das ewige Leben ernten. vc

---

Bibel-SMS: *Das Volk, das seinen Gott kennt, wird sich stark erweisen und entsprechend handeln.* Daniel 11 Vers 32

Montag 29 September 2008

Bibellese: Matthäus 22,41-46

Denn groß bist du und tust Wunder, du bist Gott, du allein.
Psalm 86 Vers 10

Wissenswertes übers Eichhörnchen

Zierlich klein ist es und wiegt nur 250 g. Sein rotbraunes Fell mit dem buschigen Schwanz leuchtet weithin sichtbar. Und fast alle lieben es. Lass dir in dieser Woche ein wenig berichten, mit welch erstaunlichen Fähigkeiten Gott das Eichhörnchen ausgestattet hat. Du wirst merken: Gott ist einzigartig! Super ist auch sein kleines Geschöpf. Es kann z.B. hervorragend klettern. Es besitzt zwei Kletterhände mit je vier Zehen und zwei Kletterfüße mit je fünf Zehen. Zur besseren Beweglichkeit hat Gott diese langen Zehen voneinander getrennt stehend gebaut. Daher kann das Eichhörnchen mit ihnen sehr gut greifen. Und so saust es in atemberaubendem Tempo die Bäume hinauf und auch kopfüber hinunter. Das macht ihm so schnell keiner nach! Und das ist auch sehr gut so. Denn auf diese Weise hat Gott ihm einen entscheidenden Vorteil vor seinen Feinden verschafft. Gott ist gut zu Tieren und ganz gewiss auch zu dir. Verlass dich darauf! sa

---

Bibel-SMS: *Das Volk, das seinen Gott kennt, wird sich stark erweisen und entsprechend handeln.* Daniel 11 Vers 32

Dienstag 30 September 2008

Bibellese: Matthäus 23,1-12

Preist den Herrn der Herren! Denn seine Gnade währt ewig! Den, der große Wunder tut, er allein.
Psalm 136 Verse 3.4

Wissenswertes übers Eichhörnchen

Eichhörnchen wiegen weniger als z.B. ihr Feind, der Marder. Deshalb klettern Eichhörnchen mühelos bis in die höchsten Zweige hinein. Der Marder muss da passen. Unter ihm knicken die dünnen Zweige weg. Eichhörnchen springen meterweit von Baum zu Baum. Ist ein Marder hinter ihnen her, retten sie sich manchmal mit einem kühnen Sprung in die Tiefe. Ein Marder traut sich das nicht. Ihm fehlt der buschige Schwanz, den das Eichhörnchen als Fallschirm einsetzen und so den Sturz abbremsen kann. Auch Raubvögel stellen dem Tier nach. Die können ihm natürlich bis in die Wipfel folgen. Ein Problem? Nicht für Gott. Er schenkte dem Eichhörnchen einen einfachen Trick: Es bringt sich kopfüber immer rund um den Baumstamm herum nach unten rennend in Sicherheit. Dem Raubvogel würde dabei nur schwindelig, er kann nicht folgen. Macht Gott das nicht großartig, wie er das kleine Tier schützt? Auf dich achtet Gott ebenso mit großer Liebe.   sa

---

Bibel-SMS: *Das Volk, das seinen Gott kennt, wird sich stark erweisen und entsprechend handeln.*   Daniel 11 Vers 32

Mittwoch 1 Oktober 2008

Bibellese:
Matthäus 23,13-19

**Der Herr ist der ewige Gott.
Er ist der Schöpfer der Erde.
Seine Weisheit ist
unendlich tief.**
aus Jesaja 40 Vers 28

Wissenswertes übers Eichhörnchen

Das Eichhörnchen braucht für sein Leben als Baumtier ausreichend Energie. Das Umherspringen in den Wipfeln und das schnelle Auf- und Abwärtsklettern verbrauchen wertvolle Nahrungsstoffe. Andererseits muss das Eichhörnchen schlank bleiben, damit es nicht seine Wendigkeit verliert. Wie löst Gott dieses Problem? Er hat für das Eichhörnchen in den Samen von Fichten und Kiefern, in Eicheln, Bucheckern und Nüssen Fette und Stärke angelegt. Saftige Knospen, junge Zweigspitzen, Beeren und Obst liefern ihm den benötigten Zucker. Auch die zuckerhaltigen Säfte von Bäumen und Pilze liebt das Tierchen ebenso. Manchmal hängt es sich Pilze in Astgabeln für einen leckeren Nachtisch oder als spätere Mahlzeit. An diesem Speiseplan kannst du erkennen: Der Tisch wird zumindest im Sommer dem Eichhörnchen von Gott reich und seiner Lebensweise angemessen gedeckt. Findest du nicht auch, dass Gott ein liebevoller und genialer Schöpfer ist? sa

---

Bibel-SMS: *Das Volk, das seinen Gott kennt, wird sich stark erweisen und entsprechend handeln.* Daniel 11 Vers 32

Donnerstag 2 Oktober 2008

Bibellese:
Matthäus 23,20-26

Du bist groß und mächtig, ein Gott, der Wunder tut; nur du bist Gott, du allein!
Psalm 86 Vers 10

Wissenswertes übers Eichhörnchen

Im Herbst hat das Eichhörnchen Stress. Normalerweise sucht es täglich 10 bis 15 Zapfen und frisst die Samen unter den Schuppen. Es holt sich mehr Futter, als es wirklich benötigt. Weil es im Winter niemals genügend Nahrung zum Überleben finden könnte, muss es zu Beginn des Herbstes anfangen, sich Vorräte anzulegen. Nun macht es „Überstunden": etwa 5 Stunden pro Tag. Zur täglichen Fressration sammelt es Kastanien, Eicheln, Eckern, Nüsse und andere haltbare Nahrung hinzu. Diese Vorräte versteckt es in seinem Nest, in Astlöchern, oder es vergräbt sie im Erdboden. Etwa 1.000 Löcher buddelt es, damit ihm nicht ein Dieb alle Vorräte auf einmal stehlen kann. Das ist sehr schlau. Aber so schlau, dass es im Winter jedes Versteck wiederfindet, ist das Eichhörnchen nicht. Aus den vergessenen Verstecken sprießen dann im Frühjahr neue Pflanzen. So wird das Eichhörnchen zum Sämann des Waldes, weil Gottes Plan es so will. sa

---

Bibel-SMS: *Das Volk, das seinen Gott kennt, wird sich stark erweisen und entsprechend handeln.* Daniel 11 Vers 32

Freitag 3 Oktober 2008

Bibellese: Matthäus 23,27-35

Tag der deutschen Einheit

Doch Gott allein besitzt Weisheit und Kraft, nie wird er ratlos; er weiß, was er tun soll.
Hiob 12 Vers 13

Wissenswertes übers Eichhörnchen

Halten Eichhörnchen einen Winterschlaf? Nein, für sie hat sich Gott etwas anderes ausgedacht. Eichhörnchen bauen kugelige Nester, Kobel genannt. Die sind meistens 40 cm groß und innen 15 cm weit. Du findest sie in etwa 3 Meter Höhe in Bäumen. Kobel sind mit Moos, Gras und Laub gemütlich gepolstert und haben 2 Schlupflöcher. In diese kuschelige Wohnung verzieht sich das Eichhörnchen zu Beginn der kalten Jahreszeit und verstopft die Schlupflöcher. Es deckt sich mit dem Schwanz zu und schläft. Nach wenigen Tagen erwacht es wieder, verlässt den Kobel, frisst ein wenig von seinen Vorräten und legt sich erneut schlafen. In diesem Schlaf-wach-Rhythmus verbringt es den Winter. Dabei kann es sogar in seiner Schlafphase hören, ob sich ein Feind anschleicht, und sich rechtzeitig in Sicherheit bringen. Noch etwas ist erstaunlich: Eichhörnchen erschnuppern ihre Vorräte durch dicke Schneedecken hindurch. Ich bewundere Gottes Weisheit! sa

---

Bibel-SMS: *Das Volk, das seinen Gott kennt, wird sich stark erweisen und entsprechend handeln.* Daniel 11 Vers 32

Samstag 4 Oktober 2008

Bibellese:
Matthäus 23,36-39

Er (Gott) führt seinen Plan wunderbar aus, seine Weisheit lässt er groß sein.
Jesaja 28 Vers 29

Wissenswertes übers Eichhörnchen

Nach jedem Winter beginnt ein neuer Frühling, Zeit für Eichhörnchennachwuchs. Das Weibchen bringt im Kobel 3 bis 8 Junge zur Welt. Sechs Wochen lang sind die Babys völlig hilflos und auf die Mutter angewiesen. Bei ihrer Geburt sind sie noch haarlos und können weder sehen noch hören. Nach 14 Tagen wächst der Pelz, nach 21 Tagen hören sie die ersten Töne und nach 28 Tagen öffnen sie die Augen. Sobald sie nach 6 Wochen den Kobel verlassen, beginnen sie mit dem Überlebenstraining: Sie lernen das Klettern und suchen Futter. Noch sind sie unerfahren, aber die Jungen lernen schnell, dass sie auch beim Spiel und bei der Nahrungssuche immer wachsam sein müssen. Die Feinde (Habicht, Fuchs, Marder, Wiesel) lauern ständig auf Beute. Noch etwas muss ein Eichhörnchenjunges lernen, nämlich, wie man Nüsse knackt. Diese Fähigkeit ist ihnen nicht angeboren, sie lernen sie bei den Eltern. Ist Gottes Schöpfung nicht wunderbar?! sa

---

Bibel-SMS: *Das Volk, das seinen Gott kennt, wird sich stark erweisen und entsprechend handeln.* Daniel 11 Vers 32

Sonntag, 5. Oktober 2008

Bibellese: Römer 12,1-2

Du bist der Gott, der Wunder tut, du hast deine Stärke kundgetan unter den Völkern.
Psalm 77 Vers 15

Wir erklären den Lernvers
Kennst du das Gefühl, traurig und niedergeschlagen zu sein? Es gibt viele Ursachen dafür: ein schlechte Note in der Schule, eine schlimme Krankheit bei einem lieben Menschen, Streit mit dem Freund/der Freundin ...
Asaf, der den Psalm 77 geschrieben hat, quälte sich mit irgendeiner Not herum. Er fühlte sich so elend, dass er nicht mehr schlafen konnte. Was hat er in seiner Niedergeschlagenheit gemacht? Er hat zu Gott im Gebet um Hilfe geschrien. Aber nicht nur das. Er hat sich daran erinnert, welche Wunder Gott schon getan hat. Er dachte darüber nach, wie Gott das Rote Meer geteilt und das Volk Israel gerettet hat. Beim Nachdenken bekam er wieder neuen Mut und konnte sogar anfangen, Gott zu loben.
Wenn dich ein Problem plagt, dann sprich mit Gott darüber. Aber erinnere dich auch an die vielen Wunder, die du von Gott aus der Bibel kennst. Und bedenke, dass Gott sich nicht verändert. Das gibt dir neuen Mut, ihm weiter zu vertrauen. vc

---

Lernvers: *Du bist der Gott, der Wunder tut, du hast deine Stärke kundgetan unter den Völkern.* Psalm 77 Vers 15

Montag — 6 — Oktober
2008

Bibellese:
Römer 12,3-8

Und des Herrn Hand war mit ihnen, und eine große Zahl, die gläubig wurde, bekehrte sich zum Herrn.

Apostelgeschichte
11 Vers 21

Die Helle Straße
SUCHMASCHINE

Bekehrung | Suchen

Biblische Begriffe: Bekehrung

Geht es euch manchmal so wie mir? In der Bibel lese ich viele bekannte Begriffe. Will ich ihre Bedeutung aber anderen erklären, fällt es mir schwer. Dann helfen Beispiele zum besseren Verständnis. Für „Bekehrung" ist mir folgendes eingefallen: Vor verschiedenen Hafeneinfahrten warten die Schiffe auf das Lotsenboot, das sie sicher durch die schwierige Einfahrt ins Hafenbecken bringt. Dafür geht der Lotse an Bord des Schiffes und übernimmt das Kommando. Kein Kapitän ist so dumm und sagt: „Das ist mein Schiff. Ich lasse mir von niemandem reinreden." Nein, für ihn ist der Kommandowechsel selbstverständlich. - Bekehrung bedeutet nicht nur Umkehr, sondern „Kommandowechsel total". Durch seinen Tod und seine Auferstehung hat der Herr Jesus den Weg zu Gott frei gemacht. Ihm überlasse ich gern das Kommando über mein Leben. kc

---

Lernvers: *Du bist der Gott, der Wunder tut, du hast deine Stärke kundgetan unter den Völkern.* Psalm 77 Vers 15

Dienstag 7 Oktober 2008

Bibellese: Römer 12,9-15

Nicht mehr lebe ich, sondern Christus lebt in mir; was ich aber lebe, lebe ich im Glauben an den Sohn Gottes, der mich geliebt und sich selbst für mich hingegeben hat.
aus Galater 2 Vers 20

Die Helle Straße
SUCHMASCHINE
Hingabe | Suchen

Biblische Begriffe: Hingabe

Vor vielen Jahren ist Folgendes passiert: Ein Missionar geht in Afrika über einen Sklavenmarkt. Er entdeckt einen traurigen Jungen, der verkauft werden soll. Bewegt über den Anblick sagt er sich: „Den kaufe ich los." Er bezahlt eine hohe Summe und nimmt den Jungen mit nach Hause. Dort sagt er zu ihm: „Du denkst, du wärst jetzt mein Sklave. Nein, ich habe dich gekauft, um dir die Freiheit zu schenken. Du bist frei!" Überwältigt fällt der Junge auf die Knie und ruft: „Weil du mich so lieb hast, will ich dir mein Leben lang freiwillig dienen." - Die Bibel sagt, dass alle Menschen Sklaven der Sünde sind (Römer 6,20). Wir brauchen jemand, der uns loskauft. Das ist Jesus Christus. Er hat sogar sein Leben für uns gegeben, damit wir von der Sünde befreit werden. Kannst du wie dieser Junge sagen: „Herr Jesus, weil du mich so lieb hast, deshalb will ich dir immer gehören und dir dienen."?   kc

---

Lernvers: *Du bist der Gott, der Wunder tut, du hast deine Stärke kundgetan unter den Völkern.*   Psalm 77 Vers 15

Mittwoch — 8 — Oktober
2008

Bibellese: Römer 12,16-21

Weil ihr Gottes Kinder seid, gehorcht ihm und lebt nicht mehr wie früher.

1. Petrus 1 Vers 14

Die Helle Straße
SUCHMASCHINE

Gehorsam | Suchen

Biblische Begriffe: Gehorsam

Maurice steht auf der Brücke und beobachtet den Verkehr auf der riesigen Kreuzung. Vom Fußgänger bis zum Brummifahrer blicken alle auf die Ampelanlage. Maurice überlegt: „Was würde geschehen, wenn keiner auf die Zeichen der Ampel achtete? Der blaue Golf würde bei Rot fahren und voll auf den LKW krachen. Kein Fußgänger käme wahrscheinlich heil über die Straße ..." Bloß gut, dass die Leute die Verkehrsregeln kennen und beachten. Nur so kommen sie sicher ans Ziel. Gehorsam setzt also Informationen voraus. Das können Gebote, Anweisungen, Hinweise sein. Wenn wir Gott gehorchen wollen, müssen wir wissen, was er von uns will. Seine Ordnungen hat er uns in der Bibel aufschreiben lassen. Wir können Gottes Wort lesen und es gut finden. Wenn wir aber die Aufforderungen der Bibel nicht befolgen, also ungehorsam sind, kann es „Unfälle" geben. Übrigens: Oft lässt sich der Gehorsam gegenüber Gott nicht vom Gehorsam gegenüber Menschen trennen. kc

---

Lernvers: *Du bist der Gott, der Wunder tut, du hast deine Stärke kundgetan unter den Völkern.* Psalm 77 Vers 15

Donnerstag 9 Oktober
2008

Bibellese:
Römer 13,1-7

Befiehl dem HERRN deinen Weg und vertraue auf ihn, so wird er handeln.
Psalm 37 Vers 5

Die Helle Straße
SUCHMASCHINE

Vertrauen | Suchen

Biblische Begriffe: Vertrauen

Hoch über dem Marktplatz führt ein Seiltänzer seine Kunststücke vor. Gegen Ende der Vorstellung holt er eine Schubkarre und fragt die Zuschauer: „Trauen sie mir zu, dass ich die Karre über das Seil schieben kann?" „Na klar", antworten alle fröhlich. „Wer von ihnen setzt sich in die Karre und lässt sich von mir über das Seil fahren?" Die Gesichter werden verschlossen und ängstlich. Nein, das traut sich keiner. Plötzlich meldet sich ein kleiner Junge. Er klettert hinauf, setzt sich in die Karre und unter dem gespannten Schweigen der Menge schiebt der Mann das Kind über das Seil. Als der Junge wieder festen Boden unter den Füßen hat, wird er gefragt: „Hattest du denn keine Angst da oben?" „Nein, das ist doch mein Vater."

Ist der große Gott schon dein Vater? Je mehr du ihm vertraust, desto mehr wirst du erleben, dass er niemanden im Stich lässt. Nicht nur in guten Tagen, sondern besonders in Notzeiten. kc

---

Lernvers: *Du bist der Gott, der Wunder tut, du hast deine Stärke kundgetan unter den Völkern.* Psalm 77 Vers 15

Freitag 10 Oktober 2008

Bibellese: Römer 13,8-14

Wenn mir jemand dient, so folge er mir nach!
Johannes 12 Vers 26

> Die Helle Straße
> **SUCHMASCHINE**
>
> Nachfolge | Suchen

Biblische Begriffe: Nachfolge

Während eines Urlaubs in den Bergen haben Lena und Sandra mit ihrem Bergführer schon einige Touren gemeistert. Dabei lernen sie Markierungen beachten, die richtige Ausrüstung mitzunehmen und vieles mehr. Dann gibt es einen Ruhetag. Als die Mädchen erwachen, lacht die Sonne vom blauen Himmel. Sie beschließen das schöne Wetter zu nutzen und ohne ihren Führer loszugehen. Doch nach zwei Stunden verdunkelt sich der Himmel. Um schneller eine Schutzhütte zu erreichen, nehmen die beiden eine Abkürzung. Bald fehlt jede Markierung und sie irren umher. Mit dem Führer war es viel einfacher.

Im Glaubensleben kann es uns ähnlich passieren. Wir haben uns für ein Leben mit dem Herrn Jesus entschieden und wollen ihm nachfolgen. Aber dann haben wir eigene Vorstellungen, wie man als Christ leben möchte. Dadurch können wir in Schwierigkeiten kommen. Deshalb: Lass Jesus wie einen Bergführer in deinem Leben vorangehen. kc

---

Lernvers: *Du bist der Gott, der Wunder tut, du hast deine Stärke kundgetan unter den Völkern.* Psalm 77 Vers 15

Samstag 11 Oktober 2008

Bibellese:
Römer 14,1-8

Denn die Gnade Gottes unterweist uns, damit wir besonnen und gerecht und gottesfürchtig leben.
aus Titus 2 Vers 12

Wie Dinge ihren Namen bekamen: Duden

Keiner sagt zu dir wenn du nicht weißt, wie ein Wort geschrieben wird: "Guck im Buch für Rechtschreibung der deutschen Sprache nach!" Jeder rät: "Schau in den Duden!" So wird das Nachschlagewerk des Konrad Duden bezeichnet. Dem Gymnasiallehrer gefiel das Durcheinander in der Rechtschreibung nicht, das bis Ende des 19. Jahrhunderts in Deutschland herrschte. So machte er sich an die mühsame Arbeit, die Schreibweisen zu vereinheitlichen. 20 Jahre dauerte es, bis sich sein Wörterbuch durchsetzte. Erst seit etwa 1900 richten sich Schulen, Behörden, Geschäfts- und Privatleute nach den Regeln der Rechtschreibung im Duden.
Der Duden hilft uns bei Fragen zur Schreibweise. Zu den Fragen, wie wir unser Leben als Gotteskind führen können, gibt uns die Bibel Hilfen, Hinweise, Ratschläge. Wer sich nach ihr richtet, denkt und handelt so, wie es Gott gefällt und ihn ehrt. sa

---

Lernvers: *Du bist der Gott, der Wunder tut, du hast deine Stärke kundgetan unter den Völkern.* Psalm 77 Vers 15

Sonntag 12 Oktober 2008

Bibellese:
Römer 14,9-18

Der HERR ist für mich, ich werde mich nicht fürchten. Was könnte ein Mensch mir tun?
Psalm 118 Vers 6

Wir erklären den Lernvers
Nie Angst haben! Immer der Stärkere sein! Immer am längeren Hebel sitzen! Wunderbar wäre das! In Märchen, Fantasygeschichten und Zeichentrickfilmen funktioniert das. In solchen Geschichten werden die Wünsche der Leser oder Zuschauer nach Schutz, Stärke und Sieg erfüllt. Aber manchmal endet selbst das Leben eines Helden böse, weil doch einer listiger und stärker ist. Aus der Traum!
Noch hat kein Mensch einen Schutz gegen Furcht, Hunger und Tod erfunden. Warum nicht? Weil kein Mensch das Böse und den Bösen (den Teufel) ausschalten kann. Kein Mensch. Aber ein Stärkerer: Gott, der Herr! Wer ihn auf seiner Seite hat, dem kann kein Mensch und kein Teufel etwas anhaben. Der kann ohne Furcht leben. David, der den Vers schrieb, hat das erfahren. Du kannst es auch erleben, wenn du dir diesen starken Gott zum Retter und Helfer wählst.   ba

---

Lernvers: *Der HERR ist für mich, ich werde mich nicht fürchten. Was könnte ein Mensch mir tun?*   Psalm 118 Vers 6

Montag 13 Oktober
2008

Bibellese:
Römer 14,19-23

Ihr werdet Gott finden, wenn ihr ehrlich und von ganzem Herzen nach ihm fragt.

5. Mose 4 Vers 29

Nächtliche Suche

Nachdenklich schreitet der gut gekleidete Mann durch die nächtlichen Straßen Jerusalems. Am Tag hätte ihn jeder respektvoll gegrüßt, denn er gehört zum Hohen Rat der Juden. Nun aber sieht ihn niemand. „Ich muss ihn sprechen", denkt er. „Was ist das für ein Mann, der die Händler aus dem Tempel jagt? Der Wunder tut? Er muss Gott gut kennen und Gott muss mit ihm sein. Ob mit ihm Gottes Reich auf Erden beginnt? Darauf warte ich. Ich will dabei sein! Deshalb muss ich mehr von diesem Jesus wissen!" Dann steht Nikodemus vor ihm. „Meister ...", beginnt er respektvoll. Der Herr Jesus sieht ihn an und freut sich. Dieser Mann kommt nicht wegen der Wunder, sondern weil er Gemeinschaft mit Gott sucht. Er wird ihm den Weg zeigen.

Was weißt du vom Herrn Jesus? Wie gut kennst du ihn? Weißt du, wie du Gemeinschaft mit ihm haben kannst? Frage überzeugte Christen, lies in der Bibel und in guten christlichen Büchern! Sage ihm im Gebet, dass du ihn kennenlernen möchtest. vs

---

Lernvers: *Der HERR ist für mich, ich werde mich nicht fürchten. Was könnte ein Mensch mir tun?* Psalm 118 Vers 6

Dienstag, 14 Oktober 2008

Bibellese:
Römer 15,1-7

Jesus sprach zu ihm: Ich sage dir: Wenn jemand nicht von neuem geboren wird, kann er das Reich Gottes nicht sehen.
aus Johannes 3 Vers 3

Reicht eine Geburt denn nicht?

Verdutzt steht Nikodemus, der studierte Bibellehrer, vor Jesus. Was du als Bibelvers gelesen hast, ist das Erste, was Jesus zu Nikodemus sagt. Verwundert fragt er: „Wie soll das denn möglich sein, dass man noch einmal geboren wird?" „Bei der ersten Geburt wird man von einem Menschen geboren, bei der neuen Geburt von Gott", erklärt der Herr Jesus. „Aber wie?" Nikodemus bleibt beharrlich. „Du weißt doch, wie Mose in der Wüste eine Schlange aus Bronze an einem Pfahl aufrichtete (erhöht), damit jeder, der sie ansah, am Leben blieb. Genauso muss auch der Menschensohn (damit meint Jesus sich selbst) an einen Pfahl gehängt (erhöht) werden. Jeder, der dann voller Vertrauen auf ihn sieht, wird das ewige Leben haben."
Du merkst: Es reicht nicht, etwas von Gott oder Jesus zu wissen. Es kommt auf den Glauben und das Vertrauen an. vs

---

Lernvers: *Der HERR ist für mich, ich werde mich nicht fürchten. Was könnte ein Mensch mir tun?* Psalm 118 Vers 6

Mittwoch 15 Oktober 2008

Bibellese:
Römer 15,8-13

Wer Böses tut, scheut das Licht und bleibt lieber im Dunkeln. Wer aber Gott gehorcht, der tritt in das Licht.
aus Johannes 3 Verse 20.21

Nikodemus, du musst dich entscheiden

Noch immer versteht Nikodemus nicht alles, was der Herr Jesus ihm sagt. Doch er gibt sich redlich Mühe. „Wer an den Sohn Gottes glaubt", sagt Jesus (damit meint er sich selbst), „hat ewiges Leben." (Aha, denkt Nikodemus, zu einem neuen Leben ist eine neue Geburt nötig.) Jesus fährt fort: „Er kommt nicht ins Gericht." „Gericht?", fragt Nikodemus sich. Klar, Gott muss strafen, wenn Menschen Böses tun. Nikodemus weiß, dass Gott auch bei ihm Schuld findet: Hochmut, Lieblosigkeit und anderes. Um davon frei zu werden, müsste er sein ganzes Vertrauen auf diesen Jesus setzen. „Wer Böses tut, scheut das Licht und bleibt lieber im Dunkeln. Wer aber Gott gehorcht, der tritt ans Licht", ist das Letzte, was Nikodemus von Jesus hört. „Mit *Licht* meint Jesus sich", denkt Nikodemus. Nachdenklich geht er durch die Nacht nach Hause. Wie soll er sich entscheiden? - Was der Herr Jesus damals sagte, gilt auch heute noch. Wie entscheidest du dich? vs

---

Lernvers: *Der HERR ist für mich, ich werde mich nicht fürchten. Was könnte ein Mensch mir tun?* Psalm 118 Vers 6

Donnerstag 16 Oktober 2008

Bibellese: Römer 15,14-21

Jeder nun, der mich vor den Menschen bekennen wird, den werde auch ich bekennen vor meinem Vater, der in den Himmeln ist.
Matthäus 10 Vers 32

Soll ich reden oder schweigen?

Seit dem Gespräch zwischen Nikodemus und Jesus sind fast drei Jahre vergangen. - Nikodemus fühlt sich in der Konferenz der führenden jüdischen Priester und Pharisäer sehr unbehaglich. Warum nur haben sie Diener beauftragt Jesus zu verhaften? Er hätte Einspruch erheben sollen. Aber hätten sie auf ihn gehört? Da kommen die Diener zurück - ohne Jesus. „Noch nie hat jemand so geredet", entschuldigen sie sich. „Seid ihr ihm auch auf den Leim gegangen?", ist die vernichtende Frage. Da kann Nikodemus nicht länger schweigen: „Ihr kennt das Gesetz wohl nicht! Das Gesetz verbietet in jedem Fall, jemand zu verurteilen, ehe man ihn selbst befragt hat." Doch auch er kommt nicht weit. „Willst du etwa zu Jesus halten?", höhnen die anderen. Die Konferenz wird beendet.
- Bist du auch schon angegriffen worden, weil du versucht hast, Unrecht zu verhindern oder dich zu Jesus zu bekennen? Gib nicht auf! Wie sollen andere den Herrn Jesus kennenlernen, wenn wir schweigen? vs

---

Lernvers: *Der HERR ist für mich, ich werde mich nicht fürchten. Was könnte ein Mensch mir tun?* Psalm 118 Vers 6

Freitag — 17 — Oktober — 2008

Bibellese: Römer 15,22-27

Wie Mose in der Wüste die Schlange erhöhte, so muss der Sohn des Menschen erhöht werden, damit jeder, der an ihn glaubt, ewiges Leben habe.

Johannes 3 Verse 14.15

An meiner Stelle

Wie betäubt sitzt Nikodemus in seinem Haus. Nun haben seine Kollegen doch gesiegt. Sie haben Jesus verhaftet und zum Tod verurteilen lassen. Jesus - wie gut Nikodemus sich an sein nächtliches Gespräch mit ihm erinnert. Vom ewigen Leben, vom Gericht über Sünde und Befreiung, davon hatten sie geredet. Nikodemus sehnt sich danach. Und jetzt hängt der Herr Jesus am Kreuz und ist wahrscheinlich schon tot. - Da durchzuckt Nikodemus die Erinnerung: Jesus „musste erhöht werden". Ein Blick auf Moses Schlange hatte damals Leben gerettet; nun hat Jesus sich selbst geopfert, um uns vor Gottes Gericht über die Sünde zu retten! „An meiner Stelle hängt er da", denkt Nikodemus überwältigt. Ach, warum hat er nicht offen zu ihm gehalten? Jetzt kann er nur noch eines für ihn tun ... Nikodemus steht auf und verlässt eilig das Haus. - Hast du es erkannt? Auch wegen deiner Sünde hing der Herr Jesus am Kreuz. Wie reagierst du darauf? vs

---

Lernvers: *Der HERR ist für mich, ich werde mich nicht fürchten. Was könnte ein Mensch mir tun?* Psalm 118 Vers 6

Samstag 18 Oktober
2008

Bibellese:
Römer 15,28-33

Wir lieben, weil er uns zuerst geliebt hat.
1. Johannes 4 Vers 19

Besser spät als nie

Beladen mit etwa drei Kilogramm kostbarer Öle eilt Nikodemus den Kreuzigungshügel hinauf. Wenigstens zu einem guten Begräbnis will er Jesus verhelfen, wenn er sich zu seinen Lebzeiten schon nicht zu ihm bekannt hat. Nanu, da ist ja schon jemand dabei, den toten Körper vom Kreuz zu nehmen. Ist das nicht ... doch, es ist sein Ratskollege, Josef von Arimathäa. Erstaunt blicken sich die beiden an. „Ich habe die Erlaubnis bekommen, ihn zu begraben", erklärt Josef. „Ich helfe dir", ist die Antwort. Gemeinsam wickeln sie den Leichnam mit den Ölen in weiße Leinentücher (so entsprach es der Sitte) und legen ihn ein Grab, das Josef gehört. Sie wissen noch nicht, dass es nur drei Tage benutzt wird ...

Das ist das Letzte, was die Bibel von Nikodemus berichtet. Endlich hat er sich mit seinem Glauben ans Licht gewagt. Endlich hat sein Glaube zur Tat geführt. Worin zeigt sich bei dir, dass du den Herrn Jesus liebst und ihm vertraust? vs

---

Lernvers: *Der HERR ist für mich, ich werde mich nicht fürchten. Was könnte ein Mensch mir tun?* Psalm 118 Vers 6

Sonntag 19 Oktober 2008

Bibellese: Psalm 143,1-6

Es ist besser, sich bei dem HERRN zu bergen, als sich auf Menschen zu verlassen.

Psalm 118 Vers 8

Wir erklären den Lernvers

Tim und Jonas sind gute Freunde. Sie gehen in dieselbe Klasse und unternehmen auch in ihrer Freizeit viel gemeinsam. Doch eines Tages ändert sich das. In der Nachbarschaft ist eine neue Familie eingezogen. Jetzt ist Tim ständig mit Felix, dem neuen Nachbarjungen, zusammen. Um Jonas kümmert er sich gar nicht mehr, im Gegenteil, in der Schule sagt er sogar: „Ich bin jetzt lieber mit Felix zusammen, Jonas ist mir ziemlich gleichgültig." Dieser ist schwer enttäuscht.

Wir werden wie Jonas immer wieder die Erfahrung machen, dass Menschen uns enttäuschen. Da wird vielleicht ein Versprechen nicht eingehalten, Verschwiegenheit gebrochen oder wir werden im Stich gelassen. In solchen Situationen kann uns der Lernvers eine große Hilfe sein. Wir dürfen wissen, dass der Herr Jesus uns nie im Stich lässt. Er ändert sich nicht. Wenn wir ihm vertrauen, werden wir nicht enttäuscht.

Lernvers: *Es ist besser, sich bei dem HERRN zu bergen, als sich auf Menschen zu verlassen.* Psalm 118 Vers 8

Montag 20 Oktober
2008

Bibellese:
Psalm 143,7-12

Wenn ihr jetzt in das Land kommt, das der Herr, euer Gott, euch gibt, dann übernehmt von den Völkern dort keinen ihrer abscheulichen Bräuche!
5. Mose 18 Vers 9

Halloween - nein, danke!

Es ist dunkel geworden. Ich verabschiede mich von meiner Freundin und gehe nach Hause. Plötzlich höre ich ein schauriges „Huh, huh!" und ein Lachen. Aus der dunklen Ecke springen „grässliche Gestalten" hervor. Als Hexen und Tod verkleidet machen sich die Kinder einen Spaß daraus, Leute zu erschrecken. Ich spreche sie an und versuche ihnen zu erklären, dass es gar nicht so lustig ist, was sie da treiben. Dieser Brauch, sich in der dunklen Jahreszeit hinter grässlichen Masken zu verstecken, kommt von den Kelten in Irland. Sie glaubten, dass in dieser Zeit die Toten die Erde in Gestalt von Geistern besuchten. Deshalb hofften sie, die bösen Geister zu erschrecken. Hinter dem angeblichen Spaß von Halloween stecken jedoch Bräuche, die nichts mit lustigem Gruseln zu tun haben, sondern mit dunklen Mächten, die gegen Gott sind. Deshalb fordert uns Gott auf, dass wir keine Bräuche anderer Völker übernehmen sollen, die Gott abscheulich findet. kt

---

Lernvers: *Es ist besser, sich bei dem HERRN zu bergen, als sich auf Menschen zu verlassen.* Psalm 118 Vers 8

Dienstag 21 Oktober 2008

Bibellese: Psalm 144,1-8

Was ihr auch tut, denkt immer daran, dass alles zur Ehre Gottes geschieht.
1. Korinther 10 Vers 31

HALLOWEEN – NEIN DANKE!

Happy Halloween?

Es klingelt. Ich öffne die Tür. Maskierte Kinder schreien mir entgegen: „Süßes oder Streich!" „Nein, nein", erkläre ich den Kindern, „von mir bekommt ihr nichts." „Dann spielen wir dir einen Streich", antworten sie erregt. Vergeblich versuche ich ihnen zu erklären, was der eigentliche Ursprung ihres Treibens ist: Die Priester der Kelten, die Druiden, zogen am 31. Oktober, am Festtag Samhain, von Haus zu Haus und forderten grausame Opfer von der verängstigten Bevölkerung. Dazu stellten sie vor die Häuser der Leute, die das Opfer bringen mussten, eine ausgehöhlte, erleuchtete Steckrübe oder einen Kürbis. Gab die Familie das Opfer, blieb das Licht zum Schutz des Hauses zurück. Tat sie es nicht, wurde sie verflucht. Das kam einem Todesurteil gleich. – Wer über die Hintergründe nachdenkt, kann Halloween nicht gut finden. Die Bibel sagt, dass wir mit allem, was wir tun, Gott ehren sollen. Was denkst du: Kann man mit so einem Fest Gott ehren? kt

---

Lernvers: *Es ist besser, sich bei dem HERRN zu bergen, als sich auf Menschen zu verlassen.* Psalm 118 Vers 8

Mittwoch — 22 — Oktober
2008

Bibellese:
Psalm 144,9-15

Wie lange hinkt ihr auf beiden Seiten? Wenn der HERR der wahre Gott ist, dann folgt ihm nach.
1. Könige 18 Vers 21

HALLOWEEN – NEIN DANKE!

Halloween und Gott - geht das?

Es ist kalt. Ich bin in meinem Garten und mache ihn winterfertig. Da kommt Lena vorbei. Wir unterhalten uns öfter. Stolz erzählt sie mir: „Gestern, an Halloween, habe ich ganz viele Süßigkeiten ergattert." Ich frage: „Findest du Halloween denn schön?" „Na klar", antwortet sie überzeugt, „deshalb kann ich doch trotzdem an Gott glauben. Es hat einfach Spaß gemacht, sich gruselig zu verkleiden, an der frischen Luft einen Spaziergang zu machen und obendrein noch Bonbons zu bekommen."

Lena möchte beides: den Spaß (der aber einen teuflischen Ursprung hat) und an Gott glauben. Das erinnert mich an ein Verhalten der Leute im Volk Israel. Zur Zeit des Propheten Elia beten sie Gott und Götzen an. Daraufhin ließ es Gott dreieinhalb Jahre nicht regnen. Er wollte zeigen, dass solch ein Verhalten schlimme Folgen haben kann. Mit der Anbetung der Götzen machten die Israeliten das Verhalten der Nachbarn nach. In diese Situation hinein sagt Elia dem Volk den heutigen Bibelvers. kt

---

Lernvers: *Es ist besser, sich bei dem HERRN zu bergen, als sich auf Menschen zu verlassen.* Psalm 118 Vers 8

Donnerstag 23 Oktober 2008

Bibellese: Psalm 145,1-7

Du sollst dich ungeteilt an den HERRN, deinen Gott, halten.
5. Mose 18 Vers 13

HALLOWEEN – NEIN DANKE!

Kannst du „Nein" sagen?

Der Schulchor übt. Fröhlich schmettern die Kinder die Lieder, die ich am Klavier begleite. Plötzlich fällt mir ein, dass wir beim Adventssingen einen Beitrag geben sollen. So beginne ich meine Erklärung: „Wie ihr wisst, ist bald der erste Advent. Da sollen wir ..." „Nein!", schreit Paul dazwischen, „erst kommt mal Halloween. Das ist cool!" Zunächst ist alles still. Ich überlege, was ich jetzt den Kindern sage. Doch auf einmal meint Klara: „Das ist doch ein schreckliches Fest!" Mona ist ganz sicher: „Da mache ich nicht mit!" Felix findet: „Es wäre besser, wenn es diesen Brauch nicht gäbe." Das ist mutig. In diesem Moment ist es diesen Kindern egal, was die anderen sagen oder denken. Ich kenne Klara, Mona und Felix näher. Deshalb weiß ich: Sie haben verstanden, dass es Gott gefällt, wenn man sich mit einem ungeteilten Herzen zu ihm hält. Was meinst du: Gehört nicht viel mehr Mut dazu, „Nein" zu sagen, als mitzumachen? kt

---

Lernvers: *Es ist besser, sich bei dem HERRN zu bergen, als sich auf Menschen zu verlassen.* Psalm 118 Vers 8

Freitag 24 Oktober 2008

Bibellese:
Psalm 145,8-13

Gib mir, mein Sohn (Kind), dein Herz, und deine Augen lass an meinen Wegen Gefallen haben!
Sprüche 23 Vers 26

HALLOWEEN – NEIN DANKE!

Alles nur ein Spaß?

In den letzten Tagen haben wir festgestellt, dass es bei Halloween nicht um Spaß und Party geht, sondern um Aberglauben und Angst. Es wurde deutlich, dass es Gott nicht gefällt, wenn wir abscheuliche Bräuche anderer Völker übernehmen. - Die Bibel berichtet von Festen, die entweder zu Ehren eines Götzen oder zu Ehren Gottes gefeiert wurden. Während der Götzenfeiern betranken sich die Leute, zerrissen ihre Kleidung und verspotteten Gott. Bei einem Fest zu Gottes Ehre aß und trank man in Maßen, war sauber gekleidet und bedankte sich bei Gott. Genau solch ein Gegensatz ist es, wenn man Halloween mit einer schönen Geburtstagsfeier vergleicht.

Kinder sagen, dass das Verkleiden das Schönste ist und dass so etwas nicht schlimm sein kann. Sich mal zu verkleiden ist auch nicht schlimm. Dafür gibt es aber auch andere Anlässe. Fest steht, dass Halloween die Nacht des Horrors ist und viele schreckliche Dinge getan werden. Deshalb sollte da niemand einfach zum Spaß mitmachen. kt

---

Lernvers: *Es ist besser, sich bei dem HERRN zu bergen, als sich auf Menschen zu verlassen.* Psalm 118 Vers 8

Samstag 25 Oktober 2008

Bibellese:
Psalm 145,14-21

Denn aus Gnade seid ihr gerettet durch Glauben, und das nicht aus euch, Gottes Gabe ist es; nicht aus Werken, damit niemand sich rühme. Epheser 2 Verse 8.9

HALLOWEEN – NEIN DANKE!

Reformationstag oder Halloween?

Süßes oder Streich? Halloween oder Reformationstag? Wusstest du, dass der 31. Oktober ursprünglich ein kirchlicher Feiertag war? Erst in den letzten Jahren ist er mehr und mehr in Vergessenheit geraten. Dabei fand am Reformationstag ein wichtiges Ereignis statt: Am 31. Oktober 1517 veröffentlichte Martin Luther 95 Lehrsätze. Es ging ihm darin um die Wahrheit des Evangeliums, dass wir allein durch den Glauben an Jesus Christus zu Gott gelangen können. Gute Taten bewirken das nicht. Das haben viele Leute damals nicht so gesehen. Deshalb gab es eine heftige Auseinandersetzung. Aber Martin Luther blieb standhaft, weil er wusste, dass Gottes Wort die Wahrheit ist. Sein großer Wunsch war: Es sollen viele Erwachsene und Kinder verstehen, dass sie allein durch Jesus Christus errettet werden können. Du hast nun einige Informationen rund um Halloween bekommen. Sprich mit deinen Eltern darüber, wenn dir noch etwas unklar ist. Ich möchte dir Mut machen, mit vielen anderen Kindern zu sagen: „Halloween? – nein, danke!" kt

---

Lernvers: *Es ist besser, sich bei dem HERRN zu bergen, als sich auf Menschen zu verlassen.* Psalm 118 Vers 8

Sonntag 26 Oktober 2008

Bibellese:
Psalm 146

Seid nicht bekümmert, denn die Freude am HERRN, sie ist euer Schutz!
Nehemia 8 Vers 10

Wir erklären den Lernvers
Voller Spannung wartet Micha auf seinen Geburtstag. Endlich ist es so weit. „Heute lasse ich mir durch nichts und niemanden meine gute Laune verderben." Mit diesem Vorsatz steht Micha am Morgen auf und jeder kann sehen, mit wie viel Freude er diesen Tag erlebt. Sicherlich kennst du auch solche Tage in deinem Leben, an denen du so richtig glücklich und zufrieden warst.
Aber es gibt auch Tage, an denen du traurig und bedrückt bist, an denen du Sorgen und Probleme hast. Hier soll dir der Bibelvers helfen. Er fordert nämlich auf: „Seid nicht bekümmert ..." das bedeutet, sei nicht länger traurig. Lass die Freude über Gott, seine Liebe und versprochene Hilfe in dein Herz. Diese Freude ist dann wie ein Schutzwall gegen die traurigen Gedanken. Sie sollen nicht länger dein Herz ausfüllen. Wenn die Freude an Gott in dein Herz eingezogen ist, haben Kummer und Sorgen keinen Platz mehr darin. kr

---

Lernvers: *Seid nicht bekümmert, denn die Freude am HERRN, sie ist euer Schutz!* Nehemia 8 Vers 10

Montag   27   Oktober
2008

Bibellese:
Psalm 147,1-6

Zwei haben es besser als einer allein, denn zusammen können sie mehr erreichen.
Prediger 4 Vers 9

Gemeinsam geht es besser

Der Montag ist für Adrian der beste Schultag. In der Doppelstunde Sport kann er beim Fußball zeigen, was er draufhat. Allerdings hat er vor der Mathearbeit in der nächsten Woche echt Angst. Es macht ihm Kummer, dass er den Rechenweg einfach nicht begreift. Als sein bester Freund Simon merkt, was Adrian bedrückt, schlägt er ihm vor, die Woche über mit ihm Mathe zu üben. Erfreut nimmt dieser sein Angebot an, was sich als gute Idee herausstellt. Simon kann ihm nämlich alles super erklären. Fröhlich gehen sie danach nach draußen. Adrian zeigt dem eher unsportlichen Simon seine coolen Fußballtricks. Ein schönes Beispiel dafür, dass ein guter Freund helfen kann, indem er versucht, die Sorgen und Nöte des anderen zu verstehen. Dass es Freundschaften gibt und sie uns gut tun, ist eine Idee Gottes. Damit gibt er uns ein Beispiel dafür, wie eng und vertrauensvoll eine Beziehung zu ihm sein kann. Bist du schon mit Gott „befreundet"?   mu

---

Lernvers: *Seid nicht bekümmert, denn die Freude am HERRN, sie ist euer Schutz!*   Nehemia 8 Vers 10

Dienstag 28 Oktober 2008

Bibellese: Psalm 147,7-13

Wie man Eisen durch Eisen schleift, so schleift ein Mensch den Charakter eines anderen.

Sprüche 27 Vers 17

Voll daneben

Bastian hat neuerdings immer reichlich Geld in der Tasche. Vor der Schule geht er mit einigen aus der Klasse in das Geschäft neben der Schule. Jeder darf sich etwas Süßes aussuchen. Basti bezahlt alles. Trotzdem ist er in der großen Pause nicht dabei, wenn sich alle zum Fußball treffen. Was läuft schief? Die Klassenkameraden haben sehr wohl bemerkt, dass er immer versucht, sich Vorteile zu verschaffen. Basti verhält sich oft unfair. Zum Beispiel wählt er sich im Sportunterricht lediglich die Besten in seine Mannschaft. Er merkt nicht, wie sehr er damit die anderen kränkt. Weil er sich so verhält, wollen sie ihn beim Spielen in der Pause nicht dabei haben. Was müsste Basti ändern? Im Bibelvers geht es darum, wie Gott uns im Miteinander formt. Dort können wir lernen, den anderen zu respektieren, ihn anzunehmen, wie er ist, usw. Bastian müsste z.B. lernen, dass er andere nicht nur danach beurteilt, ob sie ihm nützlich sind, das heißt zu einem Sieg im Sport helfen. mu

---

Lernvers: *Seid nicht bekümmert, denn die Freude am HERRN, sie ist euer Schutz!* Nehemia 8 Vers 10

Mittwoch 29 Oktober 2008

Bibellese: Psalm 147,14-20

Auf einen guten Freund kannst du dich immer verlassen; wenn es dir schlecht geht, ist er für dich wie ein Bruder.
Sprüche 17 Vers 17

David und Jonatan sind die besten Freunde

Kennst du die Geschichte dieser Freundschaft? Sie beginnt im 1. Buch Samuel Kapitel 18. Es ist die Freundschaft eines Prinzen mit einem musikalischen Schäfer, der der nächste König werden wird. Sie schätzen sich sehr und gehen gemeinsam durch dick und dünn. Sie helfen sich gegenseitig und einer akzeptiert den anderen, wie er ist. Sie können nicht immer zusammen sein, aber sie vergessen einander nicht. Als der Vater von Jonatan, König Saul, David töten lassen will, verrät Jonatan sogar den Plan seines Vaters und verhilft David zur Flucht.

Denke darüber nach, wie du deine Freunde unterstützen kannst. Stehe auch zu ihnen, wenn sie in Schwierigkeiten sind. Doch überlege, ob es Gott gefällt, was ihr tut. Wenn dich deine Freunde von Gott wegbringen, stimmt etwas nicht. Gott möchte, dass du ihn höher achtest als Menschen.

mu

Lernvers: *Seid nicht bekümmert, denn die Freude am HERRN, sie ist euer Schutz!* Nehemia 8 Vers 10

Donnerstag 30 Oktober
2008

Bibellese:
Psalm 148,1-6

Wenn du mit vernünftigen Menschen Umgang pflegst, wirst du selbst vernünftig. Wenn du dich mit Dummköpfen einlässt, schadest du dir nur.
Sprüche 13 Vers 20

Getäuscht

Lisa ist neu an der Schule. Schnell findet sie Kontakt zu Jessica und ihren Freundinnen. Doch dann fällt ihr auf, dass Nadine, das Mädchen aus dem Nachbarhaus, immer weggeht, wenn Jessica auf Lisa zugeht. Auf dem Heimweg befragt sie Nadine, was das zu bedeuten hat. Nadine erklärt, dass Jessica und ihre Freundinnen heimlich rauchen und sich in der Vergangenheit immer wieder jemand aus der Klasse herausgepickt haben, den sie reinlegen. Erst tun sie so, als wären sie beste Freundinnen, aber dann kommt eine Mutprobe. Die Neue soll ihre Freundschaft durch irgendwelche Gemeinheiten beweisen, die sie anderen zufügen muss. Das findet Nadine fies. Im Laufe der Zeit fällt auch Lisa auf, dass sie bei Jessica meistens über die anderen herziehen: Sie sind nicht cool genug angezogen oder verhalten sich anders. Da fängt Lisa auch an, zu Jessica auf Distanz zu gehen. Sie ist in den Pausen mehr mit Nadine zusammen. Und damit verhält sie sich so, wie es der Bibelvers empfiehlt.

mu

Lernvers: *Seid nicht bekümmert, denn die Freude am HERRN, sie ist euer Schutz!* Nehemia 8 Vers 10

Freitag 31 Oktober 2008

Bibellese:
Psalm 148,7-14

Als Hiob für seine Freunde betete, da wendete der Herr für ihn alles zum Guten.
Hiob 42 Vers 10

Freundschaft ist freiwillig

Irgendwie verstehst du dich mit deinem Freund / deiner Freundin gut. Mit Einfühlungsvermögen merkst du, worüber sich der andere freut, und genauso merkst du, wenn er traurig ist. Dann kannst du behutsam nachfragen, was los ist. Es kann auch mal passieren, dass du den Grund der Traurigkeit nicht richtig verstehst. Dann hilfst du dem anderen nicht, wenn du hartnäckig versuchst, ihm klarzumachen, dass er falsch liegt. So erlebte es Hiob. Gott hatte große Not in seinem Leben zugelassen, und die Freunde waren fest davon überzeugt, dass Hiob gesündigt hatte. Die Ratschläge, die sie ihm gaben, waren alle falsch. Doch Hiob war sich seiner Sache sicher und ließ sich nicht beirren. Er vertraute weiter auf Gott und betete sogar für seine Freunde.

Freundschaften sind wichtig, können aber auch mal in eine Krise geraten oder gar auseinandergehen. Wie anders ist eine enge „Freundschaft" mit Gott. Wer sich ihm anvertraut hat, kann sich immer auf ihn verlassen. mu

---

Lernvers: *Seid nicht bekümmert, denn die Freude am HERRN, sie ist euer Schutz!* Nehemia 8 Vers 10

Samstag 1. November 2008

Bibellese: 2. Mose 31,1-11

Immer, wenn du mit mir sprachst, nahm ich deine Worte mit großem Verlangen auf. Ja, dein Wort ist meine Freude und mein Glück.
Jeremia 15 Vers 16

Beobachtungen in der Natur: Kakteen

Wüstenkakteen leben in Gegenden, wo im Jahr nicht mehr als 25 Zentimeter Niederschlag pro Quadratmeter fällt. Um zu überleben, muss ein Kaktus jeden Tropfen Wasser speichern. Die meisten Kakteen haben kräftige Pfahlwurzeln mit einem ausgedehnten System aus Seitenwurzeln, die sich immer wieder teilen und ein feines Netz bilden. Damit nimmt die Pflanze alle verfügbaren Feuchtigkeit auf und speichert sie unter der wächsernen Lederhaut des Stammes. Ein vollgesogener Kaktus ist prall, doch wenn die Reserven aufgebraucht sind, schrumpelt er und welkt. Kakteen können Wasser für zwei Jahre und mehr enthalten.

Der Mensch dagegen schafft es nicht, Flüssigkeit zu speichern. Er muss regelmäßig trinken. So ähnlich ist das auch im Leben eines Christen. Für sein geistliches Leben kann er nichts auf Vorrat speichern, z.B. das Bibellesen und Beten. Wer meint, er käme trotzdem durch, dessen Glaube wird nach und nach vertrocknen. pm

---

Lernvers: *Seid nicht bekümmert, denn die Freude am HERRN, sie ist euer Schutz!* Nehemia 8 Vers 10

Sonntag 2 November 2008

Bibellese:
2. Mose 31,12-18

Befiehl dem HERRN deinen Weg und vertraue auf ihn, so wird er handeln.
Psalm 37 Vers 5

Wir erklären die Bibel SMS

Gott ist allmächtig. Er lenkt das Weltall und das Leben jedes Menschen. Er macht keine Fehler. Und Gott liebt diese Welt. Er gab seinen Sohn Jesus, damit Menschen in den Himmel kommen können. Er kümmert sich um jeden persönlich, will für jeden das Beste.

Das alles steht in der Bibel. Und selbstverständlich glauben wir das. Wirklich? Wenn Gott unser Leben lenkt, warum trauen wir ihm doch nicht so ganz? Wenn Gott es gut mit uns meint, warum haben wir Angst vor der Zukunft?

Von den Landwirten sollten wir lernen: Pflügen, Säen und Düngen ist ihre Sache. Dann überlassen sie Gott (bewusst oder unbewusst) das Feld bis zur Ernte. So sollen wir bei unseren Aufgaben und Entscheidungen das tun, was uns möglich ist. Und dann trauen wir Gott zu, dass er unser Leben recht führt, dass unsere Zukunft bei ihm in guten Händen ist. Denn Gott ist allmächtig. Er lenkt das Weltall und unser Leben. ba

---

Bibel-SMS: *Befiehl dem HERRN deinen Weg und vertraue auf ihn, so wird er handeln.* Psalm 37 Vers 5

Montag 3. November 2008

Bibellese:
2. Mose 32,1-9

Nicht jeder, der zu mir sagt: Herr, Herr! wird in das Reich der Himmel hineinkommen, sondern wer den Willen meines Vaters tut, der in den Himmeln ist.
Matthäus 7 Vers 21

Nachfolge heißt hören und tun

Eine große Menschenmenge umgibt den Herrn Jesus. Sie sind gekommen, um ihn einmal „live" zu erleben. Stundenlang haben sie seiner Predigt gelauscht. Gerade kommt er zum Schluss. Etwas Wichtiges hat er sich bis jetzt aufgehoben: „Ihr habt mir gespannt zugehört. Doch wenn ihr es nicht in die Tat umsetzt, nützt es euch nichts. Dann gleicht ihr einem Bauherrn, der sein Haus auf Sand baut, ohne ihm ein festes Fundament zu geben. Wenn ein Sturm losbricht, wird das Haus in sich zusammenfallen, weil der Regen den Untergrund fortspült.
Setzt ihr meine Worte in die Tat um, dann seid ihr wie kluge Bauherren. Sie suchen den Bauplatz mit Bedacht aus, damit das Haus ein gutes Fundament hat. Dieses Haus wird auch in den schlimmsten Stürmen felsenfest stehen bleiben."
Nur zuhören bringt nichts! Was du mit dem Gehörten machst, das zählt! Nur wenn Jesu Worte dein Denken und Handeln bestimmen, sind sie ein sicheres Fundament für dein Leben. sn

---

Bibel-SMS: *Befiehl dem HERRN deinen Weg und vertraue auf ihn, so wird er handeln.* Psalm 37 Vers 5

Dienstag 4 November 2008

Bibellese:
2. Mose 32,1-10

Trachtet aber zuerst nach dem Reich Gottes und nach seiner Gerechtigkeit! Und dies alles wird euch hinzugefügt werden.
Matthäus 6 Vers 33

Matthäus

Nachfolge heißt Dienst

Der Herr Jesus will mit seinen Jüngern an das andere Ufer des Sees Genezareth. Sie möchten ein wenig ausruhen. In diesem Moment kommt ein Schriftgelehrter auf sie zu: „Lehrer, ich will dir nachfolgen, egal wohin!" Die Jünger sind erfreut. Die Pharisäer und Schriftgelehrten machen ihnen sonst nur Probleme. Jetzt steht einer vor ihnen, der sich ihnen anschließen will. Das finden sie toll!

Der Herr Jesus reagiert jedoch ganz anders. Er schaut sein Gegenüber ernst an: „Hast du dir das gut überlegt? Die Füchse haben Höhlen und die Vögel Nester, aber ich besitze kein Haus, in dem ich mich ausruhen kann." Jesus nachfolgen bedeutet, auf manches zu verzichten. Der Herr hat es selbst vorgemacht. Er hat es sich nicht in einem feinen Haus bequem gemacht. Er war unterwegs für Gott. Gottes Auftrag hat sein ganzes Leben bestimmt. Er war ihm sogar wichtiger als sein eigenes Leben. Hast du schon die Entscheidung getroffen: „Herr Jesus, du sollst das Wichtigste in meinem Leben sein."? sn

---

Bibel-SMS: *Befiehl dem HERRN deinen Weg und vertraue auf ihn, so wird er handeln.* Psalm 37 Vers 5

Mittwoch — 5 — November
2008

Bibellese:
2. Mose 32,10-14

Der HERR wird für euch kämpfen, ihr aber werdet still sein.

2. Mose 14 Vers 14

Matthäus

Nachfolge heißt Vertrauen

Ein anstrengender Tag liegt hinter den Jüngern. Jetzt rudern sie über den See Genezareth. Der Herr Jesus ist vor Erschöpfung sofort eingeschlafen. Sie unterhalten sich leise.
Doch die Lage ändert sich schlagartig. Mitten auf dem See bricht ein gewaltiger Sturm los. Plötzlich sehen sich die Jünger meterhohen Wellenbergen gegenüber. Die erfahrenen Fischer geben sofort Anweisungen: „Sichert das Steuerruder und zieht das Segel ein!" Dann bewaffnen sie sich mit Gefäßen, um das Wasser aus dem Boot zu schöpfen. Aber es nützt nichts. Das Schiff läuft voll Wasser. In ihrer Not rütteln sie Jesus wach. Voller Angst rufen sie: „Herr, rette uns! Sonst ertrinken wir!"
Jesus fragt sie: „Warum habt ihr solche Angst? Habt mehr Vertrauen zu mir!" Dann befiehlt er dem Sturm, sich zu legen. Augenblicklich entsteht eine große Stille. Die Jünger sind sprachlos. Selbst Wind und Wellen gehorchen ihrem Herrn. Weißt du, dass Jesus alles kann? Dann vertraue ihm auch in schwierigen Situationen.   sn

---

Bibel-SMS: *Befiehl dem HERRN deinen Weg und vertraue auf ihn, so wird er handeln.*   Psalm 37 Vers 5

Möchtest du im kommenden Jahr wieder den Kinderkalender

HELLE STRASSE

haben?

Bitte frage in einer Buchhandlung danach
oder sende den Bestellschein an:

Christliche Bücherstuben GmbH
Postfach 1251
D-35662 Dillenburg

Ich bestelle hiermit:

_____ Abreißkalender „Die helle Straße"
    Best.-Nr. 272.703.009

_____ Buchkalender „Die helle Straße"
    Best.-Nr. 272.704.009

Der Preis beträgt € 5,90
Versandkosten werden dazu berechnet.

Name:

Straße:

Land/PLZ und Ort:

Kunden-Nr.:

Unterschrift der Eltern:

Donnerstag 6 November 2008

Bibellese:
2. Mose 32,11-16

Der Menschensohn ist nicht gekommen, um sich bedienen zu lassen, sondern um zu dienen und mit seinem Leben viele Menschen aus der Gewalt des Bösen zu befreien.
Markus 10 Vers 45

Matthäus

Nachfolge braucht Befreiung

Nach der Sturmstillung wandert der Herr mit seinen Jüngern durch das Zehnstädtegebiet. Sie kommen an einer riesigen Schweineherde vorbei. Man merkt, dass hier nur wenige Juden leben. Dann kommen zwei Männer auf sie zu. Sie sehen wild und bösartig aus. Niemand aus der Gegend traut sich in ihre Nähe. Sie brüllen: „Was willst du von uns, Sohn Gottes?" Jesus weiß, dass die beiden von Dämonen beherrscht werden. Er möchte ihnen helfen. Deshalb befiehlt er den Dämonen: „Lasst sie frei!" Die Dämonen gehorchen. Sie lassen die Männer frei und bemächtigen sich der Schweine. Sie stürzen die ganze Herde den Abhang hinunter. Alle Tiere ertrinken im See. Die Männer erzählen in der Stadt, was sie gerade erlebt haben. Die Einwohner freuen sich nicht für die Befreiten. Sie sind ärgerlich über den Verlust der Schweine. Sie wollen, dass Jesus so schnell wie möglich verschwindet. – Schade, sie haben das große Geschenk der Befreiung, das Jesus gibt, nicht verstanden. sn

---

Bibel-SMS: *Befiehl dem HERRN deinen Weg und vertraue auf ihn, so wird er handeln.* Psalm 37 Vers 5

Freitag 7 November 2008

Bibellese:
2. Mose 32,17-24

Niemand kann gleichzeitig zwei Herren dienen. Genauso wenig könnt ihr zur selben Zeit für Gott und das Geld leben.
aus Matthäus 6 Vers 24

Nachfolgen heißt, in eine Richtung zu gehen

Ein junger Mann stellt Jesus die wichtige Frage: „Was muss ich tun, um ewiges Leben zu bekommen?" - „Halte die Gebote: Du sollst nicht töten, nicht ehebrechen, nicht stehlen, nicht schlecht über andere reden. Achte deine Eltern und liebe deinen Nächsten wie dich selbst!" Der junge Mann erklärt selbstbewusst: „Diese Gebote habe ich von klein auf befolgt. Was fehlt mir noch?" „Verkaufe deinen Besitz und gib den Erlös den Armen!", fordert Jesus ihn auf. „So erwirbst du einen Schatz im Himmel. Und komm, folge mir nach!" Er soll alles abgeben? Dann bleibt ja nichts für ihn! Bedrückt geht er weg. Jesus wendet sich an seine Jünger: „Eher geht ein Kamel durch ein Nadelöhr, als dass ein Reicher in den Himmel kommt." Die Jünger sind entsetzt. Wer kann dann gerettet werden? Jeder, der sein Vertrauen allein auf Gott und seine Errettung setzt. Kein Geld, kein guter Wille, kein anständiges Leben retten uns, sondern nur das, was der Herr Jesus für uns auf Golgatha getan hat.   sn

---

Bibel-SMS: *Befiehl dem HERRN deinen Weg und vertraue auf ihn, so wird er handeln.* Psalm 37 Vers 5

Samstag 8 November 2008

Bibellese:
2. Mose 32,25-29

Denn so hat Gott die Welt geliebt, dass er seinen eingeborenen Sohn gab, damit jeder, der an ihn glaubt, nicht verloren geht, sondern das ewige Leben hat.
Johannes 3 Vers 16

Einladung für dich

Stell dir vor, ein König bereitet die Hochzeitsfeier für seinen Sohn vor. Er sendet seine Diener aus, um die Gäste zur Feier einzuladen. Doch sie wollen nicht kommen. Sie haben Besseres zu tun. Einige werden sogar handgreiflich und töten die Diener des Königs. Darüber ist der König sehr zornig. Dann schickt er seine Diener erneut los. Sie sollen auf die Straßen gehen und jeden einladen, der ihnen begegnet. So füllt sich der Hochzeitssaal bis auf den letzten Platz. Als der König seine Gäste begrüßen will, fällt ihm ein Mann auf. Er hat das für ihn bereitgelegte Festgewand nicht angezogen. Deshalb lässt ihn der König hinauswerfen.

Gott lädt dich herzlich zu sich ein. Du kannst seine Einladung annehmen und das Geschenk der Vergebung annehmen, indem du betest: „Herr Jesus, du bist für mich am Kreuz gestorben. Dafür danke ich dir. Ich übergebe dir mein Leben. Hilf mir, so zu leben, wie es dir gefällt."

sn

Bibel-SMS: *Befiehl dem HERRN deinen Weg und vertraue auf ihn, so wird er handeln.* Psalm 37 Vers 5

Sonntag 9 November 2008

Bibellese:
2. Mose 32,30-35

Gott widersteht den Hochmütigen, den Demütigen aber gibt er Gnade.
Jakobus 4 Vers 6

Wir erklären den Lernvers

Angeber mag ich nicht! Alles wollen sie besser wissen, besser können. So behaupten sie lautstark. Doch jeder merkt: viel Gerede, nichts dahinter. Ein Angeber plustert sich auf, um vor anderen etwas zu gelten. Er belügt alle Welt und sich selbst. Das wirkt abstoßend. Angeber mag ich nicht! Und doch bin ich oft selbst einer: Ich denke viel zu gut von mir, ich überhebe mich heimlich über andere. Sogar vor Gott bin ich nicht ehrlich und spiele ganz schön den Frommen. Bei Gott aber komme ich damit nicht an: Auch Gott mag keine Angeber! Er ist ein Feind jeden Hochmuts, denn Hochmut ist Lüge. Aber er wartet darauf, dass ich meine Fehler, mein Nichtkönnen zugebe. Einem Angeber ist nicht zu helfen. Nur wer demütig wird, wer den Mut aufbringt, Diener zu sein statt Chef zu spielen, dem wendet Gott seine Liebe zu, dem verspricht er Vergebung und seine Freundschaft. ba

---

Lernvers: *Gott widersteht den Hochmütigen, den Demütigen aber gibt er Gnade.* Jakobus 4 Vers 6

Montag · 10 November 2008

Bibellese:
2. Mose 33,1-6

Wie ein Einheimischer unter euch soll euch der Fremde sein, der bei euch als Fremder wohnt; du sollst ihn lieben wie dich selbst.

3. Mose 19 Vers 34

Aus meinem Leben in Japan

In dieser Woche möchte ich euch etwas aus meinem Leben erzählen. Ich bin als Kind deutscher Missionare in Japan geboren und aufgewachsen. Ich ging in eine japanische Schule und war deshalb viel mit Japanern zusammen. Heute leben in Japan viele Ausländer, aber in meiner Kindheit war das etwas Besonderes. Wenn ich durch die Straßen ging, konnte ich immer wieder „Gaidschin" (Ausländer) hören. Das gefiel mir natürlich überhaupt nicht, obwohl es ja verständlich war. Deshalb freute ich mich besonders, wenn meine Freunde oder sogar Leute, die mich nur flüchtig kannten, sagten: „Du hast zwar ein anderes Aussehen, aber sonst bist du ganz wie wir."

Vielleicht hast du in deiner Klasse oder Nachbarschaft auch ausländische Kinder. Sei bitte freundlich und nett zu ihnen, auch wenn sie in manchem anders sind als du. Denke immer daran, dass Gott sie geschaffen hat und sie ihm genauso wertvoll sind wie du. hr

---

Lernvers: *Gott widersteht den Hochmütigen, den Demütigen aber gibt er Gnade.* Jakobus 4 Vers 6

Dienstag 11 November 2008

Bibellese:
2. Mose 33,7-11

Hilf mir, so zu leben, wie du es willst, denn du bist mein Gott! Führe mich durch deinen guten Geist!
Psalm 143 Vers 10

Aus meinem Leben in Japan

Für meine Eltern war es am Anfang nicht leicht, uns in die japanische Schule zu schicken. Nicht, dass das Lernen Schwierigkeiten gemacht hätte, sondern einige Freunde und Bekannte fanden das nicht gut und sagten meinen Eltern: „Schickt die Kinder auf die deutsche Schule nach Tokio." Sie meinten, das wäre für unsere Zukunft besser. Aber dann hätten wir in einem Internat wohnen müssen, wochenlang von den Eltern getrennt. Das wollten meine Eltern nicht. So haben sie alles mit Gott im Gebet besprochen. Sie baten darum, dass er sie richtig führen solle. Sie kamen zu der Gewissheit, dass die japanische Schule das Richtige sei. Das hat sich dann auch als richtig erwiesen. Auf diese Weise bekamen sie nämlich zu den Eltern unserer Klassenkameraden und anderen Leuten in der Stadt Kontakt. Im Rückblick können wir alle bestätigen, dass es das Beste war. Da, wo wir mit Gott unsere Fragen besprechen (siehe Bibelvers), dürfen wir mit seiner Hilfe rechnen. hr

---

Lernvers: *Gott widersteht den Hochmütigen, den Demütigen aber gibt er Gnade.* Jakobus 4 Vers 6

Mittwoch 12 November 2008

Bibellese:
2. Mose 33,12-17

Ihr Kinder, gehorcht euren Eltern in allem, denn dies ist wohlgefällig im Herrn.
Kolosser 3 Vers 20

Aus meinem Leben in Japan

Meine Brüder und ich gingen in die japanische Schule. Da sprachen wir natürlich die ganze Zeit japanisch. Deshalb waren unsere Eltern sehr darauf bedacht, dass wir auch die deutsche Sprache lernten. Meine Mutter war in Deutschland Lehrerin, bevor sie nach Japan zog. So unterrichtete sie uns nach der Schule noch in Deutsch. Glaubt ihr, das hat uns Spaß gemacht? Der Unterricht in der Schule ging bis in den Nachmittag, anschließend zu Hause Deutsch lernen - nein, Danke! Doch unsere Eltern ließen nicht locker und sagten dann: „Später werdet ihr darüber froh sein." - Und das stimmt.

Wahrscheinlich gefällt dir manches auch nicht, was z.B. deine Eltern wünschen oder erwarten. So geht es wohl den meisten Kindern. Aber die Bibel zeigt, dass gehorchen besser ist, als zu nörgeln, zu maulen oder etwas zu verweigern. Und vergiss nicht, dass Gott selbst zum Gehorsam auffordert. hr

---

Lernvers: *Gott widersteht den Hochmütigen, den Demütigen aber gibt er Gnade.* Jakobus 4 Vers 6

Donnerstag 13 November
2008

Bibellese:
2. Mose 33,18-23

Ich preise dich darüber, dass ich auf eine erstaunliche, ausgezeichnete Weise gemacht bin.
Psalm 139 Vers 14

Aus meinem Leben in Japan

Hast du manchmal Probleme mit dir selbst? Du findest dein Aussehen, deine Figur nicht so gut oder hättest lieber andere Charaktereigenschaften? Ich hatte auch solche Zeiten. Ich fühlte mich nicht wie eine richtige Deutsche, war aber auch keine richtige Japanerin. Ich wollte so sein wie die anderen, wie meine Freundinnen und Schulkameraden. Ich konnte und wollte mein „Deutschsein" nicht annehmen. Eines Tages begriff ich: „Gott hat mich ja so gemacht, er gab mir deutsche Eltern und ließ mich in Japan leben. Er hat einen Plan, ein Ziel mit mir." Im Gebet habe ich ihm das dann gesagt und angenommen, dass er mein Leben so gestaltet. Danach wurde ich richtig froh und konnte auch die guten Seiten sehen, die ein deutsch-japanisches Leben mit sich bringt. - Dein Problem wird anders aussehen als meines damals. Aber für dich gilt genauso der Satz aus der Bibel: „Gott hat uns gemacht und nicht wir selbst." (Psalm 100 Vers 3)   hr

---

Lernvers: *Gott widersteht den Hochmütigen, den Demütigen aber gibt er Gnade.*   Jakobus 4 Vers 6

Freitag 14 November 2008

Bibellese:
2. Mose 34,1-4

Herr, zeige mir, welchen Weg ich einschlagen soll und lass mich erkennen, was du von mir willst!
Psalm 25 Vers 4

Aus meinem Leben in Japan

Da meine Freundinnen und Schulkameraden fast alle Japaner waren, wollte ich immer einen Japaner heiraten. Doch dieser Gedanke gefiel meinem Vater nicht so sehr. Er liebte zwar dieses Land und die Leute, aber irgendwie wünschte er, dass wir deutsche Partner bekämen. Nun, inzwischen haben meine drei Brüder und ich geheiratet - und zwar alle Japanerinnen bzw. Japaner. Ist mein Vater nun traurig oder enttäuscht? Nein, er freut sich, dass wir Partner haben, die Gotteskinder sind, die dem Herrn Jesus nachfolgen. Und er freut sich, dass er in Japan nun sogar Verwandte hat. Für mich selbst hat es eine Weile gedauert, bis Gott mir meinen Mann gezeigt hat. Nach meiner Meinung viel zu lange, aber das Warten hat sich gelohnt. Gottes Führungen sind immer richtig und die besten. Auch wenn das Ergebnis manchmal anders ausfällt, als du es dir vorgestellt hast. Bitte Gott, dass er dein Leben so lenkt, dass du erkennst, was er von dir will (siehe Bibelvers). hr

---

Lernvers: *Gott widersteht den Hochmütigen, den Demütigen aber gibt er Gnade.* Jakobus 4 Vers 6

Samstag 15 November 2008

Bibellese:
2. Mose 34,5-9

Gott ist zwar unsichtbar, doch an seinen Werken, der Schöpfung, haben die Menschen seit jeher seine göttliche Macht und Größe sehen und erfahren können.
Römer 1 Vers 20

Rätsel Nr. 5

Anstelle der Abbildungen musst du die übrig bleibenden Buchstaben des entsprechenden Wortes einsetzen.

~~Sala~~
5 = W   6 = u

ä = ae
ö = oe

5 = o

3 = p
4 = f   7 = g

Ein Laubbaum

Lösung: | | | O | E | | | | |

Lösung: Siehe letzte Kalenderseite

Lernvers: *Gott widersteht den Hochmütigen, den Demütigen aber gibt er Gnade.*   Jakobus 4 Vers 6

Sonntag 16 November 2008

Bibellese:
2. Mose 34,10-17

Was nützt es einem Menschen, die ganze Welt zu gewinnen und sein Leben einzubüßen?
Markus 8 Vers 36

Wir erklären den Lernvers

„Ich hab gewonnen, ich hab gewonnen!" Simon rennt durch das ganze Haus, um jedem mitzuteilen, dass er seinen älteren Bruder im Tischtennismatch besiegt hat. Seine Freude ist riesengroß. Sicherlich, es war nur ein Spiel, aber wer steht nicht lieber auf der Seite des Gewinners, als auf der Seite des Verlierers. Geht es dir nicht auch so, dass du in den verschiedensten Situationen deines Lebens alles einsetzt, um Freunde, Wettkämpfe oder Ehre zu gewinnen? Aber wie schnell bleibt dabei das Wichtigste auf der Strecke. Viele Erwachsene und Kinder setzen alles daran, Erfolg zu haben, beliebt zu sein, viel Geld zu besitzen. Dabei machen sie sich kaum Gedanken um ein Leben mit dem Herrn Jesus Christus. Deshalb ist der heutige Lernvers eine ernste Frage. Was nützt aller Erfolg und Reichtum, wenn man nach seinem Tod nicht bei Gott ist? Gar nichts! Deshalb kläre die wichtigste Frage zuerst: Bin ich durch den Herrn Jesus ein Gotteskind und habe ewiges Leben? kr

---

Lernvers: *Was nützt es einem Menschen, die ganze Welt zu gewinnen und sein Leben einzubüßen?* Markus 8 Vers 36

Montag 17 November
2008

Bibellese:
2. Mose 34,27-35

Außerdem bist du von frühester Kindheit an mit der Heiligen Schrift vertraut. Sie zeigt dir den einzigen Weg zur Rettung, den Glauben an Jesus Christus.

2. Timotheus 3 Vers 15

Der kleine Graf

Behutsam hält Georg Graf von Zinzendorf im Jahr 1700 seinen neugeborenen Sohn Ludwig im Arm. „Mein Sohn soll ein großer Fürst werden", denkt er. Seine Mutter betet dankbar: „Herr, hilf ihm, ein Leben zu führen, das dir gefällt." Sein Vater stirbt früh. Deshalb zieht die Mutter mit dem Baby zu dessen Großmutter in ein Wasserschloss. Lutz, wie er jetzt gerufen wird, lernt dort alles, was ein Kind adeliger Herkunft wissen sollte: Lesen, Schreiben und gutes Benehmen. Seine Mutter heiratet wieder und zieht weit weg, während Lutz bei seiner Großmutter bleibt. Er ist ein begeisterter Sportler, guter Reiter und zieht sich gerne fein an. Besonders gern hört er die Geschichten aus der Bibel, die ihm seine Oma erzählt, und er hat viele Fragen. Mit etwa 6 Jahren schreibt er einen Brief an den Herrn Jesus: „Lieber Herr Jesus! Komm in mein Herz und wasch mich rein von meinen Sünden. Ich möchte immer dein Eigentum sein."

ui

Lernvers: *Was nützt es einem Menschen, die ganze Welt zu gewinnen und sein Leben einzubüßen?* Markus 8 Vers 36

Dienstag 18 November 2008

Bibellese:
2. Mose 35,1-9

Jesu, geh voran auf der Lebensbahn!
Und wir wollen nicht verweilen,
dir getreulich nachzueilen;
führ uns an der Hand
bis ins Vaterland.

Text: Nikolaus Ludwig Graf von Zinzendorf

Nikolaus Ludwig Graf von Zinzendorf

Das tat ich für dich!

Ludwig Graf von Zinzendorf wächst bei seiner Großmutter auf. Mit 10 Jahren kommt er auf eine Privatschule nach Halle. Dort hat er es nicht leicht. Die Mitschüler sind neidisch und ärgern ihn oft. Einmal verpetzen sie ihn, und er muss deshalb als Strafe mit einer Eselsmütze vor der Klasse stehen. Diese Schwierigkeiten bringt er im Gebet vor seinen Herrn. Der Bibelvers „Ich will dich nicht verlassen und nicht von dir weichen" (Hebräer 13,5) gibt ihm neuen Mut. Nach der Schule schickt ihn die Familie auf Weltreise. Er lernt viele interessante Orte in Europa kennen. Dabei kommt er auch nach Düsseldorf, wo er eine Gemäldegalerie besucht. Hier sieht er ein Bild von der Kreuzigung Jesu. Darunter steht: „Das tat ich für dich! Was tust du für mich?" Dieser Spruch verändert sein Leben! Er nimmt sich von ganzem Herzen vor, dem Herrn Jesus noch mehr zu dienen, und betet: „O Herr, was kann ich für dich tun?" ui

---

Lernvers: *Was nützt es einem Menschen, die ganze Welt zu gewinnen und sein Leben einzubüßen?* Markus 8 Vers 36

Mittwoch 19. November 2008

Bibellese:
2. Mose 35,10-21

**Soll's uns hart ergehn,
lass uns feste stehn
und auch in den schwersten Tagen
niemals über Lasten klagen;
denn durch Trübsal hier
geht der Weg zu dir.**

Text: Nikolaus Ludwig Graf von Zinzendorf

Nikolaus Ludwig Graf von Zinzendorf

Gemeinsam im Dienst

Der junge Graf ist von dem Anblick des Gekreuzigten auf einem Bild so getroffen, dass er im Gebet verspricht, Gott ganz zu dienen. Von seiner Reise zurück, lernt er die gleichaltrige Gräfin Dorothea von Reuß kennen. Am 7. September 1722 heiraten die beiden. Ludwig und seine Ehefrau haben ein gemeinsames Ziel: „Lasset uns IHN lieben", liest die Gräfin in ihrem Ring. Und der Ehemann ergänzt: „Denn ER hat uns zuerst geliebt." Dies wollen beide. Aber sie erleben auch traurige Dinge! Von ihren 12 Kindern überleben nur 4 das Kleinkindalter. Dennoch: Sie halten an Gottes Liebe fest!

Die Eheleute gründen ein Dorf namens Herrnhut. Dieser Ort soll Menschen aufnehmen, die um ihres Glaubens willen verfolgt werden. Fürs Zusammenleben werden Regeln aufgestellt, die jeder unterschreiben muss. Die wichtigste Regel lautet: Keiner soll vergessen, dass Herrnhut Gott gehört! Seine allmächtige Hand hat alles geschaffen.   ui

---

Lernvers: *Was nützt es einem Menschen, die ganze Welt zu gewinnen und sein Leben einzubüßen?*   Markus 8 Vers 36

Donnerstag 20 November 2008

Bibellese:
2. Mose 35,22-29

**Rühret eigner Schmerz
irgend unser Herz,
kümmert uns ein fremdes Leiden,
o so gib Geduld zu beiden;
richte unsern Sinn
auf das Ende hin.**

Text: Nikolaus Ludwig Graf von Zinzendorf

Nikolaus Ludwig Graf von Zinzendorf

Sagt es allen Menschen!

Graf und Gräfin von Zinzendorf gründen ein Dorf namens Herrnhut, um dort Menschen aufzunehmen, die wegen ihres Glaubens verfolgt werden. Herrnhut bedeutet: „Sei auf der Hut! Gib Acht! Der Herr kommt bald wieder!" Bald stehen 200 Häuser in der hügligen Landschaft. Jeden Tag kommen Erwachsene und Kinder zusammen, um Gott zu loben. Endlich kann der Graf seinen Beruf aufgeben, um auf Herrnhut als Prediger zu leben. Seine Frau kümmert sich dabei um alle finanziellen Aufgaben in Herrnhut. „Graf Zinzendorf! Schon wieder ein Brief aus dem Ausland!", tönt es über das Gelände. Viele Anfragen um Hilfe aus fremden Ländern erreichen das Dorf. Was ist zu tun? Die Christen in Herrnhut beten und bitten Gott um Führung. Sie merken, dass Gott sie in andere Länder senden möchte. So reisen 226 Missionare aus Herrnhut in die ganze Welt, um die Botschaft vom Kreuz zu predigen. Sie gehen nach West-Indien (Karibik), Südafrika und bis nach Grönland.   ui

---

Lernvers: *Was nützt es einem Menschen, die ganze Welt zu gewinnen und sein Leben einzubüßen?*   Markus 8 Vers 36

Freitag 21 November 2008

Bibellese:
2. Mose 35,30-35

**Ordne unsern Gang,
Jesu, lebenslang.
Führst du uns durch raue Wege,
gib uns auch die nöt'ge Pflege;
tu uns nach dem Lauf
deine Türe auf.**

Text: Nikolaus Ludwig Graf von Zinzendorf

Nikolaus Ludwig Graf von Zinzendorf

Singen, beten, loben den Herrn

Viele Missionare sind aus Herrnhut in andere Erdteile ausgesandt worden. Da die Reisen damals sehr gefährlich sind, halten manche Leute Zinzendorf für verrückt. Doch der Graf geht selbst. Er will die Missionare auf der westindischen Insel St. Thomas besuchen. Als er ankommt, erfährt er, dass sie unschuldig im Gefängnis sitzen, und kann ihre Befreiung veranlassen. Die Missionare danken Gott für die Erhörung ihrer Gebete. Zurück in Herrnhut kann der Graf den Betern in der Heimat viel von Gottes Wirken berichten. Aus seinem liebsten Buch, der Bibel, schreibt er oft Verse ab und verschenkt sie. 1731 fasst er 365 Verse zu einem Buch zusammen: das Losungsbuch. Seitdem gibt es jedes Jahr ein Losungsbuch, das bis heute viele Christen kaufen. Auch viele seiner Lieder sind noch immer in evangelischen Gesangbüchern zu lesen. Am 9. Mai 1760 ertönen in Herrnhut die Posaunen. Ludwig von Zinzendorf ist mit den Worten: „Ich werde jetzt zum Heiland gehen" ruhig eingeschlafen. ui

---

Lernvers: *Was nützt es einem Menschen, die ganze Welt zu gewinnen und sein Leben einzubüßen?*   Markus 8 Vers 36

Samstag 22 November 2008

Bibellese:
2. Mose 39,1-7

Herr, gib mir festen Halt, wie du es versprochen hast! Dann lebe ich wieder auf!
Psalm 119 Vers 116

Klettermethode der Waldplatterbse

Wo finden Kletterpflanzen Halt?

Nicht alle Kletterpflanzen keimen an einer Stelle, wo sie gleich einen Halt in der Nähe haben. Sind keine großen Pflanzen, Felsen oder andere Klettermöglichkeiten vorhanden, wachsen die jungen Pflanzen waagerecht und kriechen über den Boden. Bekommen sie genügend Licht, können sie ausgedehnte Teppiche bilden. Die Spitzen der meisten Kletterpflanzen sind außerordentlich aktiv und tasten ununterbrochen in einer Art kreisender Bewegung die Umgebung ab. Einige kriechen einfach auf dem Boden dahin, andere klettern an Bäumen oder Gittern empor und gedeihen nur, wenn sie einen sicheren Halt haben und so hoch wachsen können, bis sie nicht mehr im Schatten stehen.

Vor allem tropische Kletterpflanzen leben nicht lange, wenn sie keine Stütze finden, die sie zum Licht bringt. - Genauso suchen wir Menschen nach einer zuverlässigen Stütze, nach Halt und Sicherheit. Es gibt sie, die Stütze, die auch dann standhält, wenn viele Probleme kommen. Es ist der Herr Jesus, das Licht des Lebens.   pm

---

Lernvers: *Was nützt es einem Menschen, die ganze Welt zu gewinnen und sein Leben einzubüßen?*   Markus 8 Vers 36

Sonntag 23 November 2008

Bibellese: 2. Mose 39,8-18

Wenn jemand der Erste sein will, soll er der Letzte von allen und aller Diener sein.

Markus 9 Vers 35

Wir erklären den Lernvers

Wie wird man irgendwo Erster? Könige werden es durch Geburt, Sportler durch hartes Training, Musiker durch Begabung und fleißiges Üben. Manche versuchen mit Beziehungen, Ellenbogen, sogar durch Betrügereien an die Spitze zu kommen. Wer oben auf dem Treppchen steht, dem geht es gut. Denn jeder hat lieber etwas zu sagen als sich etwas sagen zu lassen. Wir alle möchten irgendwo Sieger, Beste, Erste sein. Bis auf eine Ausnahme: Der Herr Jesus drängte sich nicht vor, gab nicht an, ließ sich nicht bedienen. Und er sagte: Wenn ihr etwas Besonderes sein wollt, dient, steckt zurück, seid die Letzten! Mit einem Wort: liebt! So handeln kann aber nur jemand, der sich selbst vom höchsten Gott geliebt weiß, der aus Liebe zu ihm vom Herrn Jesus lernen will: Geringes zu achten, Dienst zu schätzen, selbst hinten zu stehen. So wird man Erster in Gottes Augen.

ba

Lernvers: *Wenn jemand der Erste sein will, soll er der Letzte von allen und aller Diener sein.* Markus 9 Vers 35

Montag 24 November 2008

Bibellese:
2. Mose 39,27-31

Wenn wir unsere Sünden bekennen, ist er treu und gerecht, dass er uns die Sünden vergibt und uns reinigt von jeder Ungerechtigkeit.
1. Johannes 1 Vers 9

Der Besuch

„Rrrring!" Das Telefon klingelt. „Hallo, hier ist Inge. Mein Mann und ich möchten euch gern in den nächsten Tagen besuchen, weil wir in eurer Nähe sind. Geht das?" Na, das ist ja eine Überraschung. Meine Freundin Inge habe ich schon viele Jahre nicht mehr gesehen. Fröhlich trällernd laufe ich durch unsere Wohnung. Ups! Wie sieht es denn hier aus? Ich glaube, ich werde mal Ordnung machen. Schließlich möchte ich unseren Besuch in einer aufgeräumten Wohnung empfangen.

Da fällt mir etwas ein: Der Herr Jesus hat in der Bibel angekündigt, dass er wiederkommen wird (Johannes 14,3). Wann das sein wird, weiß ich nicht. Aber ich möchte ihm mit einem reinen Herzen begegnen. Beim Bibellesen erkenne ich, dass es in meinem Leben Dinge gibt, die Gott nicht gefallen können. Ich bringe dies in Ordnung, indem ich ihn um Vergebung bitte. So kann ich mich auf sein Kommen noch viel mehr freuen, weil ich kein schlechtes Gewissen haben muss! Trallala!

kt

Lernvers: *Wenn jemand der Erste sein will, soll er der Letzte von allen und aller Diener sein.* Markus 9 Vers 35

Dienstag 25 November 2008

Bibellese:
2. Mose 39,32-43

Ich aber habe für dich gebetet, dass dein Glaube nicht aufhöre.
Lukas 22 Vers 32

Mut für dunkle Tage!

"Tut, tut, tut ..." Unaufhörlich klingelt der Wecker. Es ist 6 Uhr morgens. Kevin ist noch so müde. Einige Zeit später wartet er allein auf den Schulbus. "Wenn ich am Nachmittag nach Hause komme, kann ich kaum noch draußen spielen, weil es fast dunkel ist", überlegt er traurig. "Warum wohnen wir nur so weit weg von der Schule?" Oft kommt Kevin schlecht gelaunt nach Hause. An diesem Tag nicht! Fröhlich ruft er: "Hallo, Mutti, ich weiß gar nicht, warum es mir heute so gut geht!" "Hallo, Kevin!", begrüßt die Mutter ihn lächelnd. "Weißt du, Papa und ich haben heute Morgen für dich gebetet, dass du nicht den Mut verlierst." "Ach so! Danke schön!", antwortet Kevin glücklich.

In meinem Leben gibt es auch oft Situationen, die mir gar nicht gefallen. Neulich ist mir der Bibelvers von heute aufgefallen. Ich wurde froh, als mir bewusst wurde: Der Herr Jesus lebt im Himmel und betet dort für mich, weil er möchte, dass ich nicht mutlos werde. kt

---

Lernvers: *Wenn jemand der Erste sein will, soll er der Letzte von allen und aller Diener sein.* Markus 9 Vers 35

Mittwoch 26 November 2008

Bibellese:
2. Mose 40,1-8

Lasst nun auch uns mit Ausdauer laufen den vor uns liegenden Wettlauf, indem wir hinschauen auf Jesus, den Anfänger und Vollender des Glaubens.
aus Hebräer 12 Verse 1.2

Ans Ziel kommen

Ich habe etwas Besonderes vor. Ich nehme nämlich an einem 20-km-Lauf teil. Der Weg führt durch den Wald. Es duftet nach Erde. In den Bäumen zwitschern die Vögel. Und ich bin mittendrin. Zunächst ist der Weg eben, dann matschig, später sehr steinig. Es geht bergauf und bergab, sodass mein Herz manchmal ganz schnell klopft. Ich bin froh, dass ich mich gut auf diesen Lauf vorbereitet habe. Die festen Schuhe sind genau richtig. Gegen den Durst habe ich Wasser dabei. An den Rastplätzen kann ich meine Flasche immer wieder nachfüllen und ein wenig verschnaufen. Aber ohne die Wegweiser wäre ich nie ans Ziel gekommen.

Den 20-km-Lauf kann ich mit meinem Leben vergleichen: Es verläuft durch schöne und schwierige Zeiten. Mein Ziel ist es, im Himmel anzukommen. Jesus gibt mir in seinem Wort Wegweiser, die mir zeigen, wo es langgeht und wie ich durchhalten kann. Außerdem lädt er mich immer wieder ein, in seiner Nähe auszuruhen. So kann ich das Ziel erreichen. kt

---

Lernvers: *Wenn jemand der Erste sein will, soll er der Letzte von allen und aller Diener sein.* Markus 9 Vers 35

Donnerstag 27 November 2008

Bibellese:
2. Mose 40,9-17

Im Hause meines Vaters sind viele Wohnungen. Wenn es nicht so wäre, würde ich euch gesagt haben: Ich gehe hin, euch eine Stätte zu bereiten?
Johannes 14 Vers 2

Vorbereitungen

„Mama, hast du schon gehört: Meine Freundin Stella hat ein Brüderchen bekommen", berichtet Laura ganz aufgeregt. „Es heißt Tom. Stella hat mir erzählt, wie sie alles für das Baby vorbereitet haben: Das Kinderzimmer wurde neu tapeziert, die Wiege aufgebaut, Windeln und Babykleidung in den Schrank gelegt, der Kinderwagen wurde geputzt und Spielzeug ins Zimmer gestellt. Der kleine Tom fühlt sich bestimmt wohl, wenn er nach Hause kommt." „Natürlich", antwortet die Mutter, „die Eltern wissen, was ihr Kind braucht und was ihm gefällt. Und wo die Eltern und Geschwister sind, da fühlt es sich zu Hause."

Mir kommt ein Vergleich in den Sinn: Da, wo Jesus ist, ist mein Zuhause. Jesus hat im Himmel schon alles vorbereitet. Er wartet nur noch darauf, dass sein Vater, Gott, ihm sagt: „Geh, und hol alle die zu dir, die dich lieb haben." Ich bin gespannt, wie es im Himmel aussieht! Ich weiß, dort wird es sehr schön sein und da werde ich mich ganz bestimmt wohlfühlen. kt

---

Lernvers: *Wenn jemand der Erste sein will, soll er der Letzte von allen und aller Diener sein.* Markus 9 Vers 35

Freitag 28 November 2008

Bibellese:
2. Mose 40,17-21

Wenn wir schon jetzt Kinder Gottes sind, was werden wir erst sein, wenn Christus wiederkommt! Dann werden wir ihm ähnlich sein und ihn sehen, wie er wirklich ist. 1. Johannes 3 Vers 2

Wiedersehensfreude

„Bald sehe ich meine Freundin Dorina wieder!" Das erzählt Mona seit etlichen Wochen jedem, der es hören oder nicht hören will. Da Dorina weit weg wohnt, müssen die beiden Freundinnen E-Mails oder SMS schreiben. Ab und zu telefonieren sie auch miteinander. Doch Mona möchte gern wissen, wie es dort aussieht, wo Dorina wohnt. Das kennt sie nur aus ihren Beschreibungen. Deshalb freut sie sich so auf den Besuch bei Dorina.

Da kommt mir etwas in den Sinn: Eines Tages werde ich Jesus im Himmel sehen. Beim Lesen in der Bibel erfahre ich viel über ihn und den Himmel. Denn er beschreibt darin, wie es im Himmel aussieht, wer dort alles lebt und was er dort tut. Außerdem rede ich jeden Tag mit Jesus im Gebet. So habe ich ihn schon gut kennengelernt. Aber ich möchte ihn endlich sehen, wie er wirklich ist! Ich bin froh, dass Jesus versprochen hat: „Ich komme bald!" Bist du dabei, wenn Jesus wiederkommt? Wenn ja, dann treffen wir uns im Himmel.   kt

---

Lernvers: *Wenn jemand der Erste sein will, soll er der Letzte von allen und aller Diener sein.*   Markus 9 Vers 35

Samstag 29 November 2008

Bibellese:
2. Mose 40,18-27

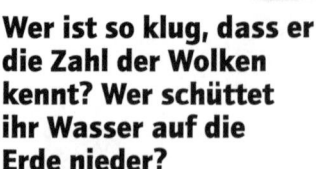

Wer ist so klug, dass er die Zahl der Wolken kennt? Wer schüttet ihr Wasser auf die Erde nieder?
Hiob 38 Vers 37

Orchidee

Wie viele verschiedene Orchideen gibt es?

Wer in Pflanzenbüchern nachschlägt, wird feststellen, dass man sich über die Zahl der Orchideenarten nicht einig ist. Die einen geben an, es seien 10.000, andere 20.000 und wieder andere schätzen sogar 35.000. Wie viele es tatsächlich sind, wird vielleicht nie festzustellen sein, da ihre Zahl ständig wächst. Orchideen lassen sich leicht miteinander kreuzen. Tausende Züchter konnten neue Arten und Sorten schaffen. Von etlichen Dingen wissen wir nicht, wie viel es davon gibt. Denken wir nur an die Haare auf unserem Kopf. Gott allein kennt die Zahl. So kennt er auch die Zahl der Wolken, Sterne, Pflanzen und Tiere. Ihm ist natürlich auch die Zahl der Menschen bekannt. Selbst die, die im äußersten Winkel der Erde leben, übersieht er nicht. Er kennt jeden und weiß, wie es ihm geht. Gebet: „Lieber himmlischer Vater, wir danken dir, dass du mit keinem Menschen zu vergleichen bist. Allein dein Gedächtnis ist genial. Danke, dass du niemand aus dem Auge verlierst!" pm

---

Lernvers: *Wenn jemand der Erste sein will, soll er der Letzte von allen und aller Diener sein.* Markus 9 Vers 35

Sonntag 30 November 2008

Bibellese:
2. Mose 40,28-33

Rufe mich an am Tag der Not; ich will dich retten und du wirst mich verherrlichen.
Psalm 50 Vers 15

BIBEL SMS
DER SPEZIELLE MERKSPRUCH FÜR DICH

Wir erklären die Bibel SMS

Jeder sollte sie kennen, die Notrufnummer 112. Damit wirklich jeder problemlos Hilfe erhalten kann, ist der Notruf kostenlos. Und garantiert kommt der Rettungsdienst oder die Feuerwehr zu Hilfe. Aber Vorsicht: Missbrauch ist strafbar! Niemand sollte nur zum Spaß die Nummer wählen.

Wenn in dem Vers steht: „Rufe mich an am Tag der Not!", so sagt das Gott. Der Notruf zu Gott ist ebenfalls kostenfrei. Niemand von uns muss erst irgendwelche Bedingungen erfüllen. Jeder darf im Gebet zu Gott rufen und ihm seine Not sagen. Gott sagt uns zu, dass er Hilfe und Ausweg schaffen wird. Denn Gott liebt uns und er liebt es, uns zu helfen. Aber Vorsicht: Missbrauch ist strafbar! Wer den Namen des Herrn nur zum Spaß anruft, den wird Gott nicht ungestraft lassen (2. Mose 20,7). Und noch etwas: Gott erwartet Dank! „Verherrlichen" bedeutet, weitersagen wie er geholfen hat, wie groß, liebenswert und herrlich Gott ist.   ba

---

Bibel-SMS: *Rufe mich an am Tag der Not; ich will dich retten und du wirst mich verherrlichen.*   Psalm 50 Vers 15

Montag 1 Dezember 2008

Bibellese:
2. Samuel 1,1-10

Alles, was lebt, lobe den Herrn!
Psalm 150 Vers 6

Lobe den Herrn mit ...

Womit oder wie können wir Gott loben? Im Gebet, mit Worten, aber auch mit Liedern und Instrumenten. Im Psalm 150 werden acht Instrumente aufgezählt, mit denen damals das Lob Gottes begleitet wurde. (Wenn du eine Bibel hast, suche die Instrumente mal heraus!) Musik ist aber nicht nur für das Lob Gottes geeignet, sondern für viele Gelegenheiten. Musik kann festlich, lustig, besinnlich oder traurig sein. Jede Stimmung kann man mit Musik ausdrücken. Dazu hat jeder zunächst das gleiche Hilfsmittel zur Verfügung: seine Stimme. Wer sich besonders für das Musizieren interessiert, erlernt ein Instrument. Das Angebot ist ziemlich groß, denn inzwischen gibt es eine Vielzahl von Instrumenten. Zur Zeit der Bibel gab es Schlag-, Blas- und Saiteninstrumente. Im Wesentlichen waren es Begleit- oder Einleitungsinstrumente zum Gesang, denn bei den Liedern ging es vor allem um den Text. Das ist auch heute noch so. Wir singen im Gottesdienst oder in der Kinderstunde, weil wir mit den Liedern Gott loben und zeigen wollen, wie er ist. kg

---

Bibel-SMS: *Rufe mich an am Tag der Not; ich will dich retten und du wirst mich verherrlichen.* Psalm 50 Vers 15

Dienstag 2 Dezember 2008

Bibellese:
2. Samuel 1,11-16

Singt Gott, spielt seinem Namen!
Psalm 68 Vers 5

Posaune — *Harfe* — *Zimbeln* — *Laute* — *Tamburin* — *Flöte*

Musik für die Sinne

Bestimmt kannst du unterscheiden, ob jemand eine Trommel schlägt oder eine Flöte bläst. Auch die Geige wirst du nicht mit dem Klavier verwechseln. Das liegt daran, dass jedes Instrument ganz bestimmte Schallwellen erzeugt. Beim Spielen geraten Teile des Instrumentes in Schwingung und dabei entstehen diese Schallwellen. Treffen sie auf unser Trommelfell, schwingt es im gleichen Muster mit. Die Sinneszellen im Innenohr teilen unserem Gehirn die Information mit und wir erkennen das Musikinstrument. Das setzt natürlich voraus, dass wir den Klang bereits vorher schon mal gehört haben. Wenn du eine Harfe hören würdest, wie David sie gespielt hat (sie war kleiner als die Konzertharfe), könntest du den Klang wahrscheinlich nicht einordnen. Mit seiner Musik lobte David Gott, aber er versuchte auch, König Saul zu beruhigen, wenn er von bösen Gedanken gequält wurde. Wenn du selbst ein Instrument spielst, nutze dein Können, um Gott zu loben und anderen eine Freude zu machen.   kg

---

Bibel-SMS: *Rufe mich an am Tag der Not; ich will dich retten und du wirst mich verherrlichen.* Psalm 50 Vers 15

Mittwoch 3 Dezember 2008

Bibellese:
2. Samuel 1,17-27

Lasst uns dankbar zu ihm kommen und ihn mit fröhlichen Liedern besingen!

Psalm 95 Vers 2

Posaune, Harfe, Zimbeln, Laute, Tamburin, Flöte

Rhythmus zum Mitmachen

Hast du einmal probiert, eine Geige oder eine Flöte zu spielen? Als ungeübter Spieler entlockt man dem Instrument höchstens einen kläglichen Ton. Bei einer Trommel ist das ganz anders - man schlägt und schon klingt sie. Doch ein Schlaginstrument wirklich zu beherrschen, ist nicht so ganz einfach. Schon das richtige Maß an Kraft, um laut oder leise zu spielen und dann noch den entsprechenden Rhythmus zu halten, bedarf einiger Übung. Die Musik von Schlaginstrumenten veranlasst Menschen oft zu rhythmischen Bewegungen, zum Klatschen oder Stampfen. In der Bibel wird berichtet, dass Tamburine - das sind einseitig mit Fell bespannte Holzrahmen - bei Reigentänzen als Begleitinstrument eingesetzt wurden. Nachdem Gott das Volk Israel vor den Ägyptern gerettet hatte, dankte Mirjam ihm mit einem Lied.

Ob nun mit oder ohne Musik, wir dürfen nicht vergessen, Gott für seine Hilfe zu danken. Deshalb die Frage: Hast du ihm heute schon „Danke" gesagt? kg

---

Bibel-SMS: *Rufe mich an am Tag der Not; ich will dich retten und du wirst mich verherrlichen.* Psalm 50 Vers 15

Donnerstag 4 Dezember 2008

Bibellese:
2. Samuel 2,1-11

Lobt ihn mit Tamburin und Reigen! Lobt ihn mit Saitenspiel und Flöte!
Psalm 150 Vers 4

Gott loben

Meine jüngste Flötenschülerin ist gerade fünf geworden. Wenn Ayleen in ihre Flöte bläst, wird die Luft im Inneren in Schwingung versetzt, das nennt man Luftsäule. Je mehr die Luftsäule verkürzt wird, desto höher wird der Ton. Spielt Ayleen ein „e" und schließt dabei sechs Löcher, dann hat sie eine lange Luftsäule, der Ton ist tief. Schließt sie nur drei Löcher, ist die Luftsäule kürzer und man hört einen hohen Ton. Eine Flöte ist ein Holzblasinstrument. Zur Zeit der Bibel waren diese Instrumente wesentlich schlichter. Bei der Flöte hat es sich wohl um ein Rohr gehandelt, das ohne Mundstück über die Kante der oberen Öffnung geblasen wurde. Die Flöte wurde meistens zusammen mit anderen Instrumenten gespielt. Die Musiker begleiteten dabei oft Sänger, die Psalmen sangen und Gott lobten. Wenn du ein Instrument spielst, überlege doch mal, ob du damit Lieder zum Lob Gottes begleiten kannst. Und wenn du kein Instrument spielst, kannst du mit Singen Gott loben. kg

---

Bibel-SMS: *Rufe mich an am Tag der Not; ich will dich retten und du wirst mich verherrlichen.* Psalm 50 Vers 15

Freitag 5 Dezember 2008

Bibellese:
2. Samuel 2,12-17

Preist den HERRN mit der Zither; spielt ihm auf der zehnsaitigen Harfe!

Psalm 33 Vers 2

Klangvolle Saiten

Hast du schon mal etwas von Pythagoras gehört? Das war ein griechischer Wissenschaftler, der ungefähr 500 Jahre vor Christus lebte. Er befasste sich mit Mathematik, aber auch mit Musik. So stellte er fest, dass die Tonhöhe bei einem Saiteninstrument von der Länge der Saite abhängt. Beim Spielen benutzt der Musiker eine Hand, um die Saitenlänge zu verändern, während die andere Hand die Saite zupft, anschlägt oder mit einem Bogen streicht. Diese Art des Spielens beeinflusst die Klangqualität, sodass Saiteninstrumente eine besonders große musikalische Ausdruckskraft haben. Saiteninstrumente gehören mit zu den ersten Instrumenten, die in der Bibel erwähnt werden. Gleich am Anfang, in 1. Mose 4 Vers 21 wird die Zither erwähnt. Gott hat dem Menschen die Fähigkeit geschenkt, Musik zu machen. Gewiss wollte er damit die Möglichkeit schaffen, ihn zu loben und zu ehren. Und wenn du kein Instrument spielst, dann kannst du durch dein Denken und Verhalten Gott die Ehre geben.

kg

Bibel-SMS: *Rufe mich an am Tag der Not; ich will dich retten und du wirst mich verherrlichen.* Psalm 50 Vers 15

Samstag 6 Dezember 2008

Bibellese:
2. Samuel 2,18-26

Zusammen stimmten die Sänger und Musiker ein Loblied für den Herrn an.
2. Chronik 5 Vers 13

Posaune — *Harfe* — *Laute* — *Zimbeln* — *Tamburin* — *Flöte*

Musik und Gesang bei der Tempeleinweihung

Als Salomo, der Sohn Davids, König über Israel wurde, nahm er sich vor, Gott ein Haus zu bauen. Er sagte: „Das Haus, das ich bauen will, soll groß sein, denn unser Gott ist größer als alle Götter." Sieben Jahre lang arbeiteten viele tausend Menschen am Bau dieses Tempels. Kannst du dir die Freude vorstellen, die in Israel herrschte, als dieses Bauwerk eingeweiht wurde? Die Opfer, die die Priester darbrachten, konnten nicht gezählt werden vor Menge. Schon aus der Ferne konnte die Freude des Volkes gehört werden. Mit Zimbeln, Harfen, Lauten und Trompeten spielten Priester und Leviten zum Gesang. Als Teil der Opfergabe musste die Musik so fehlerfrei, rein und vollkommen sein, wie die Opfertiere. Der Chor der Leviten bestand aus 288 Sängern. Außerdem stießen 120 Priester in ihre Trompeten. Wie ein Mann sangen und spielten sie. Das war Qualität! Sie gaben das Beste für Gott.　　　　　kg

---

Bibel-SMS: *Rufe mich an am Tag der Not; ich will dich retten und du wirst mich verherrlichen.*　　　Psalm 50 Vers 15

Sonntag 7 Dezember 2008

Bibellese:
2. Samuel 3,1-10

Denn so hat Gott die Welt geliebt, dass er seinen eingeborenen Sohn gab, damit jeder, der an ihn glaubt, nicht verloren geht, sondern ewiges Leben hat.
Johannes 3 Vers 16

Wir erklären den Lernvers

Die ersten Menschen wurden durch die List Satans vor die Wahl gestellt, Gott zu vertrauen und in seiner Nähe zu bleiben, oder ungehorsam zu werden und eigene Wege zu gehen. Es schien verlockend, ein freies und selbständiges Leben zu führen, und so entschieden sich die Menschen gegen Gott. Aber so frei und selbstständig war das Leben gar nicht. Durch ihren Ungehorsam war die Sünde und damit alles Böse, Angst, Einsamkeit in das Leben der Menschen gekommen. Mit der Sünde im Herzen konnten sie nicht in Gottes Nähe bleiben. Aber die unendliche Liebe Gottes fand einen Weg, eine neue Verbindung zwischen den Menschen und sich herzustellen: Gott sandte seinen Sohn in diese Welt, damit er für die Sünden aller Menschen starb und somit die Trennung aufgehoben werden konnte. Jeder, der daran glaubt, dass der Herr Jesus auch für seine Sünden gestorben ist, kann in die Nähe Gottes kommen und bei ihm bleiben bis in alle Ewigkeit. kr

---

Lernvers: *Denn so hat Gott die Welt geliebt, dass er seinen eingeborenen Sohn gab, damit jeder, der an ihn glaubt, nicht verloren geht, sondern ewiges Leben hat.* Johannes 3 Vers 16

Montag 8 Dezember
2008

Bibellese:
2. Samuel 3,11-19

Denn Gott hat seine Engel ausgesandt, damit sie dich schützen, wohin du auch gehst.
Psalm 91 Vers 11

Engel

Engel

Wer kennt nicht Abbildungen von Engeln mit süßen Gesichtern, lockigen Haaren, weißen Kleidchen und zwei Flügeln? Die Unschuld in Person. Oder erwachsen aussehende, elegant schwebende Engel mit Posaunen und Trompeten. So oder ähnlich werden sie in Büchern oder Kirchen oft dargestellt. In dieser Woche wollen wir herausfinden, was die Bibel zum Thema Engel berichtet. Der Begriff Engel kommt von dem griechischen Wort „angelos" und bedeutet Bote oder Gesandter. Engel sind Wesen, die bei Gott leben und ihm dienen. Sie loben Gott und rufen seine Herrlichkeit aus. Da sie Gottes Geschöpfe sind, ist Gott ihnen selbstverständlich überlegen. Engel bekommen ihren Auftrag von Gott. Sie sind Gottes Boten und begleiten Menschen in Schwierigkeiten. Sie kündigen Ereignisse an und richten Verheißungen Gottes aus. Manchmal vollstrecken sie Gottes Gerichte. Eine besondere Verehrung steht ihnen nicht zu. Bewahrende Engel umgeben dich. Du kannst mit gutem Mut in den Tag starten. as

---

Lernvers: *Denn so hat Gott die Welt geliebt, dass er seinen eingeborenen Sohn gab, damit jeder, der an ihn glaubt, nicht verloren geht, sondern ewiges Leben hat.* Johannes 3 Vers 16

Dienstag 9 Dezember 2008

Bibellese:
2. Samuel 3,20-26

Alle Engel sind nur Wesen, die Gott dienen. Er sendet sie aus, damit sie allen helfen, denen er Rettung und Erlösung schenken will.
Hebräer 1 Vers 14

Engel

Eine zweigeteilte Engelwelt

Die Engelwelt unterteilt sich in „Engel Gottes" und „gefallene Engel". Die gefallenen Engel sind Dämonen, die Gott nicht gehorchen. Sie sind mit Satan bei dessen stolzer Erhebung über Gott aus dem Himmel gestürzt worden (Jesaja 14,12-14). Die Engel Gottes dagegen sind dienende Wesen für die erlösten Menschen. Es gibt in der Bibel keinerlei Aussage darüber, wie Engel aussehen. Häufig sind sie in menschlicher Gestalt auf der Erde erschienen. Sie hatten dabei einen menschlichen Körper und menschliche Bedürfnisse. In 1. Mose 18 lesen wir von drei Engeln, die in Gestalt von Männern zu Abraham kamen. Sie wuschen ihre Füße, ruhten von ihrer Wanderung aus, aßen und tranken. Sie kündigten Abraham und Sara die Geburt des lang ersehnten Sohnes an. In diesem Bericht geht es darum, zu glauben, dass Gott das Unmögliche tun kann. Auch wenn für dich die Engel nicht sichtbar in Erscheinung treten, sind sie trotzdem da und führen das aus, was Gott ihnen aufträgt.   as

---

Lernvers: *Denn so hat Gott die Welt geliebt, dass er seinen eingeborenen Sohn gab, damit jeder, der an ihn glaubt, nicht verloren geht, sondern ewiges Leben hat.*   Johannes 3 Vers 16

Mittwoch 10 Dezember 2008

Bibellese:
2. Samuel 3,27-32

Der Engel antwortete: „Ich bin Gabriel und stehe unmittelbar vor Gott als sein Diener. Er gab mir den Auftrag, dir diese Nachricht zu überbringen."
Lukas 1 Vers 19

Engel

Erzengel

Innerhalb der Engelwelt gibt es verschiedene Rangstufen. Zwei, die einen höheren Rang einnehmen, werden mit Namen genannt. Es sind die Erzengel Michael und Gabriel. Der Name Michael bedeutet „Wer ist wie Gott?" Gabriel hat die Bedeutung „Held Gottes".

Der Engel Gabriel begegnet im Alten Testament dem Propheten Daniel. Er deutet seine Visionen und erklärt ihm eine Prophetie Jeremias, ein zukünftiges Ereignis. Du kannst es nachlesen in Daniel 8,16 und 9,21. Im Neuen Testament kündigt Gabriel die Geburt Johannes des Täufers an. Hier begegnet er Zacharias, dem Vater des Johannes (Lukas 1,11-20). Die Geburt Jesu sagt er Maria voraus (Lukas 1,26-38). Michael ist ein Engelfürst, der in Gottes Auftrag für Israel kämpft (Daniel 10,13). Michael und seine Engel stürzen den Satan aus dem Himmel (Offenbarung 12,7-9). Dieses Ereignis steht noch aus. Es ist beeindruckend, wie spontan, korrekt und feinfühlig diese Engel Gottes Befehle ausführen. as

---

Lernvers: *Denn so hat Gott die Welt geliebt, dass er seinen eingeborenen Sohn gab, damit jeder, der an ihn glaubt, nicht verloren geht, sondern ewiges Leben hat.* Johannes 3 Vers 16

Donnerstag — 11 Dezember 2008

Bibellese:
2. Samuel 3,33-39

Gott war umgeben von mächtigen Engeln, jeder von ihnen hatte sechs Flügel. Sie riefen einander zu: „Heilig, heilig, heilig ist der Herr, der allmächtige Gott! Seine Herrlichkeit erfüllt die ganze Welt."

aus Jesaja 6 Verse 2.3

Engel

Cherubim und Seraphim

Das hebräische Wort Cherub (Einzahl) bezeichnet in der Bibel ein Himmelswesen mit Flügeln. Cherubim (Mehrzahl) sind Engel, die bewachen und schützen. Nach der Vertreibung von Adam und Eva aus dem Garten Eden hielten Cherubim vor dem Garten Wache. So wurde verhindert, dass Adam und Eva vom Baum des Lebens essen konnten.

Die Bundeslade war das Zeichen der Macht und Ehre Gottes. Sie enthielt unter anderem die beiden steinernen Tafeln mit den Zehn Geboten. Auf ihrem Deckel waren zwei aus Gold angefertigte Cherubim. Seraphim sind Engelwesen mit sechs Flügeln, die über dem Thron Gottes standen. Jesaja sah diese Engel in einer Vision, bevor Gott ihn zum Propheten berief. Sie hatten die Aufgabe, die Heiligkeit und Herrlichkeit Gottes auszurufen. Ein Liederdichter hat es so ausgedrückt: „Alles, was dich preisen kann, Cherubim und Seraphinen, stimmen dir ein Loblied an; alle Engel, die dir dienen, rufen dir stets ohne Ruh: Heilig, heilig, heilig! zu."   as

---

Lernvers: *Denn so hat Gott die Welt geliebt, dass er seinen eingeborenen Sohn gab, damit jeder, der an ihn glaubt, nicht verloren geht, sondern ewiges Leben hat.*   Johannes 3 Vers 16

Freitag 12 Dezember
2008

Bibellese:
2. Samuel 5,1-5

Und siehe, ein Engel des Herrn stand da, und ein Licht leuchtete.
Apostelgeschichte 12 Vers 7

Engel

Erfahrungen mit Engeln

Ein Mann sitzt im Kerker. Steinerne Wände umgeben ihn. Es ist dunkel, schmutzig, feucht und kalt. Zwei Wächter hocken mit ihm in der Zelle, zwei weitere lehnen an der Tür. Irgendwann in der Nacht erscheint ihm ein Engel, stößt ihn in die Seite und sagt: „Steh auf!" Sofort fallen seine Fesseln. Der Engel fordert ihn auf, seine Sandalen anzuschnallen, seinen Mantel zu nehmen und ihm zu folgen. Wie selbstverständlich gehen sie an weiteren 12 Wachen vorbei. Die Tür scheint sich automatisch zu öffnen, während die Wächter schlafen. Der Gefangene geht hinaus, und draußen auf der Straße verschwindet der Engel. Irgendwo in der Stadt treffen sich Christen, um gemeinsam zu beten. Sie beten auch für Petrus, der es noch gar nicht fassen kann, frei zu sein. Vielleicht reibt er sich die Augen. Nein, es ist kein Traum. Er rennt zu dem Treffpunkt der Christen. Alle sind begeistert, wie wunderbar Gott ihre Gebete erhört und Petrus gerettet hat. (Apostelgeschichte 12)   as

---

Lernvers: *Denn so hat Gott die Welt geliebt, dass er seinen eingeborenen Sohn gab, damit jeder, der an ihn glaubt, nicht verloren geht, sondern ewiges Leben hat.* Johannes 3 Vers 16

Samstag 13 Dezember
2008

Bibellese:
2. Samuel 5,6-12

Der Engel des Herrn stellt sich schützend vor alle, die Gott ernst nehmen, und bringt sie in Sicherheit.
Psalm 34 Vers 8

Engel

Glaubst du an Engel?

So wurde ich einmal gefragt. Vor allem glaube ich an Gott. Dass Gott mich behütet, glaube ich gewiss. Ob er sich dabei menschlicher Helfer oder unsichtbarer Boten bedient, ist weniger wichtig. In der Bibel finden wir viele Berichte, wie seine Engel ermahnen und behüten, stärken und trösten. Der Engel des HERRN erscheint Mose im brennenden Dornbusch und redet mit dem Propheten Elia. Ein Engel ist bei Daniel in der Löwengrube und verschließt die Rachen der Löwen.

Auch das Leben Jesu ist von Engeln begleitet: von der Geburt, über die Versuchung, in den dunklen Stunden vor seinem Tod, bei der Auferstehung, der Himmelfahrt. Und bei seiner Wiederkehr werden auch Engel anwesend sein.

Engel werden aber nie angebetet oder besonders verehrt. Alle Ehre gehört Gott und deshalb weisen sie auf ihn hin. Und wie Menschen in der Bibel setzen auch wir unser Vertrauen auf Gott und erbitten von ihm Hilfe und Schutz. as

---

Lernvers: *Denn so hat Gott die Welt geliebt, dass er seinen eingeborenen Sohn gab, damit jeder, der an ihn glaubt, nicht verloren geht, sondern ewiges Leben hat.* Johannes 3 Vers 16

Sonntag 14 Dezember 2008

Bibellese:
2. Samuel 5,17-25

**Ein Kind ist uns geboren,
ein Sohn uns gegeben und die
Herrschaft ruht auf seiner
Schulter.**

Jesaja 9 Vers 5a

Wir erklären den Lernvers

Ob du schon die Tage zählst, bis es endlich
Heiligabend ist? Viele warten gespannt auf
die Geschenke. Aber bei aller Vorfreude solltest du nicht vergessen, warum wir eigentlich Weihnachten feiern. Wir erinnern uns daran, dass der Herr Jesus, der Sohn Gottes, als Kind auf dieser Erde geboren wurde. Diese Geburt wurde von dem Propheten Jesaja ungefähr 800 Jahre zuvor vorausgesagt: „Ein Kind ist uns geboren, ein Sohn ist uns gegeben." Gott hatte Jesaja diese wichtige Botschaft mitgeteilt. Der Sohn soll die Herrschaft tragen, d.h. er wird ein König sein, der für sein Volk sorgt und die Verantwortung trägt. Diese Voraussage war zunächst für das jüdische Volk bestimmt, dessen König der Herr Jesus sein wollte. Aber seine Herrschaft ist für alle Menschen gedacht. So möchte er auch in deinem Leben „König" und Herr sein. Er möchte regieren, für dich sorgen und das, was dir schwerfällt, auf seine Schultern nehmen.

vc

Lernvers: *Ein Kind ist uns geboren, ein Sohn uns gegeben und die Herrschaft ruht auf seiner Schulter.* Jesaja 9 Vers 5a

Montag 15 Dezember 2008

Bibellese:
2. Samuel 6,1-11

So, sage ich euch, ist Freude vor den Engeln Gottes über einen Sünder, der Buße tut.
Lukas 15 Vers 10

Das verschwundene Radio

Ganz stolz zieht Tina im Kindergarten ein kleines Radio aus ihrer Tasche. Gestern hat sie es bekommen. Schnell sind ihre Freundinnen zur Stelle. Jede möchte gern einmal das Radio anmachen. „Pass auf, dass du es nicht verlierst!", ermahnt Frau Ohl. Nach einiger Zeit legt Tina das Radio auf den Schrank. Als Tina mittags abgeholt wird, ist das Radio spurlos verschwunden. Alles Suchen nützt nichts, das Radio ist weg. Irgendjemand muss es genommen haben. Traurig geht Tina nach Hause. Am nächsten Morgen ruft Ole aufgeregt: „Ich hab's gefunden, da auf dem Schrank liegt das Radio." Plötzlich ist es wieder da - Tina freut sich riesig.
In der Bibel berichtet der Herr Jesus von einer Frau, die eine Münze verloren hat. Sie fegt und durchsucht ihr ganzes Haus, bis sie endlich die Münze findet. Sie freut sich sehr. Der Herr Jesus erklärt, dass mit genauso großer Freude sich die Engel im Himmel über einen Menschen freuen, der seine Schuld vor Gott bekennt und ein Kind Gottes wird. ti

---

Lernvers: *Ein Kind ist uns geboren, ein Sohn uns gegeben und die Herrschaft ruht auf seiner Schulter.* Jesaja 9 Vers 5a

Dienstag 16 Dezember 2008

Bibellese:
2. Samuel 6,12-17

Ich suche die verloren gegangenen Schafe und bringe alle zurück, die sich von der Herde entfernt haben.
Hesekiel 34 Vers 16

Wo ist Leon?

"Leon, wo bist du?" Mutter schaut in die Küche. Vor 2 Minuten hat der Zweijährige noch mit seinen Autos gespielt. Die Mutter eilt durch alle Zimmer, aber Leon ist nicht zu entdecken. Sie öffnet die Badezimmertür. Das Fenster steht weit offen. Leon wird doch nicht hinausgefallen sein!? Es kostet die Mutter große Überwindung, aus dem Fenster zu schauen. "Gott sei Dank". Dort draußen liegt kein kleiner Junge. Sie geht noch mal ins Wohnzimmer. Da sieht sie ihn endlich. Unter dem Ecktisch hockt Leon und grinst. Er freut sich über das gute Versteck. Fest nimmt Mutter ihren Jungen in den Arm. "Gut, dass ich dich gefunden habe!"
Von ähnlichen Gefühlen des Suchens und Findens berichtet die Bibel. Dort steht die Geschichte vom besten Hirten, den es gibt. Er merkte sofort, dass ein Schäfchen fehlte. Er begab sich auf die Suche und suchte so lange, bis er sein Schaf sicher in den Armen hielt. Weißt du, wer dieser gute Hirte ist? Jesus Christus. Mit dem Beispiel von dem Schaf, will er uns zeigen: Ich suche auch dich! ti

---

Lernvers: *Ein Kind ist uns geboren, ein Sohn uns gegeben und die Herrschaft ruht auf seiner Schulter.* Jesaja 9 Vers 5a

Mittwoch 17 Dezember 2008

Bibellese:
2. Samuel 6,18-23

Ich freue mich über dein Wort wie jemand, der einen wertvollen Schatz findet.

Psalm 119 Vers 162

Wer findet den Schatz?

"Was ist das für ein Kunstwerk?", fragt Frau Ohl die Kindergartengruppe. Viele Striche, Punkte und Kreuze laufen über das Blatt. "Das ist doch eine Schatzkarte", erklärt Tom. Er hat Geburtstag. Am Nachmittag will er mit seinen Freunden eine Schatzsuche machen. Um 15.00 Uhr brechen zwei Gruppen aufgeregter Jungen zu der abenteuerlichen Suche auf. Nach einer Stunde ertönt lauter Jubel. Im Garten wird eine tolle Kiste ausgebuddelt, gefüllt mit kleinen Überraschungen. Die Psalmen erzählen von einem Mann, der sich über Gottes Wort so freut, als hätte er einen wertvollen Schatz gefunden. Kennst du die wertvollste Wahrheit der Bibel? Sie lautet: Jeder Mensch ist durch die Sünde von Gott getrennt. Aber Jesus Christus, der Sohn Gottes, liebt uns sündige Menschen so sehr, dass er für unsere Schuld am Kreuz gestorben ist. Damit ist der Weg zu Gott wieder frei. Jeder, der die Vergebung durch Jesus persönlich in Anspruch nimmt, ist für immer gerettet. Und das ist viel wertvoller als der größte Goldschatz. ti

---

Lernvers: *Ein Kind ist uns geboren, ein Sohn uns gegeben und die Herrschaft ruht auf seiner Schulter.* Jesaja 9 Vers 5a

Donnerstag 18 Dezember
2008

Bibellese:
2. Samuel 7,1-7

Sucht ihr mich, so werdet ihr mich finden, ja, fragt ihr mit eurem ganzen Herzen nach mir, so werde ich mich von euch finden lassen, spricht der HERR.
Jeremia 29 Verse 13.14

Die wichtigste Suche

Max findet die Jungscharfreizeit klasse. Die Spiele sind super, die Lieder fetzig, das Essen gut, die Betreuer cool und sogar die Andachten ganz interessant. Max ist eigentlich ganz zufrieden, wenn da nicht dieses komische Gefühl wäre. Jedes Mal, wenn es in der Bibelarbeit um eine persönliche Entscheidung für ein Leben mit Gott geht, rumort es in ihm. Wie kann er nur Ruhe finden? Ein paar Tage kämpft Max mit sich, dann kann er es nicht mehr aushalten. Er spricht mit Tom, einem Mitarbeiter. Max weiß, dass es Dinge in seinem Leben gibt, die ihn von Gott trennen. In einem Gebet bittet Max den Herrn Jesus, den Sohn Gottes, um Vergebung seiner Sünden. Max weiß, dass Jesus für seine Schuld am Kreuz gestorben ist, damit auch für ihn der Weg zu Gott frei ist. So froh wie nach dem Gespräch und dem Gebet, ist Max schon lange nicht mehr schlafen gegangen. Auch in den nächsten Tagen hält die Freude an. Sie hat damit zu tun, dass Max endlich Gott gefunden hat.

ti

Lernvers: *Ein Kind ist uns geboren, ein Sohn uns gegeben und die Herrschaft ruht auf seiner Schulter.*   Jesaja 9 Vers 5a

Freitag 19 Dezember 2008

Bibellese:
2. Samuel 7,8-17

Ich werde dich nicht aufgeben und dich nicht verlassen.
Josua 1 Vers 5

Endlich gefunden

Kennst du deinen Vater und deine Mutter? Hast du Brüder oder Schwestern? Du denkst vielleicht: „Was sind das für dumme Fragen?" Es gibt Kinder, die wachsen ohne Vater und Mutter auf, die wissen gar nicht, ob sie Geschwister haben. Sie leben in Heimen, bei Pflege- oder Adoptiveltern.
Susi wächst bei Adoptiveltern auf. Sie wird von allen in der Familie geliebt. Sie erlebt Geborgenheit und eine gute Familienatmosphäre. Dennoch fragt sie sich: „Habe ich noch leibliche Geschwister?" Mit Hilfe ihrer Adoptiveltern und des Jugendamtes findet sie nach langem Suchen eine Schwester. Wie groß ist die Freude, als Susi zum ersten Mal ihre Schwester sieht! Aber weißt du, worüber Susi sich noch mehr freut? Dass sie den Vater im Himmel (Gott) kennt. Er liebt sie und hält ihr Leben in seiner Hand. – Wie ist das bei dir? Möchtest du auch den Vater im Himmel kennenlernen? Dazu musst du nicht lange suchen. Du kannst einfach im Gebet mit ihm sprechen und ihm sagen, dass du sein Kind sein möchtest. ti

---

Lernvers: *Ein Kind ist uns geboren, ein Sohn uns gegeben und die Herrschaft ruht auf seiner Schulter.* Jesaja 9 Vers 5a

Samstag 20 Dezember
2008

Bibellese:
2. Samuel 7,18-29

Von ganzem Herzen will ich dir danken, Herr, mein Gott; dich will ich preisen.
Psalm 86 Vers 12

Danke, danke

Opa geht mit seinen Enkeln spazieren. Sie unterhalten sich über dies und das und auf einmal sind sie beim Thema „Danken". Der Opa erklärt: „Zu danken braucht man nicht nur für große Dinge. Es gibt so viel, das wir für selbstverständlich halten, für das wir aber bewusst Gott danken sollten." Niklas nickt und schlägt vor: „Wir machen einen Wettbewerb. - Wer entdeckt die meisten Dinge zum Danken?" Seine Schwestern sind einverstanden und schon sprudelt es los: „Für die Vögel, die Blumen, die Farben, die Sonne ..." „Für den Wald", unterbricht Niklas, „und dass wir Eltern haben, die sich um uns kümmern, für Oma und Opa." „Und dass wir genug zu essen haben, ein Bett und Spielsachen", ergänzt die kleine Marie. „Seht ihr", lacht Opa, „wenn wir einmal anfingen, finden wir gar kein Ende mehr. Gott ist so gut zu uns. Wir können so viel entdecken, wenn wir nur die Augen offenhalten." - Der Opa hat Recht. Wie wäre es mal mit solch einem Wettbewerb bei dir? ti

---

Lernvers: *Ein Kind ist uns geboren, ein Sohn uns gegeben und die Herrschaft ruht auf seiner Schulter.* Jesaja 9 Vers 5a

Sonntag 21 Dezember 2008

Bibellese:
2. Samuel 8,1-7

Man nennt seinen Namen: Wunderbarer Ratgeber, starker Gott, Vater der Ewigkeit, Fürst des Friedens.
Jesaja 9 Vers 5b

Wir erklären den Lernvers
Viele Jahrhunderte lang musste das Volk Israel auf seinen Messias, den Erlöser warten. Immer wieder erinnerten die Propheten die Menschen daran, dass Gott ihnen den Retter versprochen hatte. In dieser langen Zeit des Wartens erklärte Gott ihnen Stück für Stück das Wesen des Messias, unseres Herrn Jesus Christus. So konnte der Prophet Jesaja bereits 800 Jahre vor der Geburt des Heilandes seinen Namen kennen. Zu jener Zeit war es üblich, den Namen nach besonderen Eigenschaften eines Menschen zu wählen. Das Wesen des Herrn Jesus war und ist so einzigartig, dass man es nicht mit einem Namen umschreiben kann. Deswegen gebraucht der Prophet mehrere Namen. Er beschreibt den Israeliten damals und uns heute den Herrn Jesus folgendermaßen: Er ist wunderbar, denn er hat alle Macht; er ist der beste Ratgeber, denn er hat über alles den Überblick; er lebt in alle Ewigkeit, er hat Frieden geschaffen zwischen Gott und uns Menschen. kr

---

Lernvers: *Man nennt seinen Namen: Wunderbarer Ratgeber, starker Gott, Vater der Ewigkeit, Fürst des Friedens.* Jesaja 9 Vers 5b

Montag 22 Dezember
2008

Bibellese:
2. Samuel 8,8-18

Die Hirten kehrten zurück, priesen und lobten Gott über alles, was sie gehört und gesehen hatten, wie es ihnen gesagt worden war.
Lukas 2 Vers 20

Weihnachten - für die Hirten

Aufgeregt laufen die Hirten durch Bethlehem und erzählen jedem, der es hören will: „Stellt euch vor! Wir hüteten unsere Schafe auf dem Feld vor der Stadt. Mitten in der Nacht wurde es plötzlich ganz hell. Da stand ein Engel vor uns und sagte uns, dass der Retter, Jesus Christus, in dieser Nacht geboren ist. Er sollte in einer Krippe liegen. Sofort machten wir uns auf den Weg und suchten den Retter. In einem Stall fanden wir ihn. Es war alles genau so, wie der Engel gesagt hat." Bald kehren die Hirten zu ihren Schafen zurück. Ihr Alltag geht weiter, aber ihr Herz ist voller Freude. Sie sind Gott dankbar, dass sie den Retter sehen durften und loben Gott dafür. - Freust du dich auch noch darüber, dass der Herr Jesus geboren wurde? Oder ist deine Freude nur auf die Ferien und die Geschenke gerichtet? Die Hirten bekamen keine Geschenke und sie hatten selbst auch nichts für Jesus. Aber die Freude über den Erretter der Welt haben sie in ihren Herzen mitgenommen und für immer behalten. wl

---

Lernvers: *Man nennt seinen Namen: Wunderbarer Ratgeber, starker Gott, Vater der Ewigkeit, Fürst des Friedens.* Jesaja 9 Vers 5b

Dienstag 23 Dezember 2008

Bibellese:
2. Samuel 9,1-8

**Simeon lobte Gott:
Ich habe den
Befreier gesehen,
den du der ganzen
Welt gegeben hast.
Er ist das Licht
für alle Völker.**
aus Lukas 2 Verse 30-32

Weihnachten - für Simeon

Viele Kinder sehnen Heiligabend herbei. Schon ein paar Tage warten kann sie ganz kribbelig machen. Viel länger musste damals Simeon Geduld haben. Er erwartete die Erfüllung von Gottes Versprechen, einen Retter auf die Erde zu schicken. Darauf wartet Simeon sein ganzes Leben. Inzwischen ist er alt geworden. Als er im Tempel in Jerusalem ist, um zu beten, entdeckt er unter den vielen Besuchern ein Ehepaar mit Baby. - Wurde damals ein Junge geboren, mussten die Eltern mit ihm nach 40 Tagen in den Tempel gehen und Gott ein Opfer bringen. So auch Maria und Josef mit Jesus. - Als Simeon das Kind sieht, weiß er durch Gottes Geist: Der versprochene Retter ist nun da. Er nimmt das Kind auf seine Arme und spricht ein Lob- und Dankgebet. Der größte Wunsch seines Lebens ist erfüllt: Er darf den Heiland der Welt sehen. Zum Nachdenken: Simeon hat lange warten müssen, um Jesus kennenzulernen. Du bist noch jung und darfst es heute schon! wl

---

Lernvers: *Man nennt seinen Namen: Wunderbarer Ratgeber, starker Gott, Vater der Ewigkeit, Fürst des Friedens.* Jesaja 9 Vers 5b

Mittwoch 24 Dezember 2008

Heiligabend

Bibellese: Matthäus 1,18-25

Als sie den Stern sahen, freuten sie sich mit sehr großer Freude.
Matthäus 2 Vers 10

Weihnachten - für die Weisen

Endlich! Nach wochenlanger Reise erreichen die Männer aus dem fernen Land Bethlehem. Und das Erstaunliche geschieht: Der Stern, den sie im Osten gesehen hatten, führt sie. Er bleibt über dem Haus stehen, in dem das Kind ist. Da kennt ihre Freude keine Grenze. Sie haben ihr Ziel erreicht, die Mühe, der weite Weg haben sich gelohnt. Nun können sie den neugeborenen König ehren. Sie überbringen ihre Geschenke, um ihre Ehrerbietung zu zeigen.

Für die Weisen, wie schon vorher für die Hirten oder Simeon, ist der Herr Jesus der Mittelpunkt des Geschehens. Freude über ihn erfüllt damals die Herzen. Vieles hat sich heute geändert. Wenn Weihnachten naht, wer denkt schon darüber nach, welche Bedeutung das Fest hat? Sicher hast du dir auch viel Mühe gemacht, Geschenke zu basteln oder einzukaufen. Du möchtest damit deinen Eltern und Geschwistern eine Freude machen. Das ist ganz toll. Aber vergiss bei alledem nicht, dass der Herr Jesus die Hauptperson ist. wl

---

Lernvers: *Man nennt seinen Namen: Wunderbarer Ratgeber, starker Gott, Vater der Ewigkeit, Fürst des Friedens.* Jesaja 9 Vers 5b

Donnerstag 25 Dezember
2008
1. Weihnachtstag

Bibellese:
Matthäus 2,1-6

Die Engel lobten Gott und sprachen: Herrlichkeit Gott in der Höhe und Frieden auf Erden.
Lukas 2 Vers 13

Weihnachten - für Herodes

Weihnachten wird gern ein Fest des Friedens genannt. Durch den Herrn Jesus können wir Frieden in unseren Herzen haben. - Aber Monate nach der Geburt Jesu herrscht in Bethlehem kein Friede mehr. Dort herrschten Panik und Trauer. Soldaten des König Herodes haben alle Jungen unter zwei Jahren getötet. Die grausame Anordnung eines Königs, der um seine Macht bangt. Die Weisen aus dem fernen Land sind damals zunächst nach Jerusalem gekommen, weil sie dort den neuen König vermuteten. Als Herodes davon erfährt, ist er bestürzt. Er will auf keinen Fall seine Macht verlieren. Und mit seinem bösen Herzen ist ihm jedes Mittel recht. Mit List erkundigt er sich nach dem Geburtsort. Er tut so, als wolle er Jesus ebenfalls ehren. Aber das stimmt nicht. Er will ihn aus dem Weg schaffen. Zu welch schrecklichen Dingen Menschen fähig sind, weil sie Jesus ablehnen! Für uns eine Herausforderung, den Herrn Jesus in den Mittelpunkt zu stellen und dankbar den Frieden anzunehmen, den er gebracht hat. wl

---

Lernvers: *Man nennt seinen Namen: Wunderbarer Ratgeber, starker Gott, Vater der Ewigkeit, Fürst des Friedens.* Jesaja 9 Vers 5b

Freitag 26 Dezember
2008 — 2. Weihnachtstag

Bibellese: Matthäus 2,7-12

So sehr hat Gott die Welt geliebt, dass er seinen eingeborenen Sohn gab, damit jeder, der an ihn glaubt, nicht verloren geht, sondern ewiges Leben hat. Joh. 3,16

Weihnachten - für dich und mich

Die Wohnungen, die Vorgärten, die Geschäfte und Straßen - alles ist festlich geschmückt. Die Familien treffen sich zu dem traditionellen Weihnachtsessen. Geschenke wurden und werden verteilt und in Empfang genommen. Es ist Weihnachten! Aber warum ist Weihnachten? Das konntest du in den letzten Tagen schon lesen: Weil Jesus Christus vor gut 2000 Jahren geboren wurde. Das wollen wir nicht vergessen und uns jedes Jahr daran erinnern.

Aber was haben die Menschen aus dem Anlass gemacht? Viele wissen gar nicht mehr, welche Bedeutung das Fest hat. Es ist zu einem Familienfest mit Geschenken geworden. Nicht überall herrscht in diesen Tagen Frieden. Es gibt leider auch Familien, die sich streiten. Es gibt Kinder, die meckern und unzufrieden sind, weil ihre Wünsche nicht erfüllt wurden. Wir wollen die wichtige Bedeutung bedenken: Gott gab uns seinen Sohn, damit wir durch ihn errettet werden. Das ist Grund genug, sich richtig zu freuen. wl

---

Lernvers: *Man nennt seinen Namen: Wunderbarer Ratgeber, starker Gott, Vater der Ewigkeit, Fürst des Friedens.* Jesaja 9 Vers 5b

Samstag 27 2008 Dezember

Bibellese: Matthäus 2,13-18

Herr, ich danke dir dafür, dass du mich so wunderbar und einzigartig gemacht hast!
Psalm 139 Vers 14

Danke, dass du mich wunderbar gemacht hast

Hast du dir schon einmal überlegt, dass Gott dich wunderbar geschaffen hat? Dein Herz schlägt, deine Verdauung arbeitet, deine Haare wachsen, ohne dass du etwas dafür tust. Die Funktionen deiner Augen, Ohren, Hände und Beine sind Wunderwerke. Kein Mensch ist wie du. Jeder ist etwas Besonderes. Vielleicht bist du blond und blauäugig, oder du hast dunkle Haare und braune Augen. Gott hat dein Aussehen bestimmt und du kannst ihm dafür danken. Er hat dir besondere Fähigkeiten gegeben. Auch hier unterscheidest du dich von anderen Menschen. Einer kann gut singen oder malen, ein anderer ist gut in Mathe oder Sport. Danke Gott für das, was du kannst, und sei nicht neidisch auf die Gaben des anderen. Als Gott dich gemacht hat, hat er sich etwas dabei gedacht. Er hat einen Plan für dein Leben. Danke Gott, dass er dein Leben sinnvoll macht. wl

---

Lernvers: *Man nennt seinen Namen: Wunderbarer Ratgeber, starker Gott, Vater der Ewigkeit, Fürst des Friedens.* Jesaja 9 Vers 5b

Sonntag 28 Dezember 2008

Bibellese: Matthäus 2,19-23

Der HERR sieht nicht auf das, worauf der Mensch sieht. Denn der Mensch sieht auf das, was vor Augen ist, aber der HERR sieht auf das Herz.
1. Samuel 16 Vers 7

Wir erklären den Lernvers

Die Welt sehen und beobachten zu können, ist ein Gottesgeschenk. Und weil Menschen gern auch „Unsichtbares" entdecken, erfanden sie Fernrohre, Mikroskope, Röntgenapparate. Mütter können noch mehr: Sie können manchmal die Gedanken ihrer Kinder lesen - leider!

Aber viel öfter werden Menschen durch Aussehen, Worte, Tränen anderer getäuscht, eben weil keiner dem anderen ins Herz blicken kann. Nur einen können wir mit Aussehen und Schauspielerei nicht beeindrucken: Gott. Er durchschaut uns, sieht unsere geheimsten Gedanken. Schlimm für mich, wenn ich vor ihm nicht wahrhaftig bin, mich durchschummeln möchte, nicht bereit bin, Schuld einzugestehen. Gut für mich, wenn ich Gott gefallen möchte, meine Fehler in Ordnung bringen lasse, mich ihm anvertraue. Dann kann ich fröhlich unter den Augen meines Vaters im Himmel leben: Er kennt mich, er liebt mich, korrigiert mich, kümmert sich um mich und führt mich.

ba

Lernvers: *Der HERR sieht nicht auf das, worauf der Mensch sieht. Denn der Mensch sieht auf das, was vor Augen ist, aber der HERR sieht auf das Herz.* 1. Samuel 16 Vers 7

Montag 29 Dezember 2008

Bibellese: Matthäus 3,1-6

Mehr als alles, was man sonst bewahrt, behüte dein Herz!
Sprüche 4 Vers 23

Halteverbot

Dieses Verkehrsschild steht an solchen Stellen, an denen parkende Autos den Verkehr oder Fußgänger behindern würden. Nun denkst du vielleicht: „Das interessiert mich nicht, ich fahre ja noch nicht Auto." Stimmt, aber auch für dich kann es dennoch wichtig sein, ein „Halteverbot" zu beachten. Damit ist nicht das Verkehrsschild gemeint, sondern eine Mahnung Gottes für deine Augen, Ohren, Mund und Gedanken. Vielleicht haben dir deine Eltern schon gesagt: „Wenn in der Klasse schmutzige Witze erzählt werden, geh weg!" Das bedeutet ein Halteverbot für deine Ohren. Denk einmal daran, wie schnell gemeine Worte, Schimpfwörter, Übertreibungen über deine Lippen kommen. „Halt!", sagt Gott, so sollst du nicht reden. Auch deine Augen sind versucht, sich z.B. Zeitschriften oder Internetseiten anzusehen, die keinen guten Inhalt haben. Wieder ist das Halteverbot Gottes ein Schutz für deine Gedanken. Wenn du einmal darauf achtest, entdeckst du, dass Gottes „Halteverbote" sehr hilfreich für dich sind.

Lernvers: *Der HERR sieht nicht auf das, worauf der Mensch sieht. Denn der Mensch sieht auf das, was vor Augen ist, aber der HERR sieht auf das Herz.* 1. Samuel 16 Vers 7

Dienstag, 30. Dezember 2008

Bibellese: Matthäus 3,7-12

Wie süß sind meinem Gaumen deine Worte, mehr als Honig meinem Mund.
Psalm 119 Vers 103

Tankstelle

Wer mit dem Auto in die Ferien fährt, wird das Schild Tankstelle an der Autobahn entdeckt haben. Oft steht noch darunter, wie weit es bis zur nächsten Tankstelle ist. Jeder Autofahrer soll darüber informiert sein, damit er nicht plötzlich ohne Treibstoff liegen bleibt. Benzin im Tank ist beim Auto eine wichtige Voraussetzung, damit es fahren kann. - Der menschliche Körper braucht auch einen „Treibstoff", um zu funktionieren, nämlich die tägliche Nahrung.

Und wer dem Herrn Jesus nachfolgen will, braucht auch genügend „Betriebsstoff" von einer Tankstelle, um voranzukommen. Die „Tankstellen" für Gotteskinder sind Stille-Zeit, Kinder- oder Jungscharstunden, gute christliche Bücher. Der „Betriebsstoff" ist die Bibel, Gottes Wort. Wer mit Gottes Wort regelmäßig auftankt, wird im Leben mit dem Herrn Jesus nicht steckenbleiben.

Lernvers: *Der HERR sieht nicht auf das, worauf der Mensch sieht. Denn der Mensch sieht auf das, was vor Augen ist, aber der HERR sieht auf das Herz.* 1. Samuel 16 Vers 7

Mittwoch **31** Dezember
2008

Bibellese:
Matthäus 3,13-17

Jesus spricht: Ich bin der Weg und die Wahrheit und das Leben. Niemand kommt zum Vater als nur durch mich.

Johannes 14 Vers 6

Einordnen

Kommt ein Autofahrer an diesem Verkehrszeichen vorbei, muss er sich in die richtige Fahrspur einordnen. Könntest du dir vorstellen, dass ein Autofahrer vor dem Schild steht und nicht weiß, was für ein Ziel er hat und alles dem Zufall überlässt? Nein, das tut keiner. Aber viele Männer, Frauen und Kinder gehen so durch das Leben. Sie kennen ihr Ziel nicht. Es ist ihnen gleichgültig, wo sie ankommen. Himmel oder Hölle, sind ihnen egal. - Wie steht es mit dir? Kennst du dein Ziel? Oder ist dir das auch egal? Wenn dein Ziel „Himmel" heißt, musst du dich in die richtige „Fahrspur" einordnen. Triff eine Entscheidung für den Herrn Jesus. Verlasse deinen Fahrstreifen und ordne dich auf die Straße ein, die dich zum Himmel führt. Diese „Straße" ist der Herr Jesus. Er sagt von sich: „Ich bin der Weg und die Wahrheit und das Leben. Niemand kommt zum Vater als nur durch mich."

Lernvers: *Der HERR sieht nicht auf das, worauf der Mensch sieht. Denn der Mensch sieht auf das, was vor Augen ist, aber der HERR sieht auf das Herz.* 1. Samuel 16 Vers 7

Für euch haben geschrieben:

as	Schneider Anette,	Angelburg-Lixfeld
aw	Weber Andrea,	Firrel
ba	Babis Marlies,	Rickenbach
bb	Bänziger Birgit,	Frankreich
bl	Becker Lena,	Dillbg.-Manderbach
bm	Becher Marlies,	Hartenstein
cs	Schöning Cornelia,	Iserlohn
dk	Dönges Kerstin,	Dillbg.-Manderbach
ed	Eckhardt Daniela,	Gevelsberg
fj	Frühstück Joschi,	Staufenberg
fu	Fabian Ute,	Bückeburg
hr	Hirose Ruth,	Japan
kc	Kunz Christine,	Thierfeld
kg	Kuhn Gabi,	Mücke-Sellnrod
kn	Kunz Nina,	Dillenburg
kr	Krichel Sigrid,	Düsseldorf
ks	Kolbe Sabine,	Igensdorf
kt	Kloft Eva,	Dillbg.-Manderbach
ku	Klimek Ulrike,	Haiger-Steinbach
md	Müller Daniela,	Bischoffen
mi	Müller Ingetraud,	Friedrichsdorf
mu	Mugler Bärbel,	Günzburg
pm	Paul Margitta,	Herborn
pz	Plentz Marianne,	Oberkrämer
ph	Prang Heike,	Rehe
rb	Rudisile Birgit,	Schutzbach
re	Raiser Elke,	Tamm
rm	Rehaag Martin,	Moormerland
rp	Rudisile Petra,	Herzogsweiler
sa	Seinsche Angelika,	Bochum
sg	Seibert Günter,	Dillbg.-Eibach
sn	Schmidt Natascha,	Bad Endbach
ti	Thielmann Inge,	Dillbg.-Manderbach
ui	Ullrich Inga,	Werne
vc	Volkmann Christiane,	Herborn
vs	Vedder Stefanie,	Sambia
wa	Waltersbacher Magdalene,	Achern
wl	Weber Leni,	Dillbg.-Manderbach

Die 10 BIBEL SMS für 2008

DER SPEZIELLE MERKSPRUCH FÜR DICH

06.01.08 Denn auch der Menschensohn ist nicht gekommen, dass er sich dienen lasse, sondern dass er diene und sein Leben gebe als Lösegeld für viele.   Markus 10,45

24.02.08 Jesus spricht: Lasst die Kinder zu mir kommen und wehret ihnen nicht; denn solchen gehört das Reich Gottes.   Markus 10,14

23.03.08 Jesus spricht: Ich bin die Auferstehung und das Leben. Wer an mich glaubt, der wird leben, auch wenn er stirbt.   Johannes 11,25

20.04.08 Jesus spricht: Ich bin die Tür; wenn jemand durch mich hineingeht, wird er selig werden.   Johannes 10,9

01.06.08 So sollst du nun heute wissen und zu Herzen nehmen, dass der HERR Gott ist oben im Himmel und unten auf Erden und sonst keiner.   5. Mose 4,39

nach der Luther-Übersetzung (1984)

06.07.08 Der HERR ist meine Stärke und mein Psalm und ist mein Heil.   Jesaja 12,2

24.08.08 So halte nun die Gebote des HERRN, deines Gottes, dass du in seinen Wegen wandelst und ihn fürchtest.   5. Mose 8,6

28.09.08 Irret euch nicht! Gott lässt sich nicht spotten. Denn was der Mensch sät, das wird er ernten.   Galater 6,7

02.11.08 Befiehl dem HERRN deine Wege und hoffe auf ihn, er wird's wohlmachen.
    Psalm 37,5

30.11.08 Rufe mich an in der Not, so will ich dich erretten, und du sollst mich preisen.
    Psalm 50,15

Rätsellösungen:

Rätsel Nr. 1 (01.03.08) GLAUBE AN GOTT

Rätsel Nr. 2 (19.04.08) GOTT IST TREU

Rätsel Nr. 3 (28.06.08) GOTT IST GNAEDIG

Rätsel Nr. 4 (23.08.08) GOTT HOERT GEBET

Rätsel Nr. 5 (15.11.08) WUNDERBARE SCHÖPFUNG

Impressum:

Herausgeber:
Christliche Verlagsgesellschaft mbH
Moltkestr. 1, 35683 Dillenburg

Schriftleitung:
Christiane Volkmann

Zeichnungen:
Dörksen Katrin, Wernigerode
Dünkel Christiane, Wirsberg
Gerhardt Cornelia, Gladenbach
Klingelhöfer Saskia, Wetzlar
Krügel Maritta, Dresden
Meyer Walter, Niederdreisbach

Rätsel:
Meyer Walter, Niederdreisbach

Satz:
Werbestudio 71a.de, Wuppertal
Druck:
GGP Media GmbH, Pößneck